U0871559

财富争夺战

农贵新 著

山西出版传媒集团
山西经济出版社

图书在版编目(CIP)数据

财富争夺战 / 农贵新著. ——太原：山西经济出版社，2015.9

ISBN 978-7-80767-947-9

Ⅰ.①财… Ⅱ.①农… Ⅲ.①世界经济 Ⅳ.①F11

中国版本图书馆 CIP 数据核字(2015)第 210880 号

财富争夺战

著　　者：农贵新
责任编辑：李慧平
装帧设计：赵　娜

出 版 者：山西出版传媒集团·山西经济出版社
地　　址：太原市建设南路 21 号
邮　　编：030012
电　　话：0351-4922133(发行中心)
　　　　　0351-4922085(综合办)
E-mail：scb@sxjjcb.com(市场部)
　　　　zbs@sxjjcb.com(总编室)
网　　址：www.sxjjcb.com

经 销 者：山西出版传媒集团·山西经济出版社
承 印 者：山西科林印刷有限公司

开　　本：787mm×1092mm　1/16
印　　张：15.75
字　　数：242 千字
印　　数：1—2000 册
版　　次：2015 年 9 月第 1 版
印　　次：2015 年 9 月第 1 次印刷
书　　号：ISBN 978-7-80767-947-9
定　　价：35.00 元

前 言

中国是个古老而充满活力的国家，改革开放以来，她以不可阻挡之势走向世界中心舞台，然而，面对复杂的国家经济争斗局面，她还缺乏成为世界大国的准备，缺乏主导国际发展的经验，缺乏治理全球经济的理论武器。

在这种背景下，当代中国如何从经济大国走向经济强国？这是许多有志于振兴中华、实现中国伟大复兴梦想的仁人志士所忧虑和思考的。

追溯历史，我们不难发现，早在春秋战争时期，有记载的国家经济争斗屡见不鲜。其中比较著名的是韩国的“疲秦之计”，韩国为了破坏秦国统一大业，诱导秦国修建大型水利设施，以耗尽秦国的劳力、财力，但后来被秦国识破，秦国既修建了水渠并获得了农业大发展，又寻找到借口灭掉了韩国。

在近代和现代国际社会中，国家之间的财富争夺战从来没有停止过，当争夺激化到一定程度时，这种财富争夺战就会引发军事冲突，如殖民地之争引发了第一次世界大战，而资源生存空间之争引发了第二次世界大战。

第二次世界大战后，苏联走计划经济体制的社会主义道路，集中力量推进工业化，凝聚东欧、中国等社会主义国家，进而成为世界超级大国。然而，以美国为首的西方资本主义国家，从来没有放弃过对苏联的财富争夺，在理论上，不断批判计划经济体制；在实践中，采取控制石油价格、贸易禁运等，重重压力为苏联解体埋下了伏笔。

反观美国，长期实施孤立主义政策，鹬蚌相争渔翁得利，实现了经济强国，战后则抓住机遇推行国际主义政策，使美国走向超级大国，同时利用金融、贸易等手段，利用政治和军事威慑力，不断巩固美国的超级大国地位。

历经两次世界大战，以及资本主义和社会主义两大阵营冷战之后，全世界人民都在渴望和平与发展，希望建立起一个没有战争、没有饥饿、没有压迫的地球村，建立起一个自由、平等、博爱、共富的新世界。

然而，由于各国民意千差万别，各国执政党既要为国民争到更多的世界经济蛋糕，又要避免国家之间的军事冲突，国家财富争夺战是获得民意支持的最佳路径，没有军事战争那么残忍，没有政治斗争那么无情，有时候还能实现互利共赢。因此，无学是过去、现在，还是未来，国家之间财富争夺战将无休无止。

什么是国家财富争夺战？如何在国家财富争夺战中获得最大利益？等等，针对这些问题，本书以案例分析的形式，解疑释惑。全书共六章，第一章，主要论述古代和近现代财富争夺战演变历程和经典案例，第二章论述国家财富争夺战的主要理论，第三、四、五、六章主要论述国家财富争夺战中成就富国、强国、霸国、王国等战略目标的基本策略。

富国策略，就是在国家经济纷争中，一个人口、领土小国，或者经济实力较弱的国家，如何成就和巩固其国富民富的战略目标的基本策略。书中提出，通常主要包括战略依附、广结盟友、联合抗衡、避税天堂、金融中枢、混合企业、飞地拓展、主攻专长等八个基本策略。

强国策略，就是在国际财富争夺战背景下，一个国家如何与霸权国家竞争，如何与其他小国、弱国竞争，才能成就和巩固其世界经济强国的战略目标的基本策略。书中提出，通常主要包括树旗结盟、霸国副手、财富洼地、货币分赃、市场扩张、企业渗透、科技立国、拐点超越等八个基本策略。

霸国策略，就是一个国家在国际经济角逐中，如何成为世界超级大国或独霸全球的战略目标的基本策略。书中提出，通常主要包括洗脑改造、挟天子而令诸侯、围堵封锁、货币霸主、逆差指控、资源战略、群英荟萃、军工垄断等八个基本策略。

王国策略，就是在全球各国经济纷争中，某个国家如何扮演全球公平正义角色，最终被公认为“公正地球村长”的战略目标的基本策略。书中提出，这主要包括世界新普世价值、世界共同富裕、国际伸张正义、战略资源共享、公益国际货币、全球共同市场、国际科技共享、国际分工共荣等八个基本策略。

在国家战略目标追求中，从富国、强国到霸国、王国，通常是渐进的战略目标，但也有跨越式发展的各种情形。

从中国的发展实践与未来趋势看，仅想推行富国策略是行不通的，当前推行强国策略是比较现实的，霸国策略则与中国传统道德背道而驰，但这正是当下中国必须破解的难题。因此，本书对霸国策略进行重点分析论述。

如货币霸主策略提出，国际美元是美国的核心利益，也是美国践行“只有永远的利益，没有永远的朋友”格言的载体和抓手。

美国利用美元印刷机器，自行大量发行国际美元，以低价购买世界各国实体财富，低价购买和控制各国上市公司，想方设法控制他国金融系统，有条件“援助”发展中国家，千方百计谋取各国财富。

离开了国际美元，美国只是扮演世界经济强国，超级大国地位将产生动摇，走下神坛。

又如逆差指控策略提出，中国、日本等对美国贸易顺差，是不可避免、永续存在的，对美贸易平衡只能是一个传说、一个虚幻，是一个欺世盗名、永不成立的伪命题。

其原因很简单，世界贸易中介是美元，中国等国开展国际贸易，必须向美国出口产品和服务，以换取美国的美元；美国出口美元，进口产品和服务，中国对美怎能有产品和服务贸易平衡之说呢?

美国利用贸易逆差为幌子，对中国等贸易顺差国进行各种指控，包括对中国出口美国产品的反倾销、指责中国汇率操控、批评中国高储蓄、低消费等，其实都是恐吓的谎言，其真正目的在于提高国际贸易话语权，掠夺更多财富。

如果美国真的对中国采取过激行为，中国减少对美国出口，甚至抵制美元，美国终将是搬起石头砸自己的脚。

……

中国是社会主义国家，从全人类文明进步和中国共产党宗旨来看，推行王国策略乃是中国的最高理想境界。为此，本书在王国策略中，提出中国成就王国的基本思路。

如世界新普世价值策略，提出建立经济自由、共同进步、共同富裕等世界各国普遍认同的价值理念，以取代美国的美式普世价值。又如国际公益货币策略，提出建立国际公益人民币，建立新型国际货币联盟，彻底摒弃人民币国际化对各国财富的掠夺，使人民币替代国际美元，拒绝美国贪婪无度的剥削，等等。

希望书中提出的三十二个基本策略及主要观点，能够为广大读者了解和把握国际经济争斗形势，拓展新的思维空间，形成新的治国理念，尽点绵薄之力。

由于作者研究能力、研究水平有限，书中难免存在不足，甚至有错误的地方，欢迎各位读者批评指正。

作 者

目　录

第一章　国家财富争夺战的历史经典

在中国数千年历史长河中，有历史记载的国家财富争夺战，始于春秋战国时期，由于该时期是百家争鸣时期，诸侯国之间的政治、军事、经济斗争异常激烈。秦始皇统一中国以后，以及此后历朝历代，国家经济争斗始终伴随着王朝的变迁而变化。

国家财富争夺，与政治、军事斗争有着千丝万缕的联系，同时，财富争夺也是智慧式争斗，是没有残忍、血腥的争斗，是没有硝烟的争斗，这与《孙子兵法·谋攻篇》说："故上兵伐谋，其次伐交，其次伐兵"中的伐谋、伐交有异曲同工之处。

一、春秋战国时期争夺战经典案例

中国历史上的春秋战国时代，出现了许多杰出伟人，以及光芒四射的思想，在国家经济争斗中也留下许多经典案例。

在那个群雄纷争、弱肉强食的年代，哪个国家控制了更多的土地和人口，就标志着这个国家的强大。因此，围绕土地与人口争夺，推动国家领土和人口扩张，这是所有的君王及其统治集团的头等大事。

为实现这个目标，各诸侯国想尽办法，很多时候只能通过军事战争去实现，但军事行动往往需要付出巨大的代价，所以，君王们非常谨慎。在长年的争夺战中，一些诸侯国发现，经济争斗比军事和政治争斗更有利于目标的实现。

1. 称霸不用兵

春秋时期，有齐、晋、楚、秦、鲁、宋、卫、燕、陈、曹、蔡、郑、吴、越等几十个诸侯国。这些诸侯国在吞并与被吞并之间游走，弱肉强食是那个时代国家斗争的主旋律，军事冲突时有发生。

约在公元前 680 年，齐国国君齐桓公是一位很想成就霸业的人，他在执政初期，就对鲁国发兵，但由于国力、军力不足，被鲁国军队击败于长勺。后来，齐国又联合宋国攻鲁国，也无功而返。

这使齐桓公清醒地认识到，政治和军事战争无法使齐国称霸于诸侯国，必须另辟蹊径，于是实施了称霸不用兵车策略。

这个策略的提出者，是史上名声赫赫的管仲，也就是史称的管子。

公元前685年，管仲被齐桓公拜为大夫，后拜为相国。为了避免流血冲突，管仲提出并实践了称霸不用兵车策略，以国家之间的经济争斗为主调，对内大胆进行改革，对外高举起尊王的旗帜。

在这场没有硝烟的战争中，管仲主要使出了三大撒手锏：

一是推行开放贸易，聚集诸侯各国财富。

通过实施“讥而不征”政策。即官府对商品市场交易只是稽查管理而不征税，给予自境外来商人以很大的便利和优待，不但设置专门驿站服务于往来客商，而且在都城临淄为各国商人提供良好的住宿条件。

当时，各诸侯国均实行封闭市场政策，齐国的优厚开放贸易政策，让各国商人纷纷涌入。

商人们带来了各式各样的商品，齐国丰富的鱼盐产品和手工业产品也运销他国，都城临淄很快成为各国商品的集散中心，聚集了各诸侯国大量财富。

二是推行价格战，控制粮食等战略资源。

在成为各国商品集散中心的背景下，齐国实施了“天下下我高，天下轻我重”的商品价格政策，即抬高粮食、食盐等重要商品价格，降低国内优势商品价格，操控市场价格以获利。

粮食是当时战略性资源，管仲因此提出“彼诸侯之谷十，使吾国谷二十，则诸侯谷归吾国矣”，运用市场和价格优势，让各国粮食源源不断流入齐国，拥有了这些粮食，齐国就可以控制其他国家。

对于齐国优势产品，则采取低价倾销，促成市场垄断格局。对于齐国特产的鱼、盐等产品，采取唯我独高、独重的高价垄断策略。

这样，齐国不仅控制了各国粮食资源，而且掠夺了各国大量财富。

三是实施贸易制裁，制服不听话的诸侯国。

在控制各国粮食的基础上，齐国利用其市场优势地位，对要征服的国家实施“釜底抽薪”策略，即高价格进口对方非粮食类产品，后实施粮食禁运，迫使对方服输。

如齐国与鲁国、梁国经常发生冲突，为了征服这两个国家，管仲提倡国君和平民穿绨 (古代一种丝织物)，这些绨都是从鲁、梁国高价进口。

由于这两国人民善于织绨，高价厚利的诱导下，两国放松了自己的农业生产而专心织绨。

待时机成熟，齐国突然颁布法令，禁止国人穿绨服，禁止与鲁、梁两国通商。

由于严重缺乏粮食，鲁国、梁国发生饥馑，两国百姓有超过半数投奔到齐国。为了国家存继，两国国君只好向齐桓公请服。

就这样，齐国没有牺牲一兵一卒，就轻易从各国获得了大量财富，大大充实了齐国国力，扩大了影响力，从而为称霸天下打下坚实的基础。

在经过多年努力之后，齐国脱颖而出，国君齐桓公也成为“九合诸侯，一匡天下”的盟主，是春秋时期的第一个霸主。

齐国的称霸不用兵车策略，在当今的国家经济争斗中，也有许多参考借鉴之处。如部分欧美国家将粮食援助作为控制第三世界国家的工具，将吸纳世界优秀人才的移民政策作为控制其他国家发展的重要手段。

2. 疲秦之计

韩国疲秦之计，也称郑国渠“疲秦之计”，是战国时期韩国应对被秦国吞并而采取让对方举全国之力修建大型水利工程的“疲秦之计”。

战国后期，在诸侯国连年征战中，齐、楚、燕、韩、赵、魏、秦等诸侯国不断壮大，号称战国七雄。

这战国七雄之间，为了吞并对方、壮大自己，除了在军事、政治斗争之外，在经济上也是斗智斗勇，其中韩、秦两国间的经济争斗，堪称中国史上最经典的案例之一。

在战国七雄中，秦国经过商鞅变法，国力蒸蒸日上，在七雄中独占鳌头，秦国对周边国家更是虎视眈眈，并实施了远交近攻策略。

处于魏国、齐国、楚国和秦国包围之中的韩国，国土面积最小、国人最少、国力最弱，韩国随时都有被秦国吞并的可能。

面对咄咄逼人的秦国，韩国君臣们惶恐不安，共同商讨摆脱被秦国吞并的办法，公元前246年，国君韩桓王采纳了群臣们共推的“疲秦之计”。

该策略就是设法引诱秦国，举其全国之力修建大型灌溉水利工程，以此消耗光多年积累财力，征用完青壮年劳力，使其农业生产陷入停滞，在经济上拖垮秦国，使其无力对韩国采取军事战争和吞并。

能否成功实施这个策略，关键是人。韩国著名水利工程专家郑国被韩桓王委以重任，成为这个策略具体实施者。

在韩国精心谋划下，郑国去了秦国，顺利地在秦国国都咸阳见到了国相吕不韦，当时秦国国君年纪尚小，吕不韦掌管着秦国实权，说服吕不韦至关重要。

当时秦国的关中平原没有大型水利工程，农业生产用水紧缺，粮食生产受限，这是秦国对外扩张面临的头等大事。

根据这种情况，郑国极力向吕不韦游说，他说如果秦国在泾水和洛水间穿凿一条大型灌溉渠道，关中平原的大部分地区就可以变成优质良田，这将给秦国农业发展带来巨大收益。

对这个极具诱惑力的设想，吕不韦大胆地采纳了，并任命郑国本人主持兴建这个水利工程。

郑国当仁不让，尽心尽力组织实施这个工程，在秦国全国范围内，征集大量的人力、物力和财力，韩国君臣们眼看“疲秦策略”顺利实施，暗中庆幸。

然而，天有不测之风云，韩国高层腐败和权力争斗，使“疲秦策略”提前泄露。郑国被推到生死边缘，秦王知道后大怒，想要杀郑国。

当然，郑国聪明过人，他早已意料到这种情况，并做好应对各种情况的思想准备。郑国据理力争地说：“始臣为间，然渠成亦秦之利也。臣为韩延数岁之命，而为秦建万世之功。”

秦王政是颇有远见卓识的政治家，他十分清楚这个水利工程对秦国的作用，如果杀了郑国，那秦国就真的中了韩国的圈套，因此他一如既往对郑国加以重用，并命该水利工程为“郑国渠”。

经过十多年的努力，郑国渠终于开通，从而使关中平原成为秦国的粮仓，秦国的财力和国力大增，秦国军队有了足够的粮食保障之后，加速了对外扩张，并于公元前230年出兵韩国，韩国也成为被秦国统一进程中所灭的第一个诸侯国。

“疲秦之计”从本质上来说，就是国家之间的经济暗斗。

韩国企图让秦国花费数十年的时间来建设水利工程，耗尽秦国多年积累的财富，征用大量劳力以制约秦国农业生产，以此削弱秦国国力。试想，如果郑国渠数十年不能顺利开通，结局可能按韩国设想的方向发展，历史上的秦国统一大业可能由此改变。

“疲秦之计”的精华，在现代国家经济争斗中，仍然光芒闪烁。如冷战时期，美国通过与苏联开展军备竞赛，使苏联集中全国之力发展军事装备，没有精力生产日用工业品，从而拖垮苏联经济，为和平演变和解体苏联奠定了坚实基础。

3. 合纵连横，联盟的力量

合纵连横，主要是指战国时期的国家联盟策略，它是近代和现代的国家联盟、区域联盟的鼻祖。

在战乱纷争的战国时期，许多小国、弱国经常被大国欺负，要么割地求和，要么进贡求平安。

为了生存和发展，小国与弱国必须改变单打独斗的做法，通过建立弱小国家联盟，才能抗衡大国强力掠夺。

与此同时，某些大国为了更好地吞并弱小国家，也要与部分国家结成国家联盟。

在这种大背景下，纵横捭阖之术盛行，其中比较有代表性的是，苏秦的合纵策略和张仪的连横策略。

苏秦字季子，是鬼谷先生的学生，苏秦在学成之后，想到各国当官，但出游数载，一无所成，回到家中，不愿从事农活，不能自食其力，因此常被家人讥讽。

但他信奉读书能够改变人生，于是发愤读书，对国家联盟研究颇深，形成一套自圆其说的理论体系，后重新出游燕国。

当时，齐国趁燕国国君新丧，大举攻燕，燕昭王即位立志雪耻，招贤纳士，苏秦便是所纳贤士之一，燕昭王认为他提出弱小国家联盟构想非常好，于是，他深受燕昭王的信任。

为了报答燕昭王的信任，帮助燕国收复失地，苏秦离开燕国直奔齐国，此后不久，齐、燕两国为争夺土地又开战了，苏秦从中使计让齐军失败，燕国如愿收复失地。通过这次战争，燕昭王更加信任苏秦。

苏秦趁此机会，大力推销他的国家联盟理念，力劝燕国跟赵国、韩国等联合，以对抗强大的秦国。在燕王的大量金银布帛铺垫下，他游说赵、韩、魏、齐、楚等国，联合起来共同对抗强大的秦国。

后来，六国终于定下合纵盟约，这就是后人所称的“合纵”。苏秦被任为六国合纵盟约的纵约长，佩六国相印。

苏秦将“纵约书”投给秦国，虽然秦国实力强大，但六国联盟后经济和军事实力更强大，此后，秦兵15年不敢越过函谷关。

与苏秦实施的弱小国家联盟的“合纵”相反，同为鬼谷先生学生的张仪，则主张建立以强国为核心的国家联盟思想。

也就是建立以秦国为主导的国家联盟，通过诱导拆散六国联盟，进而吞并其他国家，史称“连横”。

秦王对张仪的破纵连横建议十分赞赏，并给予充分的信任和支持。

张仪首先把目标锁定楚国，他到楚国，先替秦王游说楚王，让秦楚联合对抗齐国，并承诺给予楚国600里地为报酬。

楚国轻信了张仪，坚决断绝与齐国的联盟关系，然后向秦国索要领地。但秦国以对方听错了为由，只答应给6里地，楚王大怒发兵攻秦。

此时，张仪又游说齐国，通过秦齐联合打败了楚国，楚只得割地求和。

此后，张仪游说其他国家，劝告他们只有依附秦国、共同服从秦国领导，才能生存与发展。这样，六国都向秦国称臣以求自保，帮助秦惠王“拔三川之地，西并巴蜀，北收上郡，南取汉中”，兼并了大片土地。

从苏秦与张仪的国家联盟看，这不仅仅是政治和军事行为，更是一种经济争斗行为。合纵的目的在于联合许多弱国抵抗一个强国，而连横的目的在于许多弱国侍奉一个强国，以此为靠山进攻其他弱国。

在现代国家经济争斗中，合纵连横策略仍然具有很好的借鉴意义，主要表现为弱弱国家经济联盟、强弱国家经济联盟。如东南亚十国联盟是苏秦合纵策略的延伸，而美国与新加坡签署自由贸易协议则是张仪合纵策略的延伸。

4. 网罗英才，秦国强盛

在战国初期，秦国的社会经济发展落后于齐、楚、燕、赵、魏、韩这六个大国，在吞并与反吞并中，秦国没有任何的争斗优势。

战国中后期，秦国注重网罗各国精英人才，如秦国任命卫国人商鞅（公孙鞅）推行商鞅变法，从此，秦国逐步超越其他国家，成为最富强的诸侯国。

在秦始皇的统一大业进程中，更加注重网罗天下精英，将吕不韦、李斯、王翦、王贲、李信、王离、蒙恬等各国精英人才，吸引到秦国，让他们尽忠于秦王政，从而成就了秦王政的一统天下。

其中，李斯就是典型人物。

李斯本是楚国人，生于公元前 284 年，是一位极富治国天分的人才。李斯到达秦国后，先投靠秦相吕不韦，因李斯才智过人，很快得到吕不韦和秦王政的器重。

李斯和魏国人尉缭等提出“离间六国君臣之计”，不惜财物向各国权臣、名士行贿，对不服从者则刺杀以绝后患，秦王政采纳这个建议后，顺利地兼并了各个诸侯国。

在秦王政统一天下期间，出现了一个重大事件，那就是韩国的“疲秦之计”暴露之后，秦国群臣对外来精英人才争议很大，认为应驱逐一切外国人，迫于国内群臣压力，秦王政下了逐客令，李斯也在被逐之列。

于是李斯给秦王写了一封信，这就是《谏逐客书》，这封信改变了秦国历史，成就了中国的统一大业。

《谏逐客书》写道：“从前秦穆公求贤人，从西方的戎请来由余，从东方的楚国请来百里奚，从宋国迎来蹇叔，任用从晋国来的丕豹、公孙支。秦穆公任用了这五个人，兼并了二十国，称霸西戎。秦孝公重用商鞅，实行新法，移风易俗，国家富强，打败楚、魏，扩地千里，秦国强大起来……如果这四位君王也下令逐客，只会使国家没有富利之实，秦国也没有强大之名。”

李斯还说，如果秦国不能重用各国精英人才，其结果就是精英人才流回各诸侯国，这些人才回流后将加强各诸侯国实力，此减彼增，这不利于秦国统一大业。

秦王政采纳这个建议，终止了逐客令，秦国依旧成为各国精英聚集高地。

在秦国统一天下后，李斯被任为丞相。公元前221年，秦始皇接受丞相李斯“书同文字”的建议，命令全国禁用各诸侯国留下的古文字，一律以秦篆为统一书体。为了推广统一的文字，李斯亲作《仓颉篇》七章，每四字为句，作为学习课本，供人临摹。

此外，李斯上奏皇帝，建议废除六国旧制，全国统一度量标准；建议让全国的车轨统一，并在全国范围内修筑驰道；建议废除原来秦以外通行的六国货币，在全国范围内统一货币等，都得到了秦始皇的首肯和实施，为秦国建立中央集权统治立下了汗马功劳。

试想，如果秦王没有终止逐客令，秦国一统天下就不可能完成；如果秦国没有网罗各国精英，秦国国力就不可能一枝独秀。

秦国一统天下，网罗各国精英功不可没，从某种程度而言，秦国从各国挖掘人才，其实就是掠夺各国财富、削弱各国实力，是典型的国家人才争夺战。

从现代国家经济争斗看，网罗精英策略依然光彩夺目。如第二次世界大战之后美国之所以能够领导全球，关键是持续推行精英移民政策，网罗世界各国精英人才，包括独特技能人才、科研人才、管理人才等。这些做法，与我国两千多年之前的秦国网罗精英策略，几乎没有什么区别。

二、秦汉以后争夺战经典案例

1. 秦统一货币

秦始皇统一各国之后，周朝遗老和原各诸侯国贵族很不甘心，许多人想恢复旧国。

虽然，秦始皇设立了集权统治制度，但经济、语言、文字等方面，各诸侯国仍然自成体系，人心不齐，秦朝面临着随时被颠覆的可能。

为巩固中央集权，秦始皇推行了统一货币、统一度量、统一文字，为中国统一大业奠定了基石。

其中，统一货币使秦王朝牢牢掌控了原六个诸侯国的经济命脉，没有了经济基础支撑，各诸侯国复国就成了无根的草，长不了。

秦始皇统一天下之初，虽然在军事和政治上取得了统一，但统一后的各诸侯国货币却多种多样。

据史料记载，当时私人铸币比较普遍，货币品种很多，如布币，流通于韩、赵、魏；刀币，流通于齐、燕、赵三国；圆钱，流通于秦、赵、魏等；郢爰与铜贝，流通于楚国。

这给国家统一带来了严重挑战，原各诸侯国的贵族们，可以通过自铸货币，为他们夺回故地提供重要的经济保障。

秦王朝则由于不能掌握货币发行权，中央军事集权缺乏经费保障，对各诸侯国进行统治难以持续，秦王朝随时面临着国家再次被分裂的危险。

为了解决这个问题，时任秦朝丞相的李斯，提出了全国统一货币的伟大构想。

李斯于公元前210年，即秦始皇三十七年，也就是秦始皇命丧沙丘之前的最后一次出游时，向秦始皇上了道彻底改变中国分裂命运的奏折，即废除原秦国以外的六国货币，在全国范围内统一货币。

秦始皇准奏后，李斯力排众议，坚定地推行全国统一货币工作。

在李斯的主持下，规定以黄金为上币，以镒为单位，每镒重二十四两，以铜钱为下币，铜钱以“半两”为单位，铜钱造型为圆形方孔，一万铜钱折合一镒黄金。

同时，严令珠、玉、龟、贝、银、锡之类作为装饰品和宝藏，不得当作货币流通。特别规定货币的铸造权归国家所有，私人不得铸币，违者定罪等。

这些做法，既统一了全国市场，又杜绝了各诸侯国自铸货币牟利对抗中央，货币发行收益尽归中央政府，全国财富尽在中央掌控之中。李斯此举被后人称为经济史上的创举。

可以说，秦始皇统一货币，开启了中央经济集权时代，对以后中国统一大业产生了深远的影响。此后的历朝历代，货币统一往往成为国家集权统一的重要标志，成为国家统一的经济基础。

虽然，我们的先祖们对货币统一这个问题，也许没有太多的研究和思考，但实践出真知，只要统一了货币，就会形成中央集权，就会成为多民族团结统一的国家。

相反，如果没有统一货币，中央集权就会削弱，国家就会分裂，形成多个集权国家。这在中国几千年的历史中，是屡见不鲜的。在现代国家经济争斗中，统一货币策略仍然屡试不爽。

如英国、法国等国，为掌控殖民地国家经济，就设法让英镑、法郎等成为原殖民地国家通行货币。

美国则把这个策略用到了极致，美国通过控制世界金融，让美元通行于世界各国，成为国际贸易主流货币，从而掌握世界经济命脉。

可以说，在当今全球经济体系中，谁掌控了国际货币的发行权，谁就能够掌控全球经济，这也就是美国能够称霸世界的最关键手段，也是美国为什么千方百计阻止日元、英镑、欧元等成为国际主流货币的深层原因。

2. 禁运母畜，吕后雉力压南越

藩属国在中国古代国家政权中是一种独特的治理模式，藩属国在经济、政治和军事上有很大的自主权，要使藩属国服从于中央政权，必须恩威并施，萝卜与大棒同时使用。

刘邦建立汉朝之初，虽然牢牢掌握了中原地区，但在广大边疆地区，因军事能力有限，用经济利诱和威逼的经济争夺战方式，征服边疆地区，尤其是征服藩属国，成为最佳的统治方式。

其中，西汉时期中央对南越国的贸易禁运，就是典型。

公元前 210 年，秦始皇病逝，秦二世继位，此后中原地区陷入了一片混乱状态，中央政权风雨飘摇，无人顾及岭南地区，赵佗起兵兼并桂林郡和象郡，建立了南越国。

南越国虽然独立了，但人口稀少，农业技术落后，农业发展缓慢，粮食生产难以满足国家机器运行的基本需要，更谈不上进军中原地区，或对抗中原地区政权。

为了生存与发展，南越国急需从中原地区引进先进的农具、种子、良畜以及水利灌溉技术等，但中原地区局势动荡，难能如意引进。

公元前 202 年，刘邦建立了西汉政权，为了控制南越国，汉朝和南越国互派使者，双方开设关市，汉朝向南越国输入粮食、铁制农具、车马、家畜等，南越国向汉朝出口大量的水果、水产品等。

刘邦去世后，吕后雉专政，压制开国功臣，大封诸吕为王，拔擢亲信，专擅用事，加大对藩属国的政治、军事控制，南越国对此很是不满。

吕后雉是一位很有智慧的政治家，她没有直接采用军事压制的手段，而是选择了经济制裁方式，对南越国进行打压。

公元前 183 年，西汉中央政权下令，逐渐取消两国边境贸易，禁止向南越国输出铁制农具，在马、牛、羊等贸易中，禁止将母畜卖给南越国，违令者给予重罚。

在这道禁令下发后，因缺乏取而代之的贸易伙伴，粮食供给不足，南越国很快陷入了困境。

迫于经济压力，南越国无计可施，赵佗曾多次遣使至长安，要求恢复双边贸易，但西汉中央政权毫不放松，并且屡屡扣留使节。

南越国面临着要么接受中央政权严格管制，要么另辟路径，赵佗选择了后者。

为了弥补粮食等战略资源缺失，南越国开辟了海上贸易之路，与南海诸国开展贸易，赵佗也凭借着他的军队威慑和大量财物接纳，使得闽越、西瓯和骆越都纷纷归属南越，赵佗后自封为皇帝。

贸易制裁没有达到预期效果，而且朝着相反的方向发展，西汉中央政权后来才逐渐废除贸易禁令。

从这个案例看，开展技术贸易禁运，对于弱小国家来说，是无法承受的伤害。但在推行多边贸易情况下，技术贸易禁运，在短期效果较好，但从长期看，难以获得绝对的胜利。

这种对藩属国的经济控制模式，与近代殖民地控制方法有许多相同之处。在现代社会的国家经济争斗中，这种方法也是比较常见的，如美国对古巴、朝鲜等国的经济与科技封锁，美国和欧盟对中国的武器禁运等。

3. 丝绸之路

据史料记载，西汉初年，西域有 36 国，后来分裂为 50 余国。在西域诸国中，以乌孙人口最多，有 60 多万，其他中小国家人口较少，这些国家均属于相互分割的部族王公性质的政权，且在汉朝与匈奴两大国的夹缝中生存。

到汉武帝时期，在打击匈奴过程中，汉武帝崇倡武力扩张，通过武力干涉让西域诸国归顺汉朝，西域诸国虽人口稀少，但民风彪悍，武力扩张引起诸国的强烈反抗，汉朝边关也难得安宁。

如何征服西域诸国？汉朝主导推行了丝绸之路的多边贸易，事实证明，通过贸易更能征服西域诸国，其征服手段远比武力征服更让人信服。

丝绸之路，最早可追溯到公元前138年，当时汉武帝派张骞第一次出使西域，联络大月氏夹击匈奴，张骞出使西域没有达到预期目的，但却沟通了汉朝与西域各国的联系。

公元前119年，张骞再次出使西域，由于匈奴已被汉朝军队挤出老巢，匈奴已没有能力干涉西域各国，张骞不断游说各国与汉朝开展产品贸易。

在巨大利益诱惑下，各国积极与汉朝开展贸易往来，开辟了以长安（西安）为起点，经甘肃、新疆，到中亚、西亚，并联结地中海各国的陆上贸易通道。

因汉朝西运货物中以丝绸制品为主，故而称之为丝绸之路。

通过这条丝绸之路，汉帝国与西域诸国及中亚、欧洲各国的商业贸易迅速增加，不仅成为重要的国际商品集散点，而且在国际贸易体系中确立了龙头地位。

汉朝的丝、绸、绫、缎、绢等丝制品，源源不断地流向西域乃至中亚和欧洲各国。

由于汉朝拥有丰富的各种物资和产品，而且科技远在西域诸国之上，渐渐地，西域诸国对汉朝产生崇拜之情，并有主动归顺汉朝统治的意愿。

就这样，汉帝国用经济手段征服了许多西域小国，使他们成为汉帝国的重要组成部分。

汉朝的丝绸之路策略，实质是建立国际贸易走廊，或建立国际多边贸易体系，通过经济影响力征服西域诸国，促进各民族的共同繁荣发展。

在当今世界，丝绸之路策略仍然在大放光芒，如美国主导的世界贸易组织，通过推广自由贸易，凝聚全球各国，增强了美国的国际经济影响力，许多国家和地区纷纷倒向美国，成为美国经济的附庸。

4. 大唐国门大开，四夷自服

公元 618 年，李渊建立了唐朝，当时周边有许多独立政权，如突厥、吐谷浑、百济、吐蕃、契丹、南诏等，这些独立政权也可以说是独立国家。

在这种背景下，单纯依靠武力征服，需要耗费大量财力和精力，而且会遇到强烈反抗而难以达到预期效果。

公元 626 年，李世民即位，唐太宗雄才大略，时时以隋朝的灭亡为借鉴，对内励精图治，对外怀柔绥抚，并确立其治国的基本国策："君临区宇，深根固本，人逸兵强，九州殷富，四夷自服。"

这个基本国策的核心是实施经济对外开放政策，创建区域性贸易中心，打造财富聚集高地，在众多国家中脱颖而出，从而将周边国家纳入大唐帝国领土范围之内，提升大唐帝国的国际影响力和感召力。

这个基本国策为其后几位继任者所沿袭，有效地推动了大唐帝国成为亚洲乃至世界经济中心，并有效征服了周边各国。

一是尊重外国宗教习俗。如唐朝法律规定："诸化外人，同类自相犯者，各依本俗法，异类相犯者，以法律论。"唐朝虽然提倡道教和佛教，但并不排斥其他外来宗教，如景教、摩尼教、伊斯兰教等，都是在唐朝传入中国的。

二是禁止对外商滥征各种杂税。如太和八年（公元 834 年），唐文宗曾下达谕令："南海蕃舶，本以慕化而来，固在接以仁恩，使其感悦………除舶脚、收市、进奉外，任其来往流通，自为交易，不得重加率税。"

三是设立专门管理海外贸易的机构，制定了各种征税与外商管理办法，吸引海外商人来华贸易，等等。

当时唐朝的农业比较发达，陶瓷、纺织等手工业基本实现了专业化、小规模化生产，实施对外开放政策，有力地推动了产品出口，也促进了进口，极大地丰富了产品市场，使唐朝成为世界主要贸易中心。

在对外开放过程中，唐朝与中东、东亚和欧洲地区的贸易往来频繁，唐朝的境外贸易发展迅速，呈现出前所未有的繁荣景象，极大地吸引了曾经游离在唐朝之外的周边独立政权，使它们融入大唐帝国之中，成为大唐帝国中的一员。

据历史资料，大唐帝国在鼎盛时期疆域东至朝鲜半岛、西达中亚咸海、南到越南顺化、北至贝加尔湖，突厥、回纥、靺鞨、铁勒、室韦、契丹等少数民族融入了大唐帝国。

世界上许多国家和民族，也被大唐帝国的对外开放政策所折服，如欧洲、日本等许多外国人争相来到大唐帝国学习和创业，中华民族的自尊心、自信心得到了全面提升。

在近代和现代社会的国家经济争斗中，通过对外开放政策以征服他国的策略，也常有采用。

如美国早年推行开放移民政策，实施自由经济政策等，实质是对外开放，这些政策成就了美国的世界金融、贸易和制造中心。

又如英国和法国，对其殖民地国家采取开放态度和开放政策，以增强其对殖民地国家的凝聚力和向心力。

5. 文成公主，不是和亲那么简单

公元 7 世纪初，唐太宗建立了强盛的大唐帝国，成为亚洲地区经济中心，它对周边民族地区产生了强大的吸引力，许多民族部落纷纷与唐朝修好。

大唐帝国不失时机，积极实施国家经济扩张策略，促进周边国家称臣内附，或纳贡请封，确立了大唐帝国在区域国家中的领导核心地位，实现了秦汉以来执政当局梦寐以求兵不血刃征服西域各国的愿望。

其中，文成公主入吐蕃，不仅仅是一场政治联姻，更是一场经济援助和威慑征服。

贞观初年，松赞干布统一藏区，建立了吐蕃王朝，但由于当时国力脆弱，维系王朝统一困难重重。而大唐帝国威名远扬，国力雄厚，松赞干布积极谋求与唐朝建立密切关系以解决国家稳定问题。

贞观八年（公元 634 年）第一批吐蕃使臣访问长安，贞观十四年（公元 640 年），松赞干布遣人至长安献金 5000 两、珍玩数百，向唐朝请婚，唐太宗答应把文成公主嫁给松赞干布，此后，文成公主入吐蕃。

文成公主携带了大批丝织品、手工艺品，还有史书、营造与工技著作 60 种，医方 100 种，诊断法 5 种，医疗器械 6 种，医学论著 4 种。带去了多种耐寒抗旱的庄稼种子。带去了一批通晓所带书籍的文士和制造各种物品的工匠以及乳娘、宫女、乐队等。

这些做法，其实就是经济、社会、科技、文化的大规模输出，对吐蕃产生了深远的影响。

当时吐蕃农业落后，耕作粗放，没有排水沟畦，没有土地平整，没有先进的农作物种子，农用工具简陋，劳动生产力低，土地产出率低。

文成公主入藏后将汉族农业技术传入吐蕃，从此吐蕃开始挖畦沟，阡陌纵横，农业产出大为提高。

随公主入藏的工匠，把中原地区的农具制造、纺织、缫丝、建筑、造纸、酿酒、制陶、碾磨、冶金等生产技术传入西藏，极大地促进了西藏手工业发展。

公主带来的诗文、农书、佛经、史书、医典、历法等典籍，促进了吐蕃经济、文化的发展。

显然，文成公主入吐蕃，不仅仅促进了唐朝与吐蕃的友好关系，对于吐蕃而言，是一种经济吸引力和经济威慑力，极大地促进了吐蕃对唐朝的向往和尊重，增进了吐蕃融入唐朝的向心力。

它对于唐朝而言，是一种大国经济力量的展示，是一种强大的经济牵引力，为吐蕃臣服唐朝奠定了坚实的经济政治基础。

在现代社会中，通过国家间的经济援助，使经济弱国对经济强国产生尊重、畏惧和服从，是一种常见的国家经济争斗策略。如法国对原非洲殖民地国家开展经济援助，使这些国家在经济、政治和军事上依赖于法国，唯法国马首是瞻。

6. 经济角力和谈

公元 960 年，宋太祖赵匡胤建立北宋王朝，北边有辽国（契丹），西边有西夏，这三个国家为了争夺领土和财物经常相互攻击。辽国和西夏军事实力占有优势，但农业科技落后，经济实力有限。

位于中原地区的北宋，人口众多，科技先进，经济发达，但军事实力相对薄弱，因此，北宋成为辽国和西夏侵略和经济掠夺的主要对象。北宋为了国家安宁，在积极开展军事对抗的同时，对辽国和西夏展开经济与科技贸易禁令，制约这两个国家的经济发展，使之难以支撑庞大的军事开支。

据史料记载，公元 1004 年，辽国萧太后和辽圣宗亲率 20 万大军，攻破了边陲重镇遂城，长驱直入北宋境内，直扑澶州（今河南濮阳）城下，都城开封受到严重威胁，这震动了北宋朝野，宋真宗害怕辽军攻破都城，慌了手脚想南下迁都，但在宰相寇准的力劝下，宋真宗御驾亲征，当他登上澶州北城门楼督战时，士气大振，“诸军皆呼万岁，声闻数十里，气势百倍”。

萧太后见到这种局面，知道难以战胜，并且担心腹背受敌，主动提出和约，宋真宗接受这个和约，史称“澶渊之盟”。

盟约主要内容：一是宋国每年向辽国提供“助军旅之费”银十万两，绢二十万匹，在雄州交割。二是双方在边境设置贸易点，开展双边贸易。三是辽国和宋国为兄弟之国，辽圣宗年幼，称宋真宗为兄。四以白沟河为国界，双方撤兵。此后凡有越界盗贼逃犯，彼此不得停匿。两国沿边城池，一切如常，不得抢筑城隍等。

之所以达成“澶渊之盟”，关键是北宋拥有国家经济争斗的绝对优势，即拥有雄厚经济实力，以及先进的农业和手工业技术。虽然，辽国军力远在北宋之上，但经济实力较差，科技水平较低，如果北宋持续对其开展贸易禁运，辽国与北宋经济差距将越来越大，经济的落后，将难以保证其强大的军事实力。

“澶渊之盟”后，宋国与辽国100多年间不再有大规模的战事。

同样，北宋克隆了这种经济争斗模式，以贸易禁运逼停军事扩张策略，对付凶狠好战的西夏，也取得了良好效果。

在公元1040年至1042年间，西夏李元昊军队每年都对宋发动一两次大规模进攻，西夏虽然获胜，但连年的战争损耗，以及宋朝禁止对西夏贸易，使西夏经济日益衰落，军事实力受到很大削弱。

宋朝为抵御西夏入侵，常年在西部边境地区驻军达几十万人，军费支出庞大，且宋军屡屡战败，士气衰落。迫于形势，宋仁宗提出议和，西夏答应议和。

议和内容主要有：西夏向宋称臣，宋封元昊为夏国主；宋每年“赐给”西夏绢十三万匹、银五万两、茶二万斤；另加每年节日“赏赐”两万二千两，绢、帛、衣着两万三千匹，茶一万斤；两国重开沿边榷场贸易，恢复民间商贩往来等。

宋夏和议后，双方维持了 20 多年的和平相处。

北宋对辽、西夏的贸易禁运对抗军事扩张策略，实质是以贸易战争对抗军事战争，以一定的经济代价结束军事战争状态的行为。

从表象看，北宋王朝的这种行为是屈服于军事威慑的懦弱国家行为。但从内容实质来看，这是北宋融合经济斗争与军事斗争的结果，是北宋发挥国家经济斗争优势的产物。如果北宋没有经济战争作配合，辽与西夏就不会善罢甘休，以经济换和平就不会出现。相反，北宋可能早被两国所吞并。

北宋虽然付出很大的经济代价，但获得了和平时期，使宋朝经济取得前所未有的成就，种植业、造船业、纺织业、制瓷业、商业等高度发达，为北宋通过经济战争迫停他国军事扩张提供了坚实的保障。

贸易禁运逼停军事扩张策略，在现代国家经济争斗中，也偶有出现。如在冷战期间，西方国家对苏联展开经济与科技贸易禁运，使其经济落后于西方发达国家，从而制约了其军事扩张。

三、殖民地与法西斯的财富争夺战

1640 年发生于英国的资产阶级革命，拉开了世界近代史的序幕，以纺织工业为代表的工业生产效率大幅提高，促进了国际贸易的迅速发展，日益庞大的海上运输队推动了世界市场扩张。

这种发展背景下，以掠夺财富及开拓出口市场为目的的争夺殖民地争斗日益激烈，国家经济争斗从传统的相邻国家向远距离国家转变，经济争斗变得更加复杂和激烈，最终引发了严重的军事冲突，造就了日不落的大英帝国。

1. 殖民公司的巨大威力

15 世纪，西欧国家进入了大航海时代，葡萄牙拉开了近代西方国家占领殖民地的序幕，西班牙、英国、荷兰、法国、丹麦等国家掀起了海外殖民的狂热浪潮。

在争夺殖民地的过程中，时常伴随着各国武力争斗，但更主要的是经济争斗，善于利用经济争斗手段夺取胜利，是英国成为日不落帝国的重要法宝。

当时，西班牙和葡萄牙因受益于国际贸易，经济比较发达。两国投入大笔资金，派出大批的军队和传教士，远征海外，西班牙和葡萄牙很快在盛产黄金、白银的美洲地区，占据了大片的殖民地，搜刮了大量财富，从而称雄世界。

英国经济则相对落后，国家没有经济实力来投资开拓海外殖民地。

为了占领海外殖民地以获得财富，英国想出了一种空手套白狼的办法：只给政策不给钱。即国家只给海外殖民地征服者予以很大的优惠政策，而没有或仅有有限的资金支持。

这就像中国改革开放之初的深圳特区建设模式。

其中，最优惠的政策主要包括：拓展海外殖民地的公司可获得国家特许授权（皇家特许状），公司在自己所占领的殖民地上拥有各种开发、管理和贸易垄断特权，国家保护它们的基本利益。

仅凭这一纸空文和许诺的优惠政策，激发了英国人的冒险精神，许多公司、冒险家奔向海外寻宝探险之路。

1606 年，伦敦的 21 名商人从国王那里取得在北美洲北部地区殖民的皇家特许状，成立弗吉尼亚公司，集资运送了几百名移民到北美洲，建立了第一个永久殖民地。

弗吉尼亚公司为了吸引更多的追随者，建立了令人垂涎的激励机制，大量的劳动者前赴后继奔向远隔重洋的土地。在弗吉尼亚占领地，他们种植烟草、茶叶等产品，开展国际贸易，获得了丰厚的利润。

就这样，英国以殖民公司形式开拓了大量殖民地，殖民公司成为国际贸易的主体，如非洲公司操纵着与西非地区的贸易；东印度公司意在垄断与印度、香料群岛以及东方的贸易；弗吉尼亚公司则独占美洲地区的贸易。

在国际贸易活动中，殖民公司获得了大量的黄金、白银，并源源不断地输入英国本土，进而壮大了英国军事实力，这些军事实力又为殖民公司发展提供了保障。

英国殖民公司策略之所以成功，是因为英国殖民公司拥有绝对的殖民地经营管理权和收益权。

因此，他们虽然从殖民地掠夺了大量的财富，但不是采取涸泽而渔办法，而是更加注重可持续发展，让殖民地人口与劳动者能够生存下来。

这与葡萄牙、西班牙对殖民地只顾掠夺、杀戮迥然有别，殖民地与殖民者们建立起一种相互依存关系，从而使英国殖民地能长久存在和发展。

有了殖民地国家和地区的财富支持，英国军事实力获得快速扩张。1588年击败西班牙无敌舰队后，英国逐渐取代西班牙，成为海上新兴的霸权国家。

之后，英国相继在英荷战争和七年战争中，打败最强劲的对手荷兰和法国，夺取了两国的大片殖民地。

1815年英国在拿破仑战争中的胜利，以及工业革命，又进一步巩固了英国的强盛地位。

到维多利亚时代，大英帝国步入了鼎盛时期，当时全球四分之一的人口属于英国殖民，分布于非洲、亚洲等各大洲。

反观西班牙，它凭借从事航海活动的先发优势和拥有欧洲最强大的陆军和海军，一度成为海上霸主和欧洲最大的殖民国家，但是由于西班牙实施政府直接管理殖民地的重商主义政策，虽然西班牙政府在殖民活动中攫取了大量财富，但是杀戮太多，殖民地人口锐减。

这样，西班牙经济、军事衰退在所难免，到17世纪初西班牙沦落为二流国家。

英国殖民公司这种策略，在当今国家经济争斗中，还在经常发生，但具体形式有所不同而已。

如美国的标准普尔、惠誉国际、穆迪等国际评级公司，对世界各国政府进行评级，美国政府就是其靠山。

又如爱立信、沃尔沃、ABB公司等跨国巨头，在世界攻城略地，其身后靠山就是瑞典政府。

2. 鸦片贸易，榨干了大清财富

清朝后期，清朝对外贸易对象主要是日本、朝鲜、菲律宾等亚洲国家，以及英、法、俄等西方国家。清朝主要出口茶叶、瓷器、生丝等手工业品或农产品，主要进口纺织品、金属制品、钟表等工业产品。

当时，清朝政府对海外贸易实行集中管理，进行有限的贸易对外开放，政府主导对外出口和进口。政府更关注出口，此举直接增加国库收入，而花钱进口则相当谨慎，手续也相当烦琐。

这就形成出口多、进口少、顺差多的贸易格局。

这种贸易模式，令英国等西方国家非常头痛。清朝政府严格的对外贸易管理，在与西方国家的贸易公司打交道中，始终处于强势地位。

在亚洲具有重大影响力的英国东印度公司，尽管采取各种各样的办法，包括通过走私渠道等非法手段，设法打开中国市场，但都以失败告终。

当时世界通用货币是白银，清政府对西方国家的贸易顺差大，大量白银流入清政府后，基本不外流，就如白银沉入海底。这直接影响到国际货币市场，世界通用货币流通不足，进而影响世界贸易。

由于无法打开中国市场，西方国家大量工业品无法推销，这种贸易模式受到英国等国资产阶级的强烈反对。

白银是世界通用货币，白银流通不足对世界贸易大国影响巨大，英国以世界白银流通不足为托词，力邀多国对清政府政策进行抨击。

英国贸易公司后来发现，印度的原棉及鸦片在中国销路好，不仅清朝政府愿意购买，民间需求量也很大。

尤其是鸦片，体积小，吸食后易上瘾，回头客多，获利很大，且可以通过各种途径运输，走私也十分方便，便于绕过海关监管。

于是，鸦片成为英国打开中国市场、解决中英贸易不平衡的有力手段。

1773 年，英国政府确立了鸦片销售政策，给东印度公司贩运鸦片的特权，使鸦片输入中国数量直线上升。此外，大批英商参与鸦片走私，使得鸦片输华量急剧增加。

据有关资料，18 世纪 60 年代以前，每年不过 200 箱，60 年代后上升为 1000 箱，至 1838~1839 年则高达 35500 箱。

鸦片贸易的大量输入，使中国白银日益外流，其中 1830~1839 年 10 年间，平均每年有五六百万两流出中国，这为英国商人和政府带来巨大收益。

鸦片贸易则给中国人民带来了深重灾难，它摧毁了大量青壮年的身体健康，它使清朝白银出现短缺，货币流通不足，经济出现连续多年的负增长，政府税源枯竭，社会动荡不安。

在这种背景下，清朝国内对禁烟呼声很大，1838 年湖广总督林则徐被任命为钦差大臣往广州禁烟，后收缴并焚毁数百万斤鸦片。

当然，英国商人和政府不会放弃这种一本万利的贸易，于是在 1839 年、1856 年分别发动了侵华的鸦片战争。

英国的鸦片贸易策略，是一种损人利己、缺乏人道主义的国家经济争斗方式，这种损害不仅仅是财富的掠夺，更是摧残了人的生命，是血腥的谋财害命式的经济争斗。

在现代国家经济争斗中，这种策略常被世人所唾弃，但从没有绝迹过，如香烟等对人体有害的进出口贸易。

3. 殖民市场的魔力

殖民地争夺，表面上看，是土地和人口的争夺，本质上看，是市场的争夺。国家之间的市场争夺，是引发第一次世界大战的最重要原因。

在历经 300 多年的殖民地争夺之后，到 20 世纪初，殖民国家及其殖民地形成稳定格局。

然而，世界主要资本主义国家对殖民地的占领是不均衡的，英国、法国以及西班牙、葡萄牙等老牌资本主义国家控制着大片的殖民地。

后起之秀的美国、德国、日本和意大利等新兴资本主义国家，拥有很少的殖民地，大量工业品因没有销路而堆积成山，各国政府面临着资本家破产、工人失业、社会动荡的严峻考验，社会各界纷纷给议会和政府施加压力。

这样，为了打开老牌资本主义国家控制的殖民地市场，新兴资本主义国家与老牌资本主义国家摊牌，但这涉及各国民众的切身利益，老牌资本主义国家自然不肯让出市场，两大阵营国家互不信任、相互指责，日积月累，矛盾重重。

其中，德国与法国之间的土地割让，让矛盾激化到不可调和的程度。早在 1870 年至 1871 年间，爆发了普法战争，这场战争结局是普鲁士大获全胜、法国大败，德意志帝国由此宣告成立。

普法停战和约规定，法国要割让阿尔萨斯和洛林予德国，并赔款 50 亿法郎，德法两国结怨很深。

德国这边，由于国家成立时间短，几乎没有殖民地，国内工业原料不足，国际商品市场狭小。

随着德国工业迅速发展，国内资产阶级异军突起，资本家、企业家们强烈要求德国政府争取海外资源和市场，重新划分全球殖民地势力范围，对英国等老牌资本主义国家提出挑战。

在亚洲，新崛起的日本，对俄国的亚洲霸权主义发出了挑战等。

新老牌资本主义国家为了争夺新的殖民地，或保护既有殖民地，相互间进行了纵横捭阖，最终组成了英法俄协约国和德奥意同盟国两大集团。

在纵横捭阖中，德意志帝国、奥匈帝国与意大利王国三国缔结“三国同盟”，法国、英国和俄国组成“三国协约”。

其中，“三国同盟”代表新兴资本主义国家，“三国协约”则代表老牌资本主义国家。这两大阵营，在追求国家利益上，完全相背，互为矛盾。

时间回到1914年6月28日，奥匈帝国皇太子斐迪南大公被暗杀，这成为“三国同盟”与“三国协约”引发军事冲突的导火线，引爆了第一次世界大战序幕。

两大阵营开战之后，很多国家参与混战，如美国于1917年4月6日向德国宣战，中国于1917年8月14日对德、奥宣战等。

第一次世界大战，以协约国的胜利而告终，并导致了德意志帝国、俄罗斯帝国等的瓦解，建立起以英国、法国主导的国际联盟。

殖民地争夺策略，核心是对某个国家的排他性、单独地占领市场，这种策略在全球经济一体化的现代社会中，已不符合国际发展大趋势。

但国家政府推动、企业主体占领国际市场的理念，至今在国家经济争斗中，仍然发挥作用。如韩国政府通过向亚非拉国家推销军火，使其国内的现代、大宇、三星等企业深度介入了军事工业，在国际军工市场中站稳脚跟。

4. 资源争夺，德日的疯狂

第一次世界大战之后，世界经济发展格局发生了重大变化。

其中，在实体经济方面，德国与日本得到较好发展，铁矿、煤炭等原材料需要量大，产品出口市场急需扩张；在金融等非实体经济方面，美国、英国等获得前所未有的发展，金融业国际化进程日益加快。

以完全自由竞争为理念的美国华尔街，经不住财富诱惑而不断创新金融产品，最终引发了金融危机，进而引爆了世界经济危机，美国、英国、德国、日本等国遭受了沉重打击。

为了走出经济困境，德国和日本提出生存空间理论，选择了对外扩张战略，实施了对外经济掠夺，从而引发了第二次世界大战。

（1）希特勒的生存空间论

第一次世界大战结束后，德国战败而被迫割让大片领土，其中通向波罗的海的“波兰走廊”将德国分为两块，德国经济发展空间受到严重挤压。

而战后的20年间，德国工业发展很快，经济实力明显增长。但1929年从华尔街蔓延的世界经济危机，使许多德国企业倒闭，失业人数直线上升，就在此时，希特勒领导的纳粹党走向台前，掌握了德国政权。

希特勒上台后，德国工业品出口市场面临严峻考验，英国、法国等传统敌对国家对德国采取市场封锁，于是希特勒当局提出，要大力投资基础设施建设，大力发展军事工业，以解决国内就业问题。

但由于德国市场有限，这种专注国内发展的方法，只能救得一时，不能持续发展。

在这种背景下，希特勒提出了“生存空间”理论。

在他的《我的奋斗》一书中，阐述了关于“生存空间”理论，他认为既然人口的增长无法控制，就应该在生存空间上谋求解决的办法。单纯的控制人口增长是无法调解矛盾的，唯一的办法就是通过战争来夺取土地。

土地将从哪里获取呢？他认为有两大来源：失去的土地和新的土地。

失去的土地包括奥地利和捷克斯洛伐克西部，这都是在第一次世界大战中失去的。新的土地只有通过战争取得。

在“生存空间”理论指导下，德国从1933年希特勒获得独裁权力后就大力发展军事工业，疯狂进行扩军备战，走国民经济军事化道路。

在政治军事上，德、意、日三国正式结成法西斯集团，与美、英、法形成对立的国家联盟，并对周边国家展开攻势。

1936年德国进兵莱茵河军事区，并伙同意大利武装干涉西班牙内战。1938年至1939年德国先后吞并奥地利和捷克斯洛伐克。1936年意大利吞并了埃塞俄比亚，1939年又占领阿尔巴尼亚。同时，对英国、法国等欧洲列强宣布进入军事战争状态。

(2) 日本的大东亚共荣圈

日本国土面积小，经济资源少，日本发展工业所需要的原材料，大多依靠进口，如果缺乏国外原料支撑，日本工业举步维艰。

因此，日本向来注重从周边国家进口原料，并向这些国家推销其工业产品。

受传统的殖民观影响，日本在1904年日俄战争之后，就提出亚洲国家在日本领导下抵御白人侵略的口号，这个口号演变为“大东亚共荣圈”理论，将其美化为日本从欧美列强统治中解放亚洲的政治宣言，其真实目的是将大部分亚洲沦为日本殖民地。

1940年，日本外相第一次提出了“大东亚共荣圈”的计划。

大东亚共荣圈的范围为中国、朝鲜、日本、“满洲国”、法属中南半岛、荷属印尼、新几内亚等大洋洲，及澳洲、新西兰、印度及西伯利亚东部等地。

大东亚共荣圈中，日本本土与“满洲国”、中国为一个经济共同体。东南亚作为资源供给地区。南太平洋为国防圈。为此，日本在内阁设立大东亚省。

日本之所以提出“大东亚共荣圈”，主要是看中中国拥有广阔土地资源，以及拥有全世界最多的人口，只要控制了中国政府，就可以弥补日本紧缺的工业资源，可以给日本提供不尽的战争士兵，从而称雄世界。

同样，日本对东南亚的战略位置及丰富的大米、橡胶、锡、石油等战略资源垂涎已久，早就渴望夺取南洋作为支持其侵略战争、独霸亚太地区的基地。

1940年德国在欧洲占领荷兰、法国等地之后，日本为加快占领中国和东南亚而提出这个计划。

日本在宣扬“大东亚共荣圈”的同时，已步步入侵中国。1931年，日本经过精心策划，制造了“九一八”事变，紧接着占领了中国的东北，1937年又策划了“卢沟桥事变”，发动了蓄谋已久的全面侵华战争。

德国和日本提出生存空间理论，其实质是市场空间与战略资源争夺策略，与殖民地争夺策略相比，更加关注粮食、煤炭、石油等战略资源的争夺。

德国、日本的生存空间策略，最终为什么使这两个国家身败名裂？其主要原因在于，缺乏共利共赢理念，牺牲他国生存空间。

生存空间策略，在现代社会中依然盛行，但这种策略已注入了新内容，那就是互利共赢。如中国政府引领国有企业进军非洲国家，开拓商品市场和开发利用资源，其最终目的是促进中国和非洲国家和人民的共同繁荣发展，因此受到非洲国家的热烈欢迎和大力支持。

四、美国与苏联崛起及不同命运

苏联曾是世界性超级大国，是唯一可以跟美国抗衡的国家。为了瓦解社会主义阵营，以美国为首的资本主义国家，采取了多种多样的经济争斗，包括理论改造等争斗方式，最终瓦解了苏联。

相比较而言，美国是个新兴国家，孤立主义政策和国际主义政策使美国在国家经济争斗中获得大量收益，而马歇尔计划则奠定了美国在资本主义国家中的领导地位，成就了超级大国梦想。

1. 联盟，苏联崛起与辉煌

苏维埃社会主义共和国联盟，简称苏联。1917 年 3 月，俄罗斯帝国爆发二月革命，导致沙皇下台，俄罗斯帝国解体，以列宁为首的俄国布尔什维克夺取政权，史称十月革命，革命后改国名为苏维埃社会主义俄国，简称苏俄。

单一的俄罗斯，在世界范围内，无论是政治军事实力，还是经济实力，难以跟西方发达国家相比。

但通过建立国家联盟，那情况就完全不一样。在布尔什维克的推动之下，1922 年，俄罗斯、乌克兰、白俄罗斯和外高加索联邦（包括阿塞拜疆、亚美尼亚和格鲁吉亚），共同成立苏维埃社会主义共和国联盟。

这个国家联盟，统一在布尔什维克的领导之下，实施高度集权的中央计划经济发展模式，国家垄断生产资料。

这种工业发展模式，相比于自由经济模式，更能集中力量优先发展工业。在 1928 年至 1932 年的第一个五年计划后，苏联工业产值在国民经济中所占的比重不断攀升，并迅速成为当时的世界性工业强国。

在第二次世界大战中，苏联凭借计划经济优势，以及政治动员优势，在对抗德国军事入侵战争中，在付出巨大代价之后，获得战争胜利，成为联合国安全理事会常任理事国。

在冷战期间，苏联在政治、军事和经济上，对中国、越南等国家进行大量经济援助，吸引了大批追随者，苏联在经济上完全支配了其他社会主义国家，从而成就了苏联的世界超级大国。

国家联盟争斗策略，与中国春秋战国时期的合纵连横基本相同，在近代和现代社会的国家经济争斗中，时有发生，这也是一种国家生存和发展的基本策略。

2. 组合拳肢解苏联

冷战期间，苏联是世界上唯一能够与美国抗衡的超级霸权国家，曾拥有世界上最强大的政治、军事、科技能力，在航天科技、新材料科技等领域遥遥领先，经济发展也紧跟美国之后。

但在美苏经济争斗中，美国利用苏联的弱点，设计了经济理论改造、军事拖垮、经济打压等一系列经济争斗策略，使得苏联于 1991 年解体。

一是开展军备竞赛，拖垮苏联经济。

美国导演了美苏军备竞赛，使苏联把大部分精力用在军事发展上，真正关系国计民生的经济，却不予重视。

苏联拥有大量的耕地但粮食却连年歉收，依靠粮食进口解决基本生存问题。苏联制造的宇宙飞船可以到达月球和火星，但汽车却故障频出且耗油惊人等等，普通消费品生产远远满足不了群众需求。

二是开展贸易管制，限制苏联经济扩张。

20 世纪 70 年代后，美国等西方国家极力限制苏联开展国际贸易，这些限制措施包括关税壁垒、出口管制、质量标准、贸易限制直至公然的经济制裁和贸易禁运等。

尤其是不断扩大对苏的技术管制范围，巴黎统筹委员会于 1977 年和 1985 年两次修订了《出口管制法》，使苏联游离于经济、技术全球化之外。

三是操控战略资源，打击苏联石油和天然气工业。

基于石油和天然气资源优势，以及军备竞赛的需要，优先发展石油和天然气工业，成为苏联基本国策，也是国民经济重要支柱和外汇出口支柱。

美国等西方国家，一方面，限制从苏联进口石油和天然气的数量，另一方面，支持和帮助沙特等中东国家发展石油和天然气工业，使苏联石油和天然气出口损失惨重。

四是采取经济诱导，瓦解苏联发展纲领。

这集中体现在，在理论上否定社会主义经济体制，在行动上假装承诺大量经济援助等。

如在美国哈佛大学教授指导下，苏联向公众出版了《国家向市场关系过渡的500天纲领》，否定公有制，鼓吹私有化，成为瓦解社会主义经济的行动纲领。

同时，美国承诺大量援助，其中1991年的“哈佛计划”称，每年援助苏联300亿至500亿美元，5年共计援助1500亿至2500亿美元，援助要同苏联改革挂钩，苏联必须实行“市场化”“私有化”，但承诺却没有兑现。

军备竞赛等组合策略，在现代国家经济争斗中，是比较常见的策略。

其主要原因是，在全球经济科技一体化背景中，国家之间的经济关系，已不局限于传统的资源、市场等的简单关系，而是政治军事、战略资源、市场空间、科技发展等的复杂国家关系，国家经济争斗必须是多种方式的组合，才能达到预定目标。

3. 孤立主义，美国渔翁得利

孤立主义政策为美国的立国之策之一。

美国建国初期，国力弱小，第一任总统华盛顿在《告别演说》中提出，在处理国际事务时，不应与任何国家建立持久的联盟，应与其他国家保持贸易往来，不卷入欧洲纷争，独立自主处理国际事务等。

孤立主义政策后又发展为门罗主义，其要旨是美国反对加入任何类型的国家联盟关系，尤其是与欧洲国家的联盟关系，欧洲列强也不要干涉美国的事务，美国要保持与世界各国开展贸易往来等。

这个政策延续到第二次世界大战中后期。

实施这一政策，使美国在欧洲国家动荡中渔翁得利。

美国是个新建的移民国家，发展起点建立在以汽车、飞机及电发明使用为标志的第二次工业革命基础之上，工业是国民经济的支柱。

实行孤立主义政策和门罗主义，使美国避开了欧洲殖民战争的战火和消耗，两次世界大战为美国提供了广阔的出口市场，战争让美国成为欧洲的兵工厂和商品生产基地。

可以这样说，美国的崛起，建立在欧洲殖民战争和两次世界大战的基础上。

到第二次世界大战结束时，美国的 GDP 已是英国的 10 倍，其黄金储备几乎占世界总量的 2/3，美国取代英国成为全球新的财富中心，国家经济实力达到空前强大。

值得一提的是，英国作为传统的世界超级大国，以及法国、德国等欧洲经济强国，受两次世界大战的消耗，元气大伤，国力大受损失。

英国和法国虽然是战争的胜利一方，但由于经济实力极其脆弱，已经无力承担自己在第一次世界大战后建立起来的国际体系，更无力遏制美国的崛起。

孤立主义策略，实质是国际中立政策，它与国际联盟策略相反。实施这个策略，在国际政治军事动荡时期，可以避开战乱，集中精力发展经济，在国际战乱中获利。

在现代国家经济争斗中，孤立主义策略仍然被一些国家所采纳。如新加坡，在中国和美国经济争斗中，实施中立政策，同时与中国和美国保持良好的经济关系，从两国获得巨大收益。

4. 援助，收获西方领袖地位

第二次世界大战结束后，欧洲百废待兴，但由于战火遍及了欧洲大陆，绝大多数大城市遭到了严重破坏，许多著名城市，例如华沙和柏林等已成为一片废墟，工业和农业生产设施受到严重破坏。

这导致了欧洲大陆出现大面积饥饿，而 1946~1947 年欧洲西北部罕见的寒冬，加剧了欧洲人道主义危机的恶化。

由于美国参战较晚，其本土基本没有受到大规模轰炸，战争损失较少，国民经济体系基本完好。

此外，在战争期间，美国为盟国提供大量军工产品，工业获得快速发展，战后，为满足欧洲消费者需求，这些工业又很快转入了民用生产，因此，美国经济一枝独秀。

由于欧洲经济遭受破坏严重，消费需求有限。而欧洲是美国工业出口的传统市场，从长远看，美国工业要保持高速增长，重振欧洲经济至关重要。

美国援助欧洲，促进欧洲经济发展，是一个双赢策略，也是美国控制和引领欧洲经济的绝好机会。

此时，在欧洲大陆，共产主义思潮席卷各地，民主德国、波兰、匈牙利、罗马尼亚、保加利亚等多个欧洲国家，先后建立社会主义国家政权，并与苏联连为一体。

这在美国引起了广泛关注，美国人对苏联的欧洲扩张行动，深表忧虑。

在这种大背景下，1947 年，马歇尔计划——旨在帮助美国的欧洲盟国，恢复第二次世界大战遭受毁坏的经济，强化美国对欧洲的领导，同时遏止共产主义势力在欧洲的扩张等，这一系列计划正式出炉，史称“欧洲复兴计划”。

参与该计划的欧洲 16 国，共同签署了协定，决定建立欧洲经济合作组织，又改名为经济合作发展组织。

在欧洲经济合作组织中，美国起到领导核心作用，以此为契机，美国牢牢掌控欧洲的政治、军事、经济等各项事务，成为冷战时期资本主义国家阵营的指挥中枢，从而确定了其霸权国家地位。

与此同时，美国政府推行多边主义的“国际主义”外交政策，摒弃了孤立主义政策的外交传统，建立了反法西斯国家联盟，主导组建了联合国。

在此基础之上，美国又将美元推向全世界，成为主流国际货币，让美元成为美国最核心利益，围绕美元，美国打造世界金融中心，操控全球经济，稳稳当当登上世界霸主的头把交椅。

马歇尔计划，实质是经济援助与经济控制策略，它与唐朝经济援助与怀柔吐蕃策略有相似之处，但更强调对多国的经济援助，以及建立以美国为领导的多个国家联盟。

在现代国家经济争斗中，这种策略具有重要的现实意义。如中国对非洲联盟的经济援助，如果仅局限于经济援助，而没有形成中国—非洲国家联盟，则中国难以超越美国马歇尔计划。

第二章 国家财富争夺战的理论概述

在人类的历史长河中，伴随着国家政权的出现，国家之间的财富争夺若隐若现。

当国家之间的财富争夺，呈现出相当规模或激烈对抗时，我们就可以称之为国家财富争夺战。国家财富争夺战，与军事冲突不同，是静悄悄地暗斗或明争，而且有时候还出现共赢，所以，通常情况下人们没有过多地关注它，然而，它对国家的发展影响重大。

如何在复杂的国家财富争夺战中脱颖而出，这是许多国家执政者所追求的。要想在世界之林中立于不败之地，就必须掌握国家财富争夺战的基本规律。

一、什么是国家财富争夺战

1. 财富争夺战，不是血腥战争

近年来，“经济战争”“货币战争”等时常出现在各种媒体上，看到“战争”这个字眼，使人联想起残酷无比的激战，伴随着胜利者的欢呼、失败者的痛哭和颓废，伴随着血腥、残忍和非人道行为。

其实，用“战争”“斗争”“争夺战”之类的词语，来描述国家之间在经济领域的争夺，与传统意义的“战争”有着本质的区别，因为它没有传统“战争”的基本特性，即敌对双方进行破坏性、残酷性的武装战斗。显然，它只是为了吸引读者们的眼球。

什么是国家财富争夺战？简单地说，是由各国政府主导，通过经济而非武力的手段，有严密计划、有相当规模、有积极推动的对财富归属进行争夺和占为己有的经济活动。

有矛盾就有冲突，国家之间的财富争夺，常有出现，从一般的财富争夺，向财富争夺战转变，政府角色发生了重大变化：政府从无为向有作为转变，从无序向有计划性转变，从不计数量向有相当规模转变。

国家财富争夺战，更多的时候是静悄悄地展开，没有人员伤亡，没有全民动员，没有宣传报道，所以它常常被人们所忽视。而随着全球经济一体化，国际财富流动频频，有些国家对财富的争夺意愿越来越强，手段也越来越隐蔽，全球性的国家财富争夺战呈现出越演越烈的趋势。

基于这种情况，国家财富争夺战通常也可以称之为国家经济争斗、国家经济争夺、国际经济争斗等。

国家财富争夺战，与国家军事战争、政治争斗、经济竞争，有着本质的区别。

与国家军事战争、政治争斗相比，国家财富争夺战没有“血腥”的残酷。

军事战争通常是残忍的杀戮行为，是以人的生命付出为代价，以财产的大量破坏为代价。政治争斗是基于各个利益集团的执政之争，经常引发革命性动乱或社会动荡，人们生命和财产安全常受到威胁，它也是引发军事战争的主要原因。

国家财富争夺战则相对温和，只图财不害命，不破坏财产，没有引发社会动荡，而且经常披着市场经济的合法外衣，甚至是为他国人民服务的糖衣炮弹。虽然，有些国家财富争夺战呈现出公开化，但还是遵循基本的人道主义精神。

与国家经济竞争相比，国家财富争夺战更突出政府主导和对财富的剥削。

国家经济竞争，行为主体是企业，它遵循市场基本规律，企业的市场竞争力是国家经济竞争的基础，而国家财富争夺战的行为主体是政府，通过制定市场规则来实现目的。

相应地，国家经济竞争，目的在于促进本国企业比对方具有更强的市场竞争力，并非剥削对方、击垮对方。相反，国家财富争夺战目的在于剥削对方，增进本国财富；或削弱对方、压制对方、击垮对方，力求获得财富制高点。

2. 有矛盾，才有争夺

俗话说，存在就必然有其道理。从人类发展历史来看，伴随着国家形成和发展，国家之间的财富争夺战几乎没有停止过，而且财富争夺战内容和形式各有千秋，有时候这种财富争夺战相当激烈，这是为什么呢？

从历史的经济争斗经验看，国家财富争夺战之所以产生，主要是由于国家意识、政治理念、群体意识等的差异，以及政治和军事上的敌对行为。而爆发国家财富争夺战的直接原因或关键，是国家经济利益矛盾激化，或者说是国家之间的财富归属矛盾激化。

那么，国家经济利益矛盾，或国家之间的财富归属矛盾，从何而来？

根据现代国际法定义，国家是指具有固定的居民、确定的领土、政府和主权的社会实体。国家存在必须有四个基本要素：一是主权，即一个国家独立自主地处理对内对外事务的权力。二是领土，即国家行使主权的范围和空间。三是政权组织，即执行国家职能的机构。四是居民，即国家由一定数量的居民组成。

相应地，缺乏其中之一要素的，如没有主权，通常称之为地区。国际法界定的地区，也具有国家大部分属性，因此，本书所说的国家，即包括国家和地区。据联合国相关资料显示，目前世界上共有 224 个国家和地区，其中国家为 193 个，地区为 31 个。

一个国家就如一个活生生的人，没有经济基础保障，没有物质财富保障，就不能生存和发展。

国家的生存和发展，必须有足够的经济保障，即足够的物质财富保障，如果经济基础不牢，就会引起社会动荡，国家政权不稳，主权和领土就会丧失，以致国家消失。

相反，经济基础（物质财富基础）牢固，国家政权稳定，国家就能得到较好的发展。

从国家生存和发展的基础看，国家物质财富利益（即经济利益）主要包括三种：

（1）国家能够生存的物质财富利益

国家要生存，至少有两个经济保障：一是要有一定的国家税收或政府收入，以确保主权和领土完整的政权组织（政府）运行。二是要有一定粮食、衣服等基本物资，以确保国内居民的生存发展，其中粮食、衣服、食盐等基础物资，是关乎国家生存的最基本的经济利益。

(2) 国家持续发展的物质财富利益

国家要获得可持续发展，必须有两个方面经济保障：一是要有稳定增长的国家税收或政府收入，以确保国家主权和领土完整的政权组织（政府）有效运行。二是要有丰富的食品、衣服等基本物资，以及石油、铁矿等基础资源，其中石油、铁矿等基础资源，是国家持续推进工业化、城市化的战略性经济利益。

(3) 国家优越发展的物质财富利益

一个国家要在众多国家中脱颖而出或保持优越地位，必须有两方面经济保障：一是要有丰富的国家税收或政府收入资源，来保证政权组织（政府）的高效运行。二是要有丰富的基本物资和科技产品，以凝聚国民力量，其中信息网络、航天航空等高端科技产品是关乎国家竞争发展的关键经济利益。

这三种物质财富利益是维系国家生存、发展、强大的经济基础。

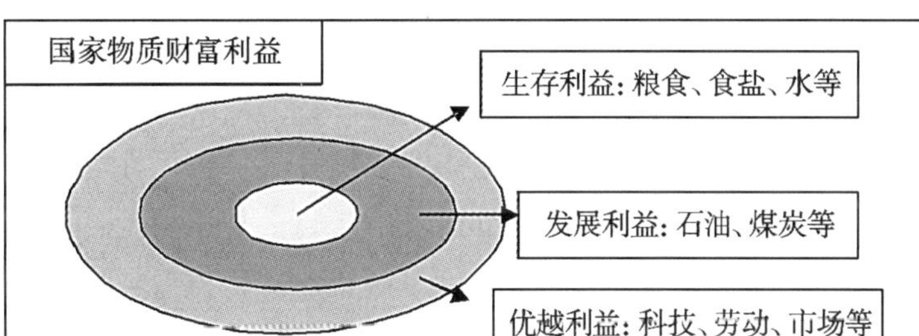

图 1　国家的物质财富利益

政府作为国家的代言人，需要为国家的生存与发展着想。

为了国家生存和发展，在国际经济活动中，政府就像一个家长一样，力争获取最大的经济好处，给家庭每个成员提供物质财富保障。也只有这样，才能强化政府成为国家代言人的合法性，才能获得国家统治阶级或全体国民的支持和拥护。

因此，在国家经济活动中，政府充当着重要角色，它不仅拥有重大决策权，而且拥有海关、检验、国贸、边防等管理服务机构。正是政府的这种独特地位，决定了各国政府必定成为国际经济活动中的重要主体。

但全人类只有一个地球，地球给予人类生存发展的资源是有限的，而且全球200多个国家和地区分布广泛，资源禀赋差异很大，各国创造财富的能力和水平也不同。人类创造和积累财富是有限的，而人类生存发展对财富的需求欲望是无限的，这就催生了物质财富利益矛盾，于是出现以国家为主体的财富争夺。

当国家之间的财富争夺达到一定程度，出现某个国家有计划、呈规模、政府强力推动的掠夺对方财富行为，另一方则受到对方的无情剥削和压迫，此时，就会演变成为国家财富争夺战。财富争夺战达到一定程度后，有可能引发国家之间的政治与军事战争。

二、财富争夺战，争的是什么

1. 财富，为了得到它

无风不起浪，没有人愿意花费大量的时间和精力进行一场虚无的争夺。同样，国家财富争夺战，消耗大量的人力、物力和财力，为的是什么？

答案只有一个，那就是财富，拥有更多的财富，享受更多的物质财富。

所谓财富，是指具有共识性、主体性、稀缺性、实用性和可交易性的物品或服务。财富存量由当年财富创造和历年财富积累构成，当年财富创造通常表现为国内生产总值（GDP）等；历年财富积累通常表现为人力资本、不动产、股票等存储资产。

国家财富争夺战，就是围绕财富归属争夺这条主线进行，重点是两个方面的争夺，即财富创造的争夺、财富积累的争夺。

(1) 财富创造的争夺

国家在双边或多边经济活动中，通过战略资源控制、国际贸易壁垒、高科技封锁等手段，千方百计制约对方的财富创造能力和水平，并提高自身的财富创造能力和水平。

如美国联合其他经济发达国家，对朝鲜、古巴等敌对国家进行贸易封锁，给这两个国家带来重大经济损失。

又如美国通过科技人才移民、企业投资移民等手段，将许多发展中国家的优秀人才和优秀企业吸走，使许多发展中国家失去发展后劲，而美国却不用付出巨大的培育成本就获得优势经济资源，为美国经济持续发展提供强大的发展能力。

(2) 财富积累的争夺

在国家双边或多边经济活动中，通过价格诱导、强制夺取等办法，在有形或无形中，将其他国家的财富积累，转移到自己的国家，损人利己。

由于国家财富积累往往比财富创造更直接获取，因此，通常采取市场、技术等的巧取豪夺，千方百计从对方财富中吸引过来。

如美国通过汇率操控，逼迫人民币、日元升值，将中国和日本的大量美元外汇储备缩水，美国从中得利。

当然，在经济争斗过程中，也可以消费诱导、投资诱导等形式，让对方过度消费财富积累，降低财富积累水平，形成债务危机等，如美国通过军事威胁和军事竞赛，最后拖垮苏联经济。

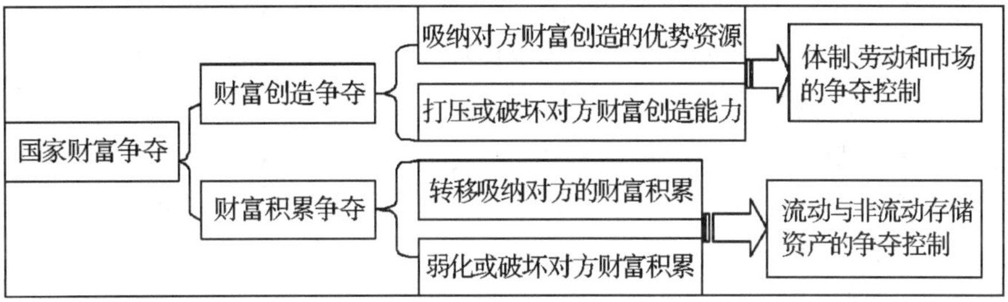

图 2　国家财富争夺

2. 财富创造争夺

财富创造是维系国家生存发展的物质基础，也是财富积累的基础。

由于财富创造由三驾马车推动，即体制、市场和劳动是财富创造的三大驱动力，劳动是财富创造的主导者，市场是财富创造的激发和放大器，制度是财富创造和积累的发动机。

其中，体制在推动财富创造过程中起到间接推动作用，财富主要通过市场来体现，促进市场扩张最大化和劳动效率最大化是财富创造最大化的基本路径。

因此，国家财富争夺战中，财富创造争夺主要是围绕制度、市场和劳动这三大领域展开。

⑴ 制度领域

主要包括国家基本经济制度、市场基本规则和劳动基本规则等方面的较量。具体如市场基本规则，专利、商标等知识产权规则，劳动贸易规则，贸易纠纷裁判规则等，如通过农产品技术贸易壁垒阻止农产品进口，限制对方市场扩张。

现代国家财富争夺战的聚焦点，是国际贸易游戏规则的制定规范和执行。

如果贸易规则建立在某些国家利益的基础之上，则该规则容易产生公平、公正性的缺失，这种财富争夺所产生的倾向性间接决定了争夺战的基本结局。

⑵ 市场领域

主要包括货币、价格、市场空间等方面的制高点争夺。

货币争夺，主要是主权货币在国际贸易中的地位之争。充当国际货币的主权货币，通常使国家在经济争斗中处于有利地位。这也就是为什么，美国千方百计确保美元的国际主流货币地位，欧共体、日本、中国等不遗余力推进本国（区域）货币的国际化进程。

价格控制争夺，即市场供求控制之争。通常是国际市场垄断供应者，能够操控国际市场价格，从中获得暴利。这也是为什么，石油欧佩克、美国等垄断石油供应，巴西、澳大利亚垄断铁矿石供应。

市场空间争夺，主要是市场空间扩张与收缩之争。如建立国家之间的自由贸易区，能够促进市场扩张，提高财富创造与积累能力和水平。对某个国家进行市场封锁，使该国市场收缩，使该国家财富创造与积累受到制约。

⑶ 劳动领域

主要包括知识产权、企业家、科技人才等的争夺，其目的是提高本国整体劳动效率，降低他国整体劳动效率。

比如美国、澳大利亚、加拿大等国家，鼓励全世界高素质劳动力移民，以提高其整体劳动效率，增进国家财富创造与积累。

但对于高素质劳动力输出国家而言，大量优秀劳动力流失，将不利于提高该国的劳动效率，弱化其国家财富创造与积累能力。

现代国家经济争斗的聚焦点，是凝结劳动创新成果的知识产权和高素质人才的争夺。尤其是知识产权，在现代经济争斗中，哪个国家掌握了产业发展的核心知识产权，则在经济争斗处于主动地位。

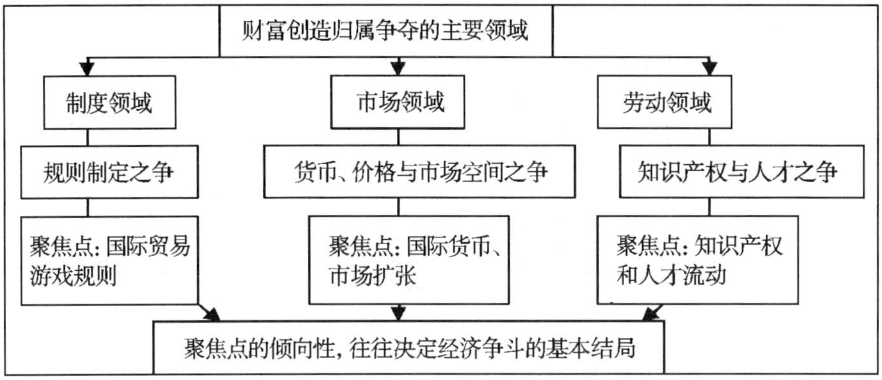

图 3 财富创造归属争夺的主要领域

相应地，国家财富争夺战主要有三大战略武器，即以制度、市场、劳动为争夺的武器。

由于政府可以直接操控的武器是制定和执行政策法规，所以财富争夺的基本武器是制度武器，制度武器又体现在市场武器和劳动武器之中。

一是制度武器，主要包括贸易规则和劳动规则的武器。

在贸易规则方面，主要有贸易出口、贸易进口方面的政策法规，如通过汇率调整、出口退税、进出口检验检疫、自由贸易政策等。

在劳动规则方面，主要有劳动力务工、劳动产品进出口政策法规，如高层次人才引进、家政劳动力引进、符合国际劳工规范产品进出口政策等。

二是市场武器，主要包括货币、价格与市场扩张武器。

具体包括贸易货币结算、汇率、税率、财政补贴、粮食或石油价格等。如通过提高出口退税，可以有效促进产品出口而实现市场扩张，促进财富创造；通过汇率操控，可以有效制止对方产品进口使市场收缩，制约对方财富创造。

三是劳动武器，主要包括促进劳动效率提高或劳动效率降低的武器。

具体包括外来务工、移民、留学、法定劳动时间等。如通过技术移民或投资移民，可以促进本国劳动效率提高，同时弱化对方国家劳动效率提高水平。

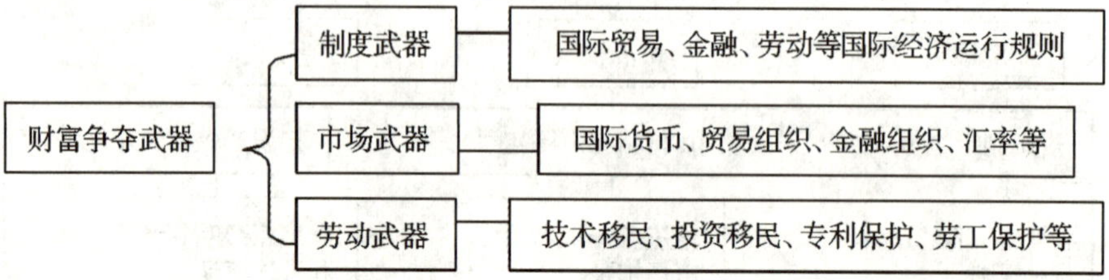

图 4　财富争夺武器

3. 财富积累争夺

财富积累是历年财富创造的积累。由于财富积累源于财富创造，从这个意义上讲，财富积累的动力与财富创造相同，体制、市场和劳动是推动财富积累的主要动力，其中体制和市场对财富积累影响更为直接和深刻。

衡量财富积累，主要是把历年产出中可以积累的资产兑换为现值。在历年财富积累中，主要表现为历年产出积累或存储资产的贴现。

从生产生活实际看，历年财富积累主要表现为：道路交通等公共性基础设施、生产设备等生产资料、住房等生活资料、股票等金融资产、教育等人力资本，以及土地资源等六个方面，历年财富积累就是上述六个方面存储资产贴现。

在财富积累中，有些是不能流动转移的，如自然资源、房地产、基础设施等；而有些是可以流动转移的，如人力资本、日常用品、金融资产和收藏用品。

在国家财富争夺战中，主要是针对可流动财富积累的转移，针对非流动财富积累的消耗或控制。

前者如对金融资产、人力资本等流动性财富积累，通过明取或暗夺，从对方手中吸纳转移。

后者如对房地产、土地、道路等非流动性财富积累，通过诱导，或控制其产权，或使对方尽可能地消耗。

（1）非流动性财富积累争夺

主要是战略性资源的争夺，以及房产和基础设施等产权的争夺。

战略性资源的争夺，包括土地资源、矿产资源等的争夺。其中，对土地资源、水资源的争夺，是一些强国控制其他邻国、小国生存命运的重要手段。

比如在跨国河流中建设大型水利设施、电力设施，在某些国家中控股运营机场等大型设施，在非洲国家中购买大面积耕地等，只要控制了这些战略性资源，就能够驾驭该国经济。

而对石油资源生产区、铁矿资源生产区等争夺，是一些强国控制其他国家经济发展的重要手段。比如控制中东地区油田、中国稀土矿区、澳大利亚铁矿区等，就能够控制全球经济或某个行业发展，从而操控他国经济发展。

房产和基础设施等产权的争夺，包括商业房地产、道路交通、水电设施等产权的争夺。在国际化、市场化潮流的推动下，房产和基础设施等的建设、经营和管理，已经超出国家界线。比如，美国可以利用美元的国际主流货币地位，随时发行大量的美元，用来购买某国的房地产，购买和控制电力公司、城乡供水公司、道路交通投资公司、城市设施投资公司、石油开采公司等的股份，进而控制某国的非流动财富积累。

（2）流动性财富积累争夺

在流动性财富积累争夺中，主要是资金、人才和物资等资源的争夺。

第一，是资金和物资争夺。金钱和物资是财富的象征和衡量标准，因此，在国家经济争斗中重要目标取向是对资金和物资的争夺。争夺方式主要有四种：

利用金融工具转移资金和物资。如美国依靠美元的国际货币地位，通过大量印刷货币，同时大量举债，将许多国家的大量资金和物资转移到美国。又如美国通过汇率手段，让美元贬值，使中国、日本等外汇储备大国，财富大大缩水。

利用移民政策转移资金和物资。如加拿大、澳大利亚等国，鼓励中国等国家的企业家和富裕家庭移民，从而聚集大量的金融资产和物资。

利用市场不平等交易转移资金和物资。如许多发达国家将价格高昂的产品出口到发展中国家，同时从发展中国家大量进口低廉商品，使大量资金和物资转移到发达国家。

利用市场游戏规则转移资金和物资。一些国家利用市场强势地位，制定市场交易游戏规则，并强加到国际市场之中，从而使市场弱势国家资金和物资向强势国家转移。

第二，是科技和人才争夺。科技和人才是抢占全球经济制高点、提高国家经济核心竞争力的关键。因此，对科技和人才的争夺，是流动性财富积累争夺中的重要目标取向，这种财富转移争夺主要是利用人才导向政策来实现。

典型例子是美国和加拿大，美国的移民法案中明确，具有某种特殊才能和技术专长的外国居民，可通过应聘在美国工作的方式而进行移民，通常也称之为技术移民。美国每年都有一定数量规模的技术移民指标，它成为美国提高核心竞争力的重要力量。

加拿大政府出台鼓励外国企业家移民政策，这与美国技术移民政策有许多相同之处。通过技术移民政策，聚集世界上各类高素质人才，这些人才均是移民输出国耗巨资来培养的，这相当于吸走移民输出国的大量人力资本积累。

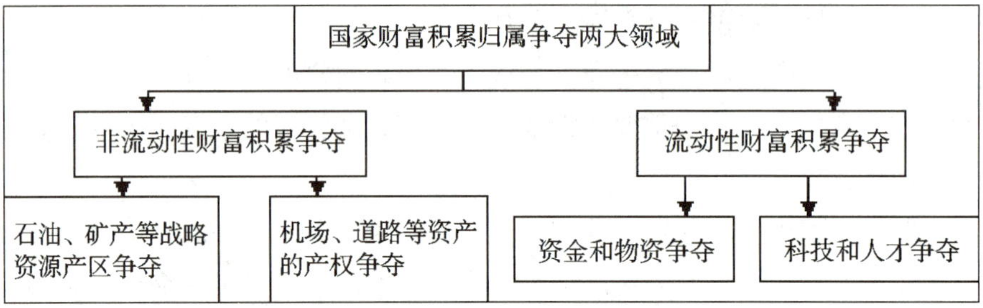

图5　国家财富积累归属争夺两大领域

三、国家财富争夺战基本形式

无论是古代社会，还是现代社会，国家财富争夺战形式五花八门，没有固定的招式，没有绝对的致胜法宝。

从国家经济争斗的主体看，国家财富争夺可归纳为三种形式，即相邻、双边、多边财富争夺。从财富争夺内容看，可归纳为生存性、发展性、优越性等三种财富争夺形式。

1. 相邻、双边与多边争夺

(1) 相邻财富争夺

相邻国家的经济利益矛盾，通常引发相邻国家财富争夺。这种经济利益矛盾主要发生在相邻国家之间，但不仅是指地理位置的相邻国家。

有不少国家虽然没有开展双边或多边贸易，但由于共享同一条河水、同一片蓝天，某个国家开发利用水资源，如修建水电站、兴修水库、河流改道等，必将影响邻邦国家生产、生活用水；又如某个国家排放废气、废水等，必将影响邻邦国家经济发展等。

解决相邻关系经济利益矛盾，就必须进行相邻财富争夺。具体表现为水权争夺、空权争夺等。

以水权争夺为例，水是农业生产和居民生活的必需品，水灾是造成国家经济创伤的重要自然灾害，相邻国家通常有共用一条江水的情况，如上游国家修建水坝引水等，将造成下游国家用水不足，影响城乡经济社会发展，河流上下游国家相邻经济争斗因此而展开。

随着工业化、信息化和交通高速化，国家相邻关系已打破传统零距离概念，距离相隔较远的国家之间也成为相邻国家。相邻关系经济利益矛盾，同样也超越传统相邻国家边界，形成跨区域国家的相邻经济矛盾。

比如日本福岛核电站泄漏事故中，虽然发生在日本本土，且危害主要以日本为主，但核辐射污染通过大气层，向韩国、俄罗斯、美国以及欧洲国家飘移，这些国家也深受其害。

同样，通过海洋、海水，核辐射污染不断向中国、菲律宾、新加坡等国家沿海扩散，给这些国家农业、渔业发展造成伤害。

这种相邻关系经济利益矛盾，必将引发相邻国家财富争夺战。

相邻国家财富争夺战具有两个基本特点：一是相邻是相对的。即可以在没有贸易的条件下形成，即没有国家之间交易活动也可以产生经济争斗。二是争夺形式多样，如前述的水权争斗、空权争夺，以及海权争夺、劳动力争夺等。

相邻财富争夺战当激化到一定程度时，就会引发政治和军事冲突。如由于水资源的有限性，用水权争夺最终可以引发政治和军事冲突；同样，空权和海权争斗也涉及多个相邻国家广大居民利益，解决问题相当复杂，很可能引发国家间激烈的军事冲突。

⑵ 双边财富争夺

双边财富争夺，是指两个国家之间由于经济往来而引发的财富争夺行为。这种财富争夺只限于两个国家，而且是基于经济贸易、经济投资等进行。在相邻财富争夺中，如果只有两个国家参与，也可以称之为双边财富争夺。

在双边财富争夺中，两国政府是主导者，两个国家之间的利益矛盾，如战略资源分配、贸易不平衡、贸易壁垒、科技人才流出等矛盾，均有可能引发两国进行财富争夺战。

以贸易税收争夺为例，在双边贸易进出口中，一个国家为了促进出口采取出口退税政策，为了限制进口和增进财政而提高进口关税；另一个国家为了促进出口和限制进口，同样采取相应的税收政策，这就形成两个国家的进出口争夺战。

双边财富争夺具有两个基本特点：一是只有两个国家参与争斗，没有第三方参与者。二是双方矛盾调和相对简单，争斗内容和方式也相对简单，通常情况下，争斗可以促成双方共同形成公平、公正、平等的贸易政策。

⑶ 多边财富争夺

多边财富争夺是指基于财富占有的利益矛盾，引发一个国家与多个国家的财富争夺，或者是多个国家及国家联盟与一个国家的财富争夺，或者是多个国家联盟之间的财富争夺。

近几十年来，在经济全球化的推动下，国际经济矛盾从双边国家向多个国家转化，国家财富争夺也从双边争夺向多边争夺转化，经常出现多边或双边自由贸易协议，出现区域或跨区域国家经济联盟等。

比如，欧盟、东盟等国家联盟，在对某个国家展开贸易战时，都是以国家集团的形式出现。

由于多边财富争夺，是多个国家参与，其争夺内容和形式也呈现出多样化，如贸易禁运、投资歧视、关税变动等。

比如近期因叙利亚国内动荡，阿拉伯国家联盟对叙利亚进行经济制裁，包括禁止大部分产品进出叙利亚，对输往叙利亚的食品、药品课以重税，限制金融机构与叙利亚开展业务，等等。

多边财富争夺具有三个基本特点：

一是参与争夺的国家多，通常是多个国家统一步伐对某个国家的争夺，并呈现出多国联盟对某个国家进行经济制裁的倾向。

二是强国、霸国的作用大，通常是某个强国或霸国引领多国或国家联盟，对某个国家展开经济打压，弱国、小国只能起配合作用。

三是争夺趋于常态化，在经济全球化中，多国经济利益矛盾呈现常态化，多边国家财富争夺也呈现出常态化趋势。

2. 生存、发展与优越争夺

基于国家经济利益在内容上的生存性、持续发展性、竞争优势性经济利益划分，相应地，我们也可将财富划分为生存性、发展性、优势性三类。

其中，生存性财富主要包括食品类和衣物类物货；持续发展性财富主要包括石油、煤炭等物货和服务；竞争发展性财富主要包括高科技产品、高科技人才等物货和服务。

因此，国家财富争夺，主要包括国家生存性财富争夺、持续发展性财富争夺，以及优越性财富争夺。

(1) 国家生存性财富争夺

通常情况下，国家生存性财富争夺，主要是配合政治军事对抗而采用，如国家之间发生军事冲突，为了削弱对方军事实力，弱化其后勤保障等，而采用生存性经济战争。

生存性财富争夺手段，包括间接破坏对方粮食生产设施、仓储设施，或控制他国粮食生产能力、仓储能力等。如封锁粮食贸易、封锁化肥交易、封锁种子交易等。

(2) 国家发展性财富争夺

这主要是国家为了加快发展或可持续，强化其经济资源保障能力，增强其领土承载力等，采用的财富争夺形态。

发展性财富争夺手段，主要包括控制他国石油、铁矿等发展必需的重要物资，或控制海上交通、网络科技、知识产权等发展基本方式。如石油交易的美元结算制度、网络 IP 地址分配制度等，使美国在国家发展性经济争斗中始终处于强势地位。

(3) 国家优越性财富争夺

它通常发生在国家发展过程中，某些国家为了体现出民族、国家的优越感，体现政府高效率和合法性等而采用的财富争夺形态。

优越性财富争夺的手段，有许多与发展性经济争斗相同，同时也有其独特之处，即不是为了打压对方或支配对方，而是想方设法做得比对方更好，以显示出优越性地位。

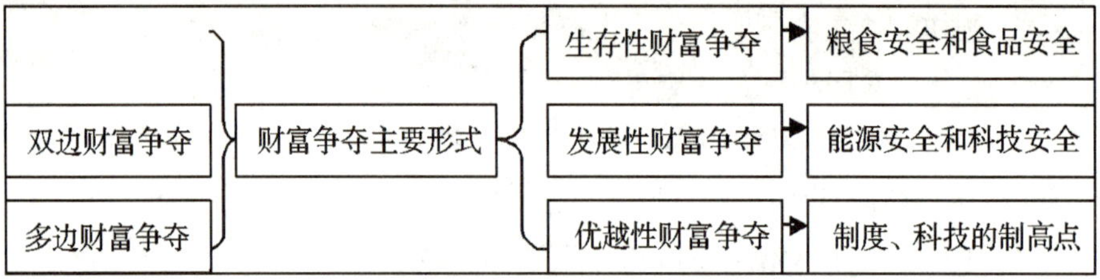

图 6　财富争夺主要形式

四、国家财富争夺战略战术

国家财富争夺战不是某个人一时的冲动，是国家政权之间的较量，是一国执政集团跟另一国执政集团之间的较量，讲究策略、讲究谋划，胜利只偏向于有勇有谋的一方。

1. 王国，最高战略目标

一个国家的执政集团，只有确定了其财富争夺战的战略目标，围绕战略目标，有重点、有举措地展开经济争夺，才可以达到预定目标。否则，随波逐流，顺其自然，只能被动地接受争斗的结局。

国家财富争夺的战略目标，依层次可以划分为富国、强国、霸国和王国四个渐进式战略目标。

(1) 富国战略

富国战略就是以国民的富足为根本出发点的战略目标。这个战略目标重点考虑经济上的富足，或者说是经济至上。为了达到这个战略目标，在国家财富争夺中，可以部分牺牲国家政治、军事和文化的独立性，也可以不考虑其国际影响力等。

因此，富国战略比较适合于国土面积小或人口数量少的国家。人口较多的国家，则受国内政治、军事和人文的影响，以及国际影响力较大等原因，这些国家实施纯粹的富国战略，将面临重重阻力，将难以达到预期目标。

实施富国战略，主要围绕财富创造与财富积累的集聚展开，可以采取避税天堂、战略依附等具体策略。在这些策略中，可能存在国家主权弱化、国际道义谴责等情况，有得必有失，为了实现这个战略目标，必须付出一定的代价。

(2) 强国战略

强国战略就是以国民富足、国家强大为根本出发点的战略目标。这个战略目标重点考虑两个目标，即国民富足和国家影响力大，并且要求两手抓、两手都要硬。

强国战略实现的两个目标，对于许多人口较多的国家而言，是非常适合国情要求的，所以，人口较多的国家或人口大国，均适合实施强国战略。相比较而言，人口小国难以在国际中产生较大的影响力，不太适合于实施强国战略。

实施强国战略，主要围绕扩大财富创造、增进财富积累展开，可以采用国家结盟、充当霸国副手等基本策略。在这些策略中，主要是增强财富创造与积累能力，尽可能让国际财富流入本国，但面对霸权国家，只能忍让，否则将受到惩罚。

(3) 霸国战略

霸国战略就是以国家富强，能够驾驭和控制其他国家，独霸一方等为根本出发点的战略目标。

这个战略是强国战略的延伸，除了经济强国要实施的两个目标之外，还要增加一个目标，那就是驾驭和控制其他国家。也就是说，霸权战略要实现三个目标，即富国、强国、霸国。

要同时实现三个目标，尤其是驾驭和控制其他国家，并非是一般国家所能实现的，只有政治影响力大、军事实力强大、经济辐射力大的国家，才能够驾驭和控制其他国家。

所以，霸权战略，也非一般经济强国所能实施，只能是政治、军事、经济实力强的强国、大国才能实施。

实施霸权战略，主要围绕扩大财富创造、增进财富积累、驾驭他国经济等方面展开，采取的策略包括洗脑改造他国、国际货币霸主等具体策略。

为了达到霸权战略目标，必须实施多种策略，有些策略具有不劳而获的剥削性质，有些缺乏基本的正义公平感，因此常被人所诟病。

(4) 王国战略

王国战略就是以世界各国共同繁荣、共同发展、共同富裕为根本出发点的战略目标。

这个战略目标重点，是从全球范围考虑，从全人类文明进步考虑，拒绝剥削、拒绝不劳而获，让每个国家和全体国民得到体面的发展，具有国际理想主义色彩的国家战略。

相比于霸国战略，王国战略更强调国家平等、公平正义、没有剥削等理念。

当然，推行王国策略，并非一般国家所能担当，只有具有国际广泛影响力的国家才能担当。这些国家无论在经济上，还是政治、军事上，都能够对其他国家产生重大影响力，显然，能够担当重任的国家，主要包括经济大国、经济强国、霸权大国等。

实施王国战略，主要是围绕全球共同创造财富和积累财富，做大全球财富蛋糕，合理分配全球财富蛋糕等而展开，采取的策略包括建立新的世界普世价值、推进国际共同富裕等具体策略。

在这些策略中，许多是充满理想主义、空想主义色彩，它试图建立全球性公平正义政策体系，以充分发挥各国资源禀赋和市场空间优势，充分发挥世界每一个劳动者的积极创造性，从而促进全球全面可持续发展。

在上述四个战略目标中，中国如何选择？

从中国发展来看，中国不仅人口多、土地广，而且在两千多年的历史长河中，中央集权统治占据主导地位。这个国情决定，中国选择富国战略目标是没有前途的，因为中国人历来视被征服为耻辱。

从现实情况看，选择强国战略目标比较稳妥，但强国战略目标不是休止符。

在近代史中，中国曾经被侵略、被奴役过，造成当今中国与周边国家领土、领海纠纷不断，这段历史让国人痛在深处，对霸权国家欺压深恶痛绝，因此，选择实施霸国战略目标，或许才能医治这些问题。但该策略具有损人利己的基本特征，并不符合中国传统道德理念。

从中国共产党的宗旨来看，作为一个无产阶级政党，将全心全意为人民服务、促进人类共同文明进步作为最高理想境界，推行王国战略，才能真正为全世界人民服务，为全人类共同繁荣、共同富裕做出贡献。

2. 攻城不如攻心

中国古代对于战争，提出了许多技术策略，如“攻心为上，攻城为下”“不战而屈人之兵”“围魏救赵”等。

从国家财富争夺而言，争夺的技术战术，上策是主动争夺财富，中策是自由争夺财富，下策是强制争夺财富。

（1）主动争夺财富

对于本国，就是通过出台优越的制度，增强财富吸引力，使对方财富主动向我方转移。

比如推行比他国更优惠的税收政策，以吸引他国富裕阶层移居本国，吸引他国企业到本国投资，吸引他国科技人才到本国创业就业，从而增加本国财富的创造与积累。

对于他国，主动设置制度陷阱，诱导他国出台不利于财富创造和积累的政策法规，使他国财富下降。

比如国际碳排放政策，在部分发达国家的诱导下，不少发展中国家加入碳排放体系，给这些国家大面积拉闸限电、工业徘徊不前、高价向发达国家购买低碳技术等埋下一个个陷阱，制约这些国家的工业化和城镇化进程。

（2）自由争夺财富

对于本国，就是通过贸易自由化制度工具，让财富自由流动，尽可能让财富流入比流出多，形成财富净流入。

比如推行自由投资政策，他国企业可以到本国投资，本国企业也可以到他国投资，企业利税可以留在本国或他国，当本国企业利税流入比流出多时，本国财富总量就会增加。

对于他国，没有刻意制造陷阱，让对方在国际自由贸易中不断弱化财富创造与积累能力和水平。

许多国家，表面上实行国际贸易自由制度，但实际上是钻国际贸易自由化政策空子，其实这也是一种陷阱。比如我国加入 WTO 以后，欧美国家利用贸易倾销规则，不断挤压中国产品出口，使许多出口企业淘汰出局。

(3) 逼迫争夺财富

对于本国，就是通过强制性制度工具，使对方财富转移到本国。

比较典型的例子，如利用军事、政治强势，迫使对方花费大量价钱购买本国落后或淘汰的武器等。又如利用国际货币地位，增加货币发行量，使许多国家外汇储备大为缩水，以化解本国债务危机等。

对于他国，则利用强势制度工具，逼迫对方弱化财富创造和积累能力和水平。

比如美国利用强势政治和军事地位，禁止美国及相关国家企业与古巴、朝鲜、伊朗等国家产生经济往来，这些国家由于得不到市场、技术、管理支撑，弱化了其财富创造与积累能力和水平。

五、国家财富争夺战分析方法

1. 或胜或负，四个结局

总体而言，国家财富争夺战有两种基本结局，即有效缓解矛盾，或进一步激化矛盾冲突。其中，进一步激化矛盾冲突通常引发恶性循环，进而演变为政治和军事战争。

但从财富最终归属看，国家财富争夺战基本结局则主要包括：分出胜负、双方平局、两败俱伤、共同繁荣等四种结局。

(1) 分出胜负

就是财富争夺双方，一方达到目的，另一方只能被动接受现实，即财富被转移到对方，或财富创造受到制约。如美国通过货币贬值操控，使中国、日本等国家的美元外汇储备受到重大损失；又如美国对朝鲜进行经济封锁操控，使朝鲜经济发展受到严重制约。

⑵ 双方平局

即财富争夺双方没有赢家，也没有输家，财富转移处于动态平衡之中，或财富创造没有受到影响。如美国企图通过货币贬值操控获利，中国通过提前把美元外汇储备用于购买黄金或美国企业股票，使美国货币贬值、企图获利落空。

⑶ 两败俱伤

财富争夺双方都各有损失。如日本对中国农产品出口进行技术贸易壁垒，中国农产品没法出口日本，农产品生产和销售企业受到重创，而日本则出现农产品供应不足，从而引发通货膨胀，中国和日本经济都受到损害。

⑷ 共同繁荣

财富争夺双方在争夺中非但没有损失，反而实现双赢。如中国与东盟组织，虽然在贸易中形成斗争格局，但这是一种良性争夺，促进了中国与东盟各国的共同繁荣发展。

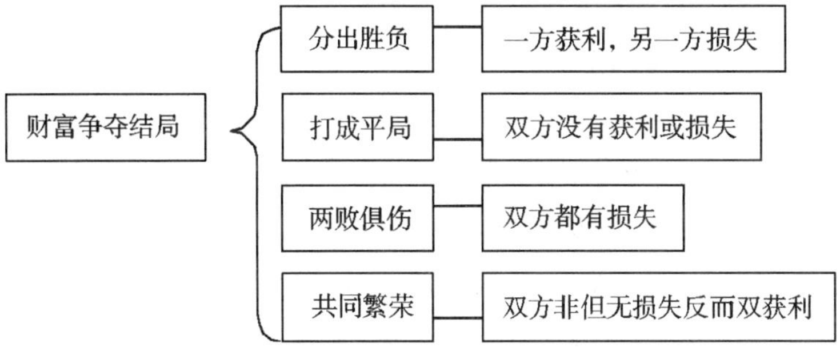

图 7　财富争夺结局

2. 四种基本分析法

国家财富争夺战必有结局，或胜或负，或盈或损，一切皆有可能。如何把握好分寸，就如点穴功夫达到制胜而不致命，使财富争夺战达到最佳，这是谋划者必须掌握的技巧。

由于财富争夺战方式多种多样，把握每种争斗方法的“度”，使其达到最佳效果，这就需要建立一套科学分析方法，通常可以采用以下四种方法去分析判断。

(1) 财富积累的损益平衡分析法

这种方法是指，在国家财富争夺中，财富积累在国家之间流入流出，这种财富积累的流动重新分配，是否有利于某个国家的分析方法。

当然，从整体来看，财富积累在国家间流入流出，是财富积累从左口袋出、右口袋进，没有财富积累增进，是一种零和游戏。

但就某个国家而言，要想主导财富争夺，让财富积累更多地流入本国，就必须对财富争夺进行分析评估，以确定是否有利于本国。

这种分析方法，具体而言，就是某个国家根据收益与损失情况进行评估和衡量。

在财富争夺中，每增加一个单位争夺，其收益增加与收益损失相等，此时是最合理的争斗方法，也可称之为临界点。

超过这个临界点，财富分配不利于本国，进一步争夺将得不偿失。

比如，中国、日本等国购买了美国大量国债，美国为了减轻还债压力，大量发行货币让美元贬值。相应地，人民币、日元等纷纷升值。

美国通过发行货币使美元贬值，美国利用新发行的美元，偿还中国、日本等国债务，这就是美国所得。同时，由于人民币等升值，美国从中国、日本等进口的产品，包括日常用品等价格都提高了，美国为此要付出相应的代价，这就是美国的损失。

美国财富积累新增=发行美元收益–发行美元损失

美国财富积累新增最大化的条件，是每发行 1 亿美元，其收益与损失相等，此时的美元发行量，就是临界点。在临界点之内，收益大于损失，美国发行美元仍有利可图。相反，在临界点之外，发行美元将得不偿失。

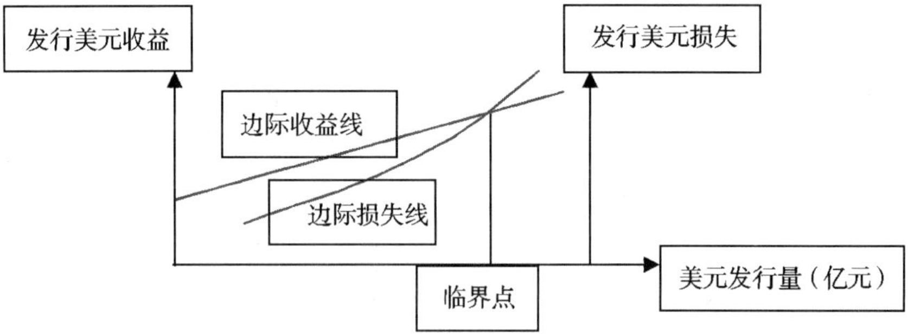

图 8　财富争夺临界点

这种分析方法，通常适用于股市、汇市等投机分析，也适用于某些国家发行国际货币、控制石油价格、垄断粮食价格等方面的收益分析。

例如，美国操控全球石油价格，让石油飞涨，美联储、美国财政部、美国石油公司从中获得巨大收益，但也让美国国民和美国公司因物价上涨而付出巨大代价，当石油价格越过某个临界点时，美国石油财富将得不偿失。

(2) 财富创造的损益平衡分析法

这种方法，是指在国家财富争夺战中，某个国家财富创造能力和水平增加，他国则损失，从争夺双方或单方看，争夺是否有利的分析方法。

这种分析法，关键是对财富创造效率进行分析，寻求最佳的财富创造方法，包括单一国家和参与争夺双方或多方国家。

与财富积累归属的损益平衡分析法相比，这种分析方法是异曲同工，只是前者重于财富积累存量分析，后者重于财富创造效率分析。

以加拿大针对中国的投资和技术移民为例，加拿大引进中国投资和技术移民，这些企业家和科技人员给加拿大经济注入活力，加拿大的财富创造效率得到了提高。

与此同时，中国的移民加大了加拿大就业压力，有些劳动者因此失业了，失业也意味着财富创造效率下降了。这一得一失，加拿大移民并不是越多越好，而是有一个度，这就是临界点，超出这个临界点，就会损失大于所得。

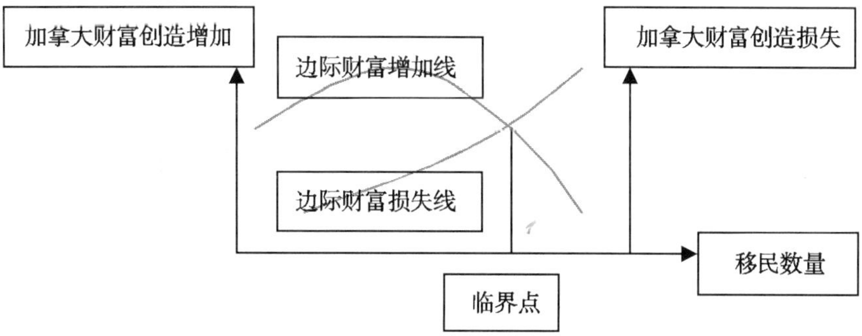

图9 单一国家最佳移民临界点

这种分析方法，主要也可以用于争夺双方总体效率的评估。比如上述的加拿大移民政策，其实是人力资本积累的再分配，这种财富再分配，极大地影响了两国财富创造总体效率，加拿大与中国双方的财富创造是：

双方总体财富创造增加=加拿大财富创造增加+中国财富创造增加

=加拿大财富创造增加-中国财富创造损失

双方总体财富创造最大化的基本前提条件，是边际财富增加等于边际财富损失，此时的移民数量，就是临界点。在临界点之内，财富增加大于财富损失，应继续鼓励移民。相反，在临界点之外，继续移民将得不偿失，应限制移民。

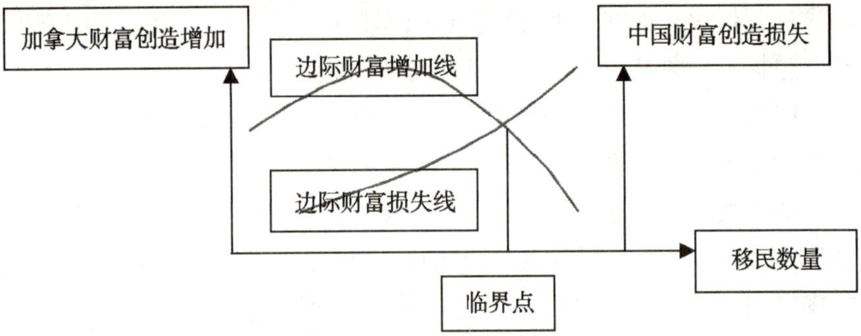

图10　两个国家最佳移民临界点

这种分析方法，适用于单边或多边国家在财富争夺战中的财富创造效率分析，也适用于对国家之间的扶贫帮困、国际捐赠、人才流动、企业家移民等的财富创造效率分析。

(3) 财富创造与积累联动分析法

财富创造与积累联动分析法，就是对财富争夺战所造成的财富创造、财富积累影响进行联动的分析。

在国家财富争夺战中，有些国家经济采取一箭双雕或多雕的做法，对于这种做法，我们要用联动分析法进行分析，从多个角度进行联动的系统的分析。

如在近年，在美国与中国的国家经济争斗中，汇率操控就是其中的典型。美国通过货币政策，主要是发行美元，对中国财富进行掠夺和打压，包括财富创造与财富积累的掠夺与打压。

第一，出口顺差损失。美国的这种国家干预汇率，使汇率发生偏移，形成美元贬值、人民币升值，这使中国每年出口顺差的大量美元，大为缩水。当然，如果是美国对中国贸易顺差，则美国承担这些损失。

第二，财富创造损失。由于美元贬值、人民币升值，中国产品出口受到极大影响，许多劳动密集型企业因汇率变化而减产或停产，部分劳动者失业，由于劳动失业造成财富创造的损失。

第三，外汇储备损失。中国用上万亿美元购买了美国公债，因美元贬值，中国外汇储备大大缩水，损失惨重。

综上所述，在国际贸易中，美国通过汇率操控，对于中国等出口大国、美国贸易顺差国而言，可谓是损失惨重。对于中国而言，面对汇率操控，应从三个方面进行联动分析考虑，从而做出相应的对策。

汇率操控的财富转移总量：

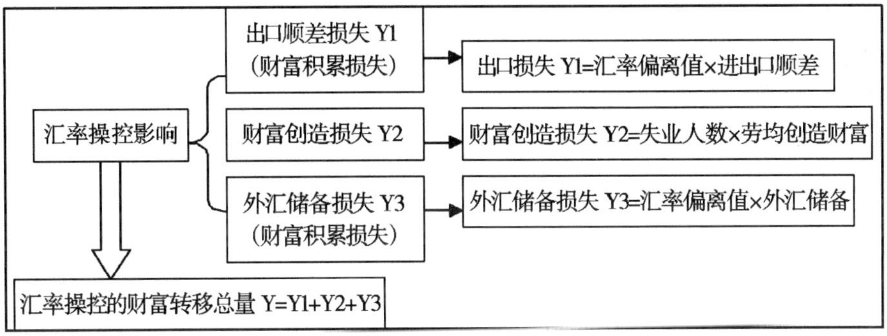

图 11　汇率操控的财富转移总量

同样，在任何一场国家财富争夺战中，对财富创造与积累的影响，既有正面影响，也有负面影响，我们对于这些策略，不能只考虑某个方面的得失，而应该通过联动分析，进行客观评价。

(4) 综合分析法

围绕国家财富争夺战中的财富创造与积累，对多种争夺方式进行系统分析，并对各种争斗方式的财富影响进行汇总和评估，这就是财富创造与积累的综合分析法。

值得一提的是，在现代国家经济争斗中，经常利用市场规律这个“普世价值观”对他国实施经济掠夺，包括基于市场效率、价格偏离、交易区域、交易方式、交易规则等掠夺方式。

这些争斗方式，表面看公平合理，其中却隐含着许多不为常人所察觉的财富争夺。因此，我们必须着重对市场争夺进行理性分析。

基于市场效率的财富掠夺。主要表现为，利用自由市场的资源配置效率，使财富从低效率向高效率者转移。比如美国提倡产业全球化分工，让美国本土苹果公司占据苹果产品产业链高端，中国众多厂商处于苹果产业链最低端，做最累的活、拿最低的收入。

基于价格偏离的财富掠夺。由于国际贸易中国家力量、买卖双方力量是不平衡的，从而形成有强势力量影响的市场供求模式，于是出现财富或向强势供方转移，或向强势需求方转移。比如美国利用其军用飞机研发优势和军事优势，经常向日本、韩国、中国台湾地区等高价兜售 F16、F35 等战机，这些国家和地区明知吃了大亏，但又不得不接受。

基于交易区域的财富掠夺。财富常向处于交易中心的国家聚集，如国际金融中心、国际商品交易中心、国际期货交易中心等，这些均位于美、日和欧洲等发达国家，形成全世界财富向这些国家集中。

基于交易方式的财富掠夺。市场交易方式很多，如实物互换、货币中介交换、电子贸易或网上交易等，这些交易方式对财富影响很大，通常向优势一方聚集。如世界石油期货交易，石油欧佩克组织规定采用美元定价方式，使世界财富涌入美国。

基于交易规则的财富掠夺。在国际贸易体系中，贸易规则，主要由美国等强势国家制定出台。为了获得更大的国家利益，这些强势国家从本国利益出发，在国际贸易规则中设置了许多倾向性条款，以便分享更多的世界财富，等等。

在国家财富争夺战中，方式多种多样，很多时候是多管齐下。单纯采用某种分析方法，难以对局势进行评估，只有对不同的争夺方式、不同的争夺内容进行全面性、多样性、矛盾性的综合评估分析，才能得出科学合理的结论。

第三章　富国策略

建设一个富足的国家，这是许多执政者孜孜以求的梦想，为了实现这个梦想，从古至今，执政者们费尽心机，但真正能够实现富国之治者，屈指可数，原因何在？富国之治，考验着执政者的智慧，只有大智慧者才能成就富国之梦。

在国际经济纷争中，一个国家，尤其是人口小国和经济实力不足的弱国，如何与超级大国、经济强国、其他国家和地区展开经济争斗，以获得更大的生存与发展空间，实现国富与民富并举的战略目标，这就是富国策略。

实现国富民富的战略目标，也是建设经济强国、超级大国和领袖王国的基础，从这个意义上讲，富国策略也是强国策略、霸国策略、王国策略的基础。

虽然，富国策略的战略目标适合于所有国家，但强国、霸国、王国策略的战略目标更高，因此，富国策略主要适用于弱国、小国。

实施富国策略，主要是围绕财富创造与积累的三驾马车这条主线，选择适合于弱国、小国发展的策略。

在制度层面，要建立能够融入世界各国的制度，善于打太极拳，在国家财富争夺战中将霸权国家、经济强国的压迫和剥削，转化为对外扩张发展的力量。在市场层面，积极打破本国市场容量小的局限性。在劳动层面，充分利用国际人才为本国企业服务。

相应地，富国策略主要包括战略依附、广结盟友、联合抗衡、避税天堂、金融中枢、混合企业、飞地拓展、主攻专长等八个策略。

策略一：战略依附——紧抱美国大腿的以色列

1. 依附，才有安全感

在弱肉强食时代，弱者依附强者，才能生存与发展。否则，要么被吞并，要么被肢解，要么向强者请服。为避免这些情况发生，选择依附强国，既能获得强国保护，确保国格的独立与尊严，又能依托强国促进本国发展，这是弱者适者生存与发展的良策。

以色列、科威特、沙特阿拉伯等原本是小国和弱国，在国家发展战略中，实施依附美国策略，在某种程度上成为美国附属国，在国际事务中保持与美国共进退，在美国保护之下，借美国经济之力使力，最终实现了民富国富，这就是战略依附策略的魅力所在。

所谓战略依附策略，是指某个国家，尤其是小国或弱国，为了生存与发展，依托其优势资源禀赋和独特地理位置，制定依附超级大国或经济强国的发展战略，在国家经济争斗中与这些国家共进退，成为这些国家的经济共同体，在超级大国或经济强国的辐射带动下，实现经济的腾飞和巩固发展，成为富裕国家。

战略依附策略的实质，是融入超级大国或经济强国，并成为这些国家的战略伙伴。一方面，弱小国家以其独特的战略位置，被超级大国或经济强国所看中，并接受弱小国家的依附；另一方面，弱小国家可以借助超级大国或经济强国力量，使国家安全和国民安居乐业。

2. 以色列的深谋远虑

以色列是一个国土和人口小国，目前人口 700 多万，国土面积 1.49 万平方公里。以色列在建国之初，由于国土面积小，人口数量少，特别是犹太人与阿拉伯人宗教矛盾激化，国家如何生存一直困扰着以色列执政当局。

1948 年 5 月 14 日，以色列正式宣布建国。但在宣布建国的第二天，阿拉伯联盟的埃及、伊拉克、黎巴嫩、叙利亚以及约旦拒绝承认以色列，并且对以色列宣战，第一次中东战争爆发了，此后又连续爆发了四次中东战争。

中东军事战争，不仅仅是军事力量的较量，更是经济实力的较量。镶嵌在阿拉伯国家之中的以色列，受到叙利亚、埃及、黎巴嫩、伊朗等国家的贸易禁运，对流经以色列的河道上游进行截流等，通过围堵封锁，企图将以色列经济拖垮，进而清除以色列。

为了生存发展，以色列确立了依附世界强国的国家策略。

当时的世界强国，主要是美国、苏联、英国和法国。其中，美国和苏联政治、军事和经济实力最强。以色列实施战略依附策略，最初的想法，是依靠美国和苏联，这两个国家生活着大量的犹太人，有了他们的支持，以色列的国家安全和经济发展就有了保障。

美国和苏联是两种截然不同政治体制的国家，美国是资本主义国家，在美犹太人精明的商业头脑，使他们拥有雄厚的经济实力，也使他们成为国会议员的座上宾，进而影响美国国家政策，因此，美国成为以色列战略依附对象的最佳选择。

1955 年 10 月，以色列总理兼外长夏里特出访日内瓦和美国，直接寻求美国的援助，但却被美国拒绝。出于对自己安全利益的考虑，以色列转而从法国、英国等西欧国家那里得到了援助。

在苏伊士运河战争中，以色列与英、法结成了军事联盟。但由于与美、苏相比，英、法两国的政治、军事、经济实力有限，不足以长期保护以色列安全，以色列认为，依附美国仍然是不二选择。

3. 紧紧拥抱美国

如何打动美国，游说美国议员，这成为当时以色列的重点外交政策。在以色列政府和在美犹太人团体的努力之下，美国议员们逐渐被说服，美国政府也实现了从不愿背包袱，到主动接受包袱，再到化包袱为国家战略利益的历史性转变。

其中，苏伊士运河战争，在以色列政府和在美犹太人的游说之下，使美国政府认识到以色列在美国全球战略中的极端重要性，从而成为美、以关系发展的重要转折点。

以色列位于亚洲和非洲大陆的结合处，西濒地中海，南接红海，接近具有重要战略意义的东西方通道——苏伊士运河，以色列的一举一动足以威胁阿拉伯国家。美国可以通过它来推行中东政策，加紧控制沙特等中东国家，以此推行石油美元战略，石油价格上涨，美国就可以大量印刷美元获利。

因此，美国开始迎合以色列依附美国的要求，成为以色列的保护国。

当时，美国与苏联在中东地区影响力争夺日益激烈，以色列的全球战略价值凸现，美、以国家关系不断升温，美国对以色列的军援要求反应积极，肯尼迪政府主动提出了为以色列的安全提供保证，使美、以关系进一步紧密。

1967 年和 1973 年的两次中东战争使美、以特殊关系得以确立并进一步得到发展，而伊朗发生的伊斯兰革命、苏联对阿富汗的入侵、叙利亚在黎巴嫩战争后撤军问题上的对抗态度，使美国政府更看中以色列，以色列的国家战略逐渐演变为完全依赖美国的战略，几乎成为美国附属国。

在美国的保护之下，以色列不但在国家安全上有保障，而且搭乘美国经济快车，快速发展经济，促成国家富足、人民安居乐业。2010 年人均国民生产总值高达 3 万美元，以色列成为世界各地众多犹太人移民定居的目的地，成为全球顶尖企业如英特尔、IBM、微软、惠普、雅虎、Google 等的重要研发中心。

4. 有得必有失

从以色列依附美国的策略看，对于实施国家而言，战略依附策略有利也有弊。

有利之处，主要包括两方面：

一是搭乘美国经济快车。以色列人口数量太少，经济资源不足，市场空间很小，社会分工不充分，财富创造和积累能力很弱，依靠自身力量难以改变这种弱势局面，只有通过美国这个强大经济体的外力推动，利用美国及其盟友的庞大市场空间，以色列才能推动经济大发展，才能抵制阿拉伯国家的经济制裁。

二是融入美国经济体获利。第二次世界大战以后，美国利用美元工具，推行全球化扩张，推行对全球各主要国家的财富掠夺。在这场没有硝烟的经济掠夺中，美国大获全胜，经济实力得到前所未有的扩张。以色列融入美国经济体，可通过美国的以色列上市公司等，共享美国丰厚的战利品。

不利之处，主要也有两个方面：

一是国家独立性受限。以色列依附美国，在国际事务中必须无条件跟随美国走，保持与美国一致。这样，以色列的国家主权独立性受到影响，以色列难以出台完全独立性的经济政策，包括财政、货币、产业、军供等政策，以色列经济完全受限于美国政策，美国打个喷嚏，以色列经济都会受到影响。

二是受伤害的风险大。由于美国出台经济政策，主要依据本国发展实际来制定，往往忽视以色列国情，这就难以避免受到美国经济政策的伤害。如美国禁止美国公司向中国出口敏感的高科技产品，使以色列原本已跟中国签订的预警飞机出口等合同变为废纸。

由于战略依附策略有利也有弊，从世界范围看，目前沙特、科威特、也门等中东国家的产油国也成功地实施了这个策略，其中比较典型的是沙特。

沙特阿拉伯以“石油王国”著称，是世界上石油储量、产量和销售量最多的国家之一，是世界上最大的石油输出国，是欧佩克的重要成员国。沙特为了寻求保护以获得和平发展，以满足美国获得稳定石油资源、获得石油美元定价交易为代价，同样实施了依附美国的基本国策。

在以色列与阿拉伯战争，随后的两伊战争、海湾战争等动荡局势中，沙特阿拉伯得到美国的长期关照，保持国家稳定和繁荣发展，即使近年发生在沙特的“阿拉伯之春”之后，美国政府仍然坚定地支持沙特政府。

当然，美国从保护沙特中也得到了丰厚的回报。沙特成为美国最重要的能源提供国，并长期坚定支持石油美元，2008 年以后美元超量发行，引发全球美元信任危机，但在关键时刻，沙特坚持石油美元定价，保证了美国的核心利益。

此外，沙特的海外投资中约有四分之三投向美国，为促进美国经济发展、增加就业岗位起到了重要作用。

5. 战略依附的实施

基于战略依附具有一定的推广应用价值，如果某个国家要推行，那么如何推行呢?

首先，要看是否有实施的基本条件，某个国家实施战略依附策略，起码应具备三个基本条件：

一是战略要地。实施国拥有优越地理位置、战略资源禀赋等，对其依附的大国或强国而言，是重要的战略要地。依托这个战略要地，能够帮助大国或强国推行其国际扩张战略，帮助其操控周边国家等，这是实施这一策略的必要条件。

二是政治基础。实施国有包容和接受依附大国或强国充当领导者的政治基础，包括民众意愿、政党协商、政府沟通、政策法律趋同等基础，只有这样，才能确保两国在国际事务上的共同进退，这是实施这一策略的基础条件。

三是互利共赢。实施国在某些经济领域具有独特优势，可以弥补所依附国家的经济短板，在实施策略之后，可以实现经济互补、互利共赢，这是能够长久实施该策略的重要前提条件。

推行战略依附策略，总的来说，主要通过以下几个步骤来完成：

第一步：权衡利弊找靠山对象。对于超级大国和经济强国来说，每个弱小国家拥有不同的战略资源和战略地位，弱小国家要根据自身战略优势，并结合超级大国和经济强国发展需要，权衡靠山的利与弊，从中择优。

第二步，主动跟靠山对象协商。因靠山对象不只是一个国家，为了能够获得长期的经济、政治和军事支持，弱小国家根据自己国家需要，积极主动跟可能成为靠山的国家进行友好协商，并择优签订国家之间的友好协议。

第三步，结成发展共同体。在两国友好协商的基础上，签订资源合作开发、共建产业园区、开展自由贸易等协议，在国家经济争斗中结成共同进退的利益共同体。

第四步，利用靠山走向富裕。弱小国家借助超级大国或经济强国，利用这些国家的经济带动力和国际影响力，加快发展本国经济，推动经济对外扩张，进而实现富国梦想。

策略二：广结盟友——宾朋满座的新加坡

1. 多个朋友，多一条生路

在当今国际社会中，不少弱小国家，虽然紧跟某个大国或强国，但仍难以成就富国梦想，如菲律宾等。究其原因，这些国家不像以色列、沙特等国那样拥有得天独厚的战略资源禀赋，因而得不到大国或强国的鼎力支持和帮助。

这些弱小国家依附大国、强国是为了国家安全，要实现富国富民，就必须另寻他路。从国际实务看，从亚洲的新加坡、文莱，到欧洲的瑞典、瑞士等国家，都推行全球经济外交政策，与众多国家结成经济盟友关系，促成互惠互利，实现富国富民。

这就是广交盟友策略，即某个国家，尤其是小国或弱国，积极广交朋友，建立跨国经济联盟，包括签署双边友好协议、多边友好协议，加入若干个国家联盟，形成盟友满天下的发展格局，在国家经济争斗中避免孤立，抱团作战，利用盟友相助发展本国经济，从而实现国富民富。

当然，这里所说的盟友，主要是经济盟友，而非政治军事盟友。

广结盟友策略的实质，是建立对外开放经济格局，营造良好的外部环境，借助盟友力量促进本国经济发展。由于弱小国家市场容量太小，国家政治、军事和经济实力太弱，在以实力论英雄的国际经济环境中，要获得体面的生存和发展，就必须搞对外开放，借助外部力量，依靠多国相助，改善生存环境，促进国家富足。

2. 新加坡的苦衷

新加坡是东南亚的一个岛国，位于马来半岛南端，其南与印尼相隔，其北面与马来西亚相望，面积仅为 700 多平方公里，人口 500 多万。1963 年至 1965 年，新加坡与马来西亚合并，成立马来西亚联邦，1965 年独立建国。

新加坡在建国之初，内忧外患，不仅与邻国有主权纠纷，而且国内失业率高达 12%，如何维护国家主权，如何稳定国内局势，成为执政当局最迫切需要解决的问题。解决这两大问题，关键是经济基础，必须在狭小的土地上养活几百万人，必须在经济发展上走在邻国前面。

在这种压力面前，新加坡执政当局选择了广结盟友的国家策略。新加坡走广结盟友策略，从深层次上讲，主要是基于三个原因：

一是获取战略资源。新加坡国土地面积小，粮食生产无法满足国内需求，这是新加坡立国最大的阻碍，而解决粮食问题，只有通过进口这条唯一途径获得，如果没有盟友们的支持，新加坡就不能生存和发展。同样，新加坡没有石油资源，唯有从盟友处进口才能解决基本能源问题。

二是拓展国际市场。新加坡人口很少，市场空间太小，这对工业化来说，是非常致命的，这也是制约新加坡工业化的主要原因。通过广结盟友，盟友之间相互开放市场，化解了新加坡市场空间狭小问题，呈现出市场空间的倍增效应。这样，国际广阔市场，为新加坡工业化提供了可能，此时，新加坡不失时机、主动接受欧美产业转移，迅速地推进工业化。

三是促进国际财富转移。国际财富似流水，只要构筑了财富洼地，就能够吸引世界财富。新加坡广结盟友，对广大盟友们开放市场，建立高度开放的国度，正是由于高度自由开放，这些盟友都乐于到新加坡旅游、投资和创业，久而久之，世界许多金融机构、上市公司纷纷登陆新加坡，新加坡因而聚集了世界大量财富。

在这三个原因之中，第一个是直接导致新加坡选择广结盟友的主要原因，是不得已而为之的选择。第三个是新加坡进一步巩固和推进广结盟友策略的主要原因，是推行该策略后发现有更大好处后的继续选择。

为推进广结盟友，新加坡执政当局做了许多努力，一方面，与周边国家搞好外交关系，寻求共同利益，倡导和参与建设经济国家联盟，走共同发展之路；另一方面，积极与中国台湾、香港地区，以及美国、欧洲、日本等搞好外交关系，与多个国家签署多边、双边贸易协议等。

3. 突破与平衡

实施广结盟友策略，关键是选择什么样的盟友，如何结交盟友，怎样才能获得盟友们的支持等，成为新加坡政府考虑的焦点。

因新加坡政治、经济和军事实力小，如果主动跟一些国家结交盟友，定然受到对方的冷落，如何破这个题，这是实施广结盟友策略的突破口和关键点。新加坡将突破口放在英联邦、邻居马来西亚和资本主义阵营领导者美国人身上。

在 20 世纪五六十年代，随着英国的没落，原英国殖民地国家纷纷独立建国，为了保住英国的全球领导地位，英国主导成立了英联邦，但英联邦已今非昔比，其影响力、凝聚力和吸引力已大大减弱。新加坡共和国成立当年，就主动加入了英联邦，英国对新加坡感激不尽，新加坡利用这个几近废弃的平台，搭建起广结盟友的大舞台。

作为邻居的马来西亚，虽然曾经是一家人，兄弟分家后，自然有怨恨，但远水解不了近渴，与马来西亚搞好关系，这是新加坡生存与发展的必然选择。否则，就会引发后院起火，新加坡所做的努力，可能一朝化为灰烬。因此，新加坡共和国成立当年，就同马来西亚建立了外交关系。

60年代正是冷战时期，以美国为首的资本主义，和以苏联为首的社会主义阵营，相互对立，新加坡根据当时国际局势，选择了资本主义阵营，通过跟美国建立密切的外交关系，重视同美国的经贸往来，允许美资银行在新加坡开设分支机构等，由此打开了澳大利亚、日本等资本主义阵营的大门，结交了许多国际盟友。

与此同时，新加坡奉行了“大国平衡”的国防与外交政策，奉行大国平衡政策，重视发展与美、英、俄等区域外大国关系，以促成“多边支撑”的生存与发展格局。新加坡高度重视联合国这个大平台，积极参与世界贸易组织、世界银行等国际经济组织活动。

在广交盟友过程中，新加坡以合作共赢理念，大力推动贸易自由化，建立在共同利益之上的广交盟友长效机制。在东盟，倡导东盟国家之间的经济合作，积极维护东盟团结，在东盟事务中发挥积极作用。在亚洲，注重发展与亚洲国家特别是中、日、韩、印度等国关系，积极推动东亚区域合作。新加坡与美国、中国、日本、澳大利亚等国签署双边自由贸易协定。

值得一提的是，新加坡既重视与中国发展友好合作关系，又跟中国台湾保持密切合作关系。在台湾问题上，新加坡和美国一样，模糊用词，是典型的奉行“平衡政策”。1990年，中国和新加坡建交，两国签署了“促进和保护投资协定”、“避免双重征税和防止漏税协定”等多项经济合作协议，两国合作成效显著。

经过多年努力，新加坡经济快速发展，成为“亚洲四小龙”之一，目前人均国内生产总值高达5万美元，已成为全球最为富裕的国家之一，也是亚洲最重要的金融和航运服务中心。

4. 有收获，当然也有风险

从新加坡广结盟友策略看，具有三个基本特征：一是多边性。与多个国家结成友好关系，加入多个国际组织，加入多个国家联盟，以此开展多边国际贸易和国际投资活动。二是活跃性。即国际经济活动中非常活跃，尤其是在多个国际组织和国家联盟的形成和发展过程中，热情参与并发挥建设性作用。三是开放性。高度对外开放，并以其低税制、完善的福利体制，吸引着全球投资者移民定居。

实施广结盟友策略，有利之处通常主要有以下三个方面：

一是获得朋友支持。如新加坡，由于获得多个国家的支持，在国家经济争斗中就不会陷入孤立，而成为得道者多助的对象，做到游刃有余，甚至能够因势利导，渔翁得利，从而促进国富民富。

对于其他敌对国家而言，由于新加坡得到许多国家尤其是大国的声援和支持，如果冒犯其将受到许多国家的反制，因而不敢轻举妄动。对于超级大国、经济强国而言，由于新加坡已从敌对竞争转化为互利合作对象，为了共同利益，在经济争斗中就会保护新加坡。

二是获得经济扩张。如新加坡实施该策略，有利于促进国际财富聚集，有利于拓宽国际市场，有利于推动工业化和国际投资市场扩张。

三是获得国家声誉。如新加坡利用广结盟友优势，充当国家或地区矛盾的调解人，提高其国际影响力。比较典型的是 20 世纪 80 年代，新加坡与大陆和中国台湾都有了不错的关系，遂作为调停人穿梭其间，汪辜会谈就选在新加坡举行。

不利之处，通常主要面临以下三种风险：

一是经济付出风险。因盟友间的共赢机制难以形成，为此不得不付出更多的经济代价风险。如新加坡与马来西亚在丹绒巴葛火车站搬迁、淡水供应等问题中，双方关系一度紧张，后经过协商解决，新加坡为此付出更大的经济代价。

二是经济系统风险。因经济高度开放，易受国际系统性经济风险影响，国家经济必然受到牵连和打击。比如 1998 年亚洲金融危机、2008 年国际金融危机等，新加坡经济遭受很大打击。

三是主权独立风险。为了与超级大国、经济强国结交，有很多时候需要放弃国家经济独立权，甚至是政治军事独立权。比如近年来，新加坡政府主张，美国应在东南亚保留军事基地和增强军事力量，并欢迎美国使用新加坡部分军事设施。

5. 如何广结盟友

某个国家推广应用广交盟友策略，如何推行才能实现国富民富？首先要看，这个国家是否具备推行广交盟友策略的基本条件：

一是高度对外开放。国家实行开放性政策，允许国外企业自由进出，实施自由贸易政策，符合多个国家、国际组织和国家联盟发展的基本要求。

二是作用地位突出。拥有优越的区位条件或优势经济资源，可以在多个国家、多个国际组织和国家联盟发展中发挥重要作用，成为这些国家、国家组织、国家联盟不可或缺的重要角色。

三是基本国策连贯。把广交盟友作为一项基本国策，并始终如一坚持到底，且把这个政策作为实现国富民富的重要举措，以此获得国人的广泛支持，并促进政府有力推动实施。

实施广结盟友策略，各国国情各有不同，实施路径各有千秋，但总的来看，通常主要通过以下几个步骤来完成：

第一步：制定基本国策。要从国家安全、长远发展、全局发展考虑，制定广结盟友的基本国策，促成国家发展共识，让广大国民深刻认识到实施这个国策的重要性和必要性。

第二步，跟重要国家交友。根据国家发展需要，积极主动跟超级大国、经济强国、人口大国，以及周边主要国家建立友好关系，签署双边或多边友好经济协议，促成良好的国际发展环境。

第三步，加入国家联盟。积极加入区域国家联盟或跨区域国家联盟，并在联盟发展过程中发挥建设性作用。同时，要积极参与联合国内设的各类国际组织建设，加入其他国际经济组织。

第四步，推动富国富民。利用国家之间的友好关系，以及国家联盟和国际组织等，引进和利用国际优势资源发展经济，促进国内经济的国际市场扩张。

策略三：联合抗衡——抱团取暖的东盟诸国

1. 合纵的复出

早在春秋战国时期，苏秦就提出合纵，促成弱国联盟，抗衡强大的秦国。这种古老的争斗方法，至今还在弱小国家中普遍使用，并在国家经济争斗中屡试不爽。为什么现代国家还在沿用这套老办法？原因是弱国联合抗衡是一个硬道理，人多势众，国多力量大。

其中另一个主要原因是，联合抗衡不仅能确保安全，更能促进市场扩张，进而成就富国富民。这就是为什么一些弱小国家，如新加坡、文莱等，在与其他大国结盟的同时，也乐于参加区域国家联盟，从中获取许多好处，从而促进国富民富。

联合抗衡策略，也称为弱弱国家联盟策略，是指若干个区域性国家，尤其是小国或弱国，通过签署合作宣言等形式，形成国家联盟，国家联盟以统一口径，对外开展经济贸易活动，在国家经济争斗中，与世界经济强国、超级大国抗衡，它与我国春秋战国时期弱国联盟“合纵”一脉相承。

联合抗衡策略的实质，是整合弱小国家资源，形成政治经济合力。每个弱小国家的政治和经济实力都相当有限，在世界国家体系中，没有政治、军事和经济话语权，只能任人摆布，在国家经济争斗中，只能任人宰割。这些弱小国家若拧成一股绳，形成国家联盟，则政治和经济实力将大为增加。尤其是在以国家为基本单位的一国一票的国际事务决策机制中，弱国联盟的投票票数优势明显，在世界事务中增强了话语权，能够跟经济强国或超级大国平等地对话。

2. 什么力量促成了东盟

20 世纪 60 年代，亚洲与非洲原殖民地国家纷纷解放独立，以美国和苏联为首的两大阵营国家冷战对垒，马来亚（马来西亚的前身）、泰国等东南亚国家，刚从殖民地国家中解放出来，国民经济十分脆弱，国家安全没有保障，为了国家的生存与安全，为对抗国际压迫力量，1961 年，马来亚、泰国和菲律宾在曼谷成立“东南亚联盟”，这是东盟的前身。

刚成立的“东南亚联盟”，侧重于抱团谋求国家政治安全需要，经济上考虑比较少，更没有建立起互利共赢发展机制，这就注定联盟的凝聚力弱，联盟建设困难重重。1963 年，马来西亚和菲律宾因为领土问题而断交，1965 年新加坡、马来西亚分治，联盟名存实亡，完全陷于瘫痪状态。

联盟的瘫痪，使各国在国际政治与经济争端中，尤其是在与西方国家的争端中，几乎处于被动状态。这种窘境，使他们对建立国家联盟的重要性有了更深的认识，对如何建立联盟有了更多思考。1967年，印尼、马来西亚、新加坡、菲律宾、泰国五国外长在曼谷举行会议，寻求经济、政治的共同利益，在互利发展的基础上发表了《曼谷宣言》，正式宣告东南亚国家联盟成立。

在政治多元化、全球经济一体化时代，共同经济利益是国家联盟持续的关键。东盟在发展中不断总结经验，最后将经济共同利益放在重要位置上，使东盟在发展的道路上越走越顺。1976年，东南亚国家联盟第一次首脑会议签署了《东南亚友好合作条约》和《东盟协调一致宣言》，确定了东盟的宗旨和原则。1984年文莱独立后加入东盟，1995年越南加入东盟，1997年缅甸和老挝加入东盟，1999年柬埔寨加入东盟，东帝汶和巴布亚新几内亚为东盟观察员国。

从东盟形成与发展的历史经验看，拥有共同政治利益，固然是促成东盟形成和发展的重要因素，但纯粹的共同政治利益是不靠谱的，它可能随着各国政局的变化而变化。只有国家之间建立起共同经济利益机制，才能持续推进和巩固国家联盟，才能促成共同政治利益。

显然，东盟十国拥有共同经济利益，这是东盟持续发展的政治基础，也是东盟能够发展成为国际重要联盟的关键因素。

这是因为，随着经济全球化进程加快，国家经济斗争日益激烈，广大弱小国家普遍面临着国际强国和超级大国的经济掠夺挑战，为了能够与强国和超级大国抗衡，只有通过建立基于地缘的区域联盟，以国家联盟为平台，才能确保在国家经济斗争中赢得主动，这是东盟形成和发展的根本原因。

3. 抱团取暖的魅力

东盟发展至今，即在十个国家加入之后，东盟力量发生了翻天覆地的变化，仅从人口而言，人口近6亿人，拥有庞大的市场空间，在国际经济争斗中，东盟在国际上已成为一个颇具影响力的区域性组织。

东盟这个区域性国家联盟，之所以演变成为国际重要组织，主要是具有重要三个特征：

一是平等的国家联盟。即这个国家联盟中，主要由多个弱国或小国联合成立的国家联盟，每个国家在联盟中作用虽然有所不同，但地位基本平等，没有绝对的权威领导者。虽然，新加坡、文莱、老挝等国，在人口和国土方面，不如印度尼西亚、马来西亚、菲律宾等国，但地位基本平等，在联盟中没有哪个国家处于绝对领导地位。

二是统一对外。该国家联盟对外开展的经济贸易活动中，以联盟为统一主体与世界各国签署各种经济合作协议，尤其是平等地与地区性大国、世界经济强国和超级大国签署经济贸易协议。如 2002 年，东盟十国与中国签署了《中国与东盟全面经济合作框架协议》，形成东南亚十国统一对中国开展经济往来。

三是政治经济联盟。这个联盟，不仅仅是国家之间的经济联盟，而且是国家间的政治联盟。如 2004 年第十次东盟首脑会议签署了《万象行动纲领》和《东盟关于一体化优先领域的框架协议》两份文件，这是一种经济联盟。同时，也通过了《东盟社会文化共同体行动纲领》《东盟安全共同体行动纲领》等，这其实就是一种政治联盟。

正是基于平等关系，东盟的凝聚力和影响力大增，尤其是近年来，东盟在地区和国际事务中发挥着越来越重要的作用。

1994 年东盟倡导成立东盟地区论坛（ARF），成员包括东盟成员国之外的多个国家，如中国、日本、韩国、美国、加拿大、澳大利亚、新西兰、俄罗斯、印度、蒙古和欧盟等。

其中，1994 年东盟倡议召开亚欧会议（ASEM），先后于 1996 年 3 月在泰国曼谷、1998 年 3 月在英国伦敦举行了两次领导人会议。

1997 年，东盟发起东盟与中日韩（10+3）会议，东盟 10 国领导人与中国、日本、韩国 3 国领导人举行的会议。1999 年 9 月，在东盟的倡议下，东亚—拉美合作论坛（FEALAC）成立。美国与俄罗斯于 2011 年加入东盟领导的东亚峰会。

当然，身处东盟内部的国家，从中都得到了不少好处，但各国国情并不一致，每个国家在富国富民之路上，表现各异。总体来看，人口和地域小国，更有利于实现富国之梦，而人口和地域较大的国家则不然。

人口和地域小国，如文莱，人口数量 40 万人，人均 GDP 约 4 万美元；马来西亚，人口数量 2756 万，2010 年人均 GDP 超过 15000 美元。人口和地域较大国家，如菲律宾，人口数量 9000 多万人，人均 GDP 约 2300 美元；印度尼西亚，人口数量2.45亿，人均GDP约为3500美元。

当然，后来加入的国家，如越南、缅甸、老挝、柬埔寨等，由于加入时间较短，东盟对其经济推动作用还没有完全显现，这里就不一一列举。

4. 优势与劣势

从东盟形成与发展看，抱团取暖的联合抗衡策略，在国家经济争斗中具有独特优势。

一是国际投票权优势。东盟每个国家虽然弱小，但也有优势，在一国一票制决策时代，优势非常明显。如东盟在联合国等国际组织的投票中就拥有10票，而中国仅有一票，因票数总量大而具有超凡的能力，这就是东盟最具优势之一。

二是国际话语权优势。相比于其他国家而言，东盟是团队作战，不仅票数多，而且国际经济话语权大。超级大国或世界强国若对付一个小国、弱国是极其容易的，只要威胁恐吓就能够达到经济征服的目的；但对付东盟，威胁恐吓是吓倒不了，须三思而后行。如澳大利亚、新西兰等国家与东盟打交道，东盟更具有发言权和影响力。

推行联合抗衡策略，有利之处通常主要有以下三方面：

一是抱团拓展国际市场。如东盟是一种紧密的政治经济联盟，国家之间相互开放市场，只要成为联盟中的一员，就可以获得联盟内所有国家市场通行证。同时，东盟具有团队作战功能，比较容易打开美国、日本、中国等国市场，能拓展国际市场空间，进而促进国内财富创造与积累。

二是获得平等发展机会。弱国加入国家联盟，使国家对外经济贸易地位迅速提高，在国际经济活动中，能够与联盟内国家平起平坐，能够与联盟外其他国家平起平坐，从而获得平等的国家经济发展机会。如老挝、缅甸、柬埔寨等国，经济实力很弱，通过东盟这个平台，可获得很多发展机会。

三是获得经济争斗红利。在国家经济争斗中，强势的弱国联盟可以获得争斗红利，包括财富争夺、财富转移等，作为联盟中的一员，自然从中获得红利回报。如东盟与中国建立自由贸易区之后，中国企业对老挝、缅甸等国家进行大量投资，这些国家从中获得很多好处。

不利之处，通常面临以下三个方面的风险。

一是内部分裂。弱国联盟内部，由于政治理念、政府抵触、内部竞争、利益分配等因素，以及核心国家凝聚力不足，可能导致联盟内国家之间的相互猜疑、互不信任，最终联盟分裂。如东盟在成立前几年，由于联盟内国家领土纷争，东盟陷入瘫痪。

二是外力各个击破。由于弱国联盟在国际经济争斗中优势明显，为了削弱这股势力，超级大国等采取诱惑、威胁、离间等手段，使弱国联盟内的国家不团结、甚至分裂，进而能够各个击破，化解弱国联盟潜在威胁。如在南海问题上，2012 年中国通过对老挝、柬埔寨等国的影响，在东盟会议上否定了菲律宾提出的南海解决方案。

三是国家主权不完整。弱国联盟要取得整体优势，必须强化约束联盟内各国的自由行动，包括宏观经济调控、国家经济外交等，这必将约束各国国家主权的完全独立。

5. 联合抗衡如何操作

国家推行联合抗衡策略，实现国富民富梦想，必须具备以下四个基本条件：

一是政治联盟基础。政治联盟与经济联盟密不可分，政治联盟是经济联盟的前提基础，也是必要条件，只有国家之间能够展开政治联盟，才能有效展开国家经济联盟。

二是共同发展取向。弱国之所以能够联合起来，是因为国家之间有共同的发展需求，如争夺国家资源、避免被他国控制等，有共同发展需求，才能推动联盟良性发展。

三是联盟成员较多。弱国联盟只有成员多，才能获得更多的投票权，才能增强经济实力，才能增大联盟内市场空间，进而增强国家经济争斗优势。

四是各国法律升华。为促进弱国联盟稳定发展，避免联盟解体，需要各成员国把国家联盟的基本条款，提升到国家法律条款，从法律高度确保联盟持续发展。

某个国家推行联合抗衡策略，方式方法很多，通常可以通过以下几个步骤来完成：

第一步，寻求发展共同点。基于众多国家普遍面临的问题和困难，积极与周边国家沟通联系，寻求突破困境的共同对策，以此为纽带平台，增强与周边国家的合作。

第二步，签署联盟宣言。通过外交途径，与部分国家签署合作协议，并通过游说，说服几个国家结成紧密联盟，再通过签署联盟宣言的方式，向全世界宣布联盟形成。

第三步，扩充联盟成员。为了扩大影响力，需要扩增国家联盟成员，使国家联盟的国际投票权、国际政治经济影响力增加。

第四步，统一对外抗衡。弱国联盟实力增强之后，以联盟为外交平台，在国家经济争斗中，统一对外开展争斗活动，为各个国家争取到更多的发展机会。

策略四：避税天堂——富人乐园的英属维尔京群岛

1. 天上人间

依法纳税，是任何一个国家公民的基本义务，富人也不例外，而且比其他人缴纳更多的税款。当然了，富人们来钱也不容易，他们的辛苦所得，许多用于缴税，使他们心有不甘，在人的本性驱逐下，富人们一般都在想方设法避税。

于是部分小国做足这篇文章，如英属维尔京群岛向全球免税注册离岸公司，瑞士银行业实施了银行保密法等，这实质是帮富人们避税，于是世界各国富人们纷纷到英属维尔京群岛开办公司，到瑞士银行存款，这些地方成为富人们的天堂。

由于财富似水流动，富人们把钱存入了瑞士银行，财富自然流入了瑞士。虽然瑞士政府和国民不能处置这些财富，但富人们的大量存款给瑞士银行业带来了丰厚收益，这些收益转化为政府税收和国民工资收入。

这就是为什么，许多弱小国家，试图减免各种税收，以吸引世界各地富人、企业落户的主要原因。这也就是避税天堂策略的原意。

所谓避税天堂策略，是指某个国家尤其是小国或弱国，通过实施税收免征或减征、自由进出、落户方便等政策，让想逃避高额税收的世界各国富人们、企业家们和非法获利者来落户或将财富转移到该国存储，让想逃避高额税收的世界企业、跨国公司注册登记，形成商业成本洼地和财富聚集洼地，以此促进国家经济发展，促成国富民富。

避税天堂策略的实质，是打造逃避税收群体宜居宜业的自由国度。其核心是避税，关键是吸引世界各国富人群体和企业群体存放财富。

2. 反其道而行之

维尔京群岛，又译英属处女群岛，位于加勒比海地区，距波多黎各东海岸 100 公里，群岛主要由沉积岩、变质岩、火成岩构成，大多属丘陵地形，各岛上均无河流。群岛面积 153 平方千米，人口约 2 万多人，首府罗德城，是英联邦成员国之一，也是英属殖民地之一。

在 20 世纪 70 年代以前，主要以农业生产为主，包括渔业捕捞，牲畜饲养，甘蔗、香蕉、柑橘类和椰子、芒果等的种植等，其中，鲜鱼出口比较多。由于维尔京群岛远离大陆，海岛土地贫瘠，且英国本土实力下降而难以顾及经济援助，维尔京群岛游离在全球工业化浪潮之外，经济发展徘徊不前。

经济发展落后，使英国殖民当局很着急，因为，这意味着可能又失去一个具有重要战略地位的殖民地。如何发展经济，成为英国及当时总督最关心的头等问题。考虑到维尔京群岛属亚热带气候，四季如春，海岛风光优美，土著人风俗独特，以及拥有罗德港等重要深水港，这些均是吸引世界游客的重要资源。于是执政当局着力发展旅游业，并将其作为主导产业来培育，以此推动工艺品、食品加工等产业发展。然而，维尔京群岛远离美国、英国等发达国家，上岛旅游的客源严重不足，仅依靠旅游难以促进经济发展，必须另辟蹊径，才能促进群岛发展。

20 世纪 70 年代以后，随着工业化在全球推行，世界上富人们越来越多，包括各国企业家、腐败官员、毒品等非法经营者，这些富人是到维尔京群岛的主要群体。与此同时，世界各国贫富差距拉大，各国政府对富人们税收监管越来越严，许多企业家避税意识越来越强，腐败官员、毒品等非法经营者更想逃离政府监管。

当时几乎所有国家和地区，都倾向于向富人们开征高额财产税、个人所得税，向企业征收高额的增值税、企业所得税，向消费者征收高额的奢侈品消费税等，对贩毒、走私、贪污受贿等非法所得者给予没收和严重惩罚等。

在这种背景下，维尔京群岛与世界各国政府反其道而行之，放开对富人们的税收和资金监管，出台了国际旅游便利化、资金管理自由化等的政策措施，如规定国际商业公司在全球所赚取的利润均无须向政府缴税，没有任何政府外汇管制，没有限制任何货币的流通等。

其主要目的是，营造全球避税大堂，以此聚集天下财富，拉动本地消费和投资，为国家提供大量的高薪岗位和可观的财政收入。

具体来说，维尔京群岛政策具有以下两个基本特征：

一是税收免征或低税率。这是策略的核心内容，实行全方位的免征税收政策，包括企业收益的税收免征、个人所得的税收免征、产品销售的税收免征等，这对于许多国家高达30%左右的税率来说，对企业太有诱惑力了。

二是自由开放。实施简单便捷的通关手续和落户手续，实施高度自由开放的基本国策，世界各国富人和企业家可以自由进出这个国度，可随时注册登记离岸公司。

在这些政策吸引下，世界许多企业跑到维尔京群岛注册，许多腐败官员将其贪污受贿的财富存到维尔京群岛银行，许多毒品等非法经营者将非法财富带到维尔京群岛进行洗钱。

不管黑猫白猫，抓住老鼠就是好猫，有了世界财富聚集，旅游与金融业越走越宽广，旅游房地产也越加红火。

目前旅游业和金融服务业已成为维尔京群岛两大经济支柱，全国约有1/3的劳力直接或间接从事旅游业，离岸金融业收入占政府直接收入的一半以上，成为加勒比地区的金融中心之一，群岛人均GDP超过3万美元。

3. 离岸公司乐园

企业是财富创造的主体，引入企业入驻，这是聚集天下财富的重要举措。为了吸引全球企业入驻，维尔京群岛制定了简易明确的国际商业公司法例，其最突出的特点就是：离岸公司不必缴纳当地任何税项；享有高度的隐秘性，政府为各企业提供隐私保护，董事资料绝对保密。

具体而言，主要有以下特点：离岸公司无须递交年报或财务报表，在群岛境外的投资所得全部免税，只需要缴政府年度牌照费即可；公司资金进出没有管制，可以在世界任何地方开设银行户口，从事各种商业活动；公司无须委任英属维尔京群岛当地居民作为董事，公司董事及股东决议无须在群岛举行，董事、管理人员名字以及股东名册完全不对外公开等。

当然，为了保护本地利益，促进本地金融业发展，维尔京群岛对离岸公司做出一些规定，如不可在当地从事投资交易活动，不可在当地从事银行、信托、保险业等金融业务或其他中介业务，不得在当地作为其他公司之代理人及提供离岸公司注册地址等。

这些政策，目的是规避国际离岸公司对本土经济的冲击。

正是因为有这些优惠政策，在群岛注册离岸公司仅花 1000 美元左右，每年营业执照续费花费 1000 美元左右，注册后可省免很多税项。

因此，全球有几十万家公司在英属维尔京群岛注册，离岸公司的注册为当地带来相当可观的收益。据称，政府收入有近一半直接来自离岸公司的牌照费。

当然了，这些数量庞大的离岸公司，逃避了许多本应缴纳的税金，让世界许多国家损失了许多税收。

有许多非法经营离岸公司，如毒品生产经营企业，逃避了其他国家监管，加重了其对社会危害程度。有许多贪污腐败的非法富人们，逃避了其他国家追缴，社会公平正义受到否定等。

4. 没有免费的午餐

从英属维尔京群岛的实践看，实施避税天堂策略，之所以能够推动本地经济发展和财富聚集，主要有两个因素。一是国家（或地区）人口少、地域小，各国财富聚集积少成多；二是对财富输出国而言，富人们转移财富，企业逃避税收，毕竟是少数，对该国家经济影响有限而经常受到忽略。

正是这个原因，目前国际上实施避税天堂策略的国家，大多是较小的沿海国家、岛屿国家和内陆小国（含地区），其中比较公认的避税天堂，有英属维尔京群岛、瑞士、列支敦士登、安道尔、摩纳哥、开曼群岛、百慕大、巴哈马等。

推行避税天堂策略，主要有以下两个方面有利之处：

一是增加税收与就业。因接受世界各国富人们避税的财富，聚集大量国际资金，资金逐利本能提供了大量的高收入就业机会，增进本国税收。

如英属维尔京群岛，通过聚揽大量资金，促进了金融业发展，从业人员收入高，政府税收多。

二是开发资源。避税天堂前提是自由开放，自由开放有利于开发小国旅游资源，促进本国旅游业发展，促进本地人就业。如维尔京群岛，通过自由开放，海岛的旅游资源得到有效开发，为本地提供了许多高收入就业岗位。

同时，也面临以下两个方面的不利之处：

一是受到国际道义谴责。由于许多国家的企业、企业家和富人移居该国，必然受到这些国家的谴责。如 2008 年爆发国际金融危机后，瑞士银行保密法倍受世人质疑，为了追回避税，以美国为首的西方大国纷纷向瑞士施加压力，一方面索要本国匿名存款人资料，另一方面要求扣缴应纳税款，瑞士倍受指责，最后被迫做出妥协，瑞士国家形象大受影响。

二是缺乏国际话语权。由于实施高度自由经济，政府对经济的调控手段非常有限，对民生保障等作用有限。如维尔京群岛，政府对经济发展的引导力相当有限，在面临国际金融危机、地质性灾害等情况下，就会心有余而力不足。

由此可见，避税天堂策略仅适于边缘化的极弱、极小的国家和地区，如果有较大国家推行该策略，将引发许多国家的反对，最终将无法推行。

5. 避税天堂如何打造

实施避税天堂策略，实现极小国或弱国的国富民富，必须具备以下三个前提条件：

一是优越环境。包括地理环境、生态环境、人文环境、税收政策环境等，只有优越的发展环境，才能吸引全球各国企业、富人落户，以及游客观光游览。

二是国家极小。国家人口数量很少，资源数量多，政治意愿要求比较单一，国民福利总量有限，这才能有利于促成自由经济政策。

三是高效服务。充分发挥市场无形之手，政府只管理有限事务，服务高效便捷，效率高、效能好，这样才能对企业和富人产生吸引力。

实施避税天堂策略，虽然方式方法很多，但通常主要通过以下几个步骤来完成：

第一步，制定避税政策。基于国家发展实际和国际避税群体需求，制定面向世界各国的免税优惠政策，包括财产税、遗产税、所得税、营业税、消费税等方面的免征或少征政策，在全世界范围内形成具有强大吸引力的政策高地。

第二步，高度自由开放。实施高度自由开放政策，允许全世界各国的富人们、非法所得者们自由出入、自由置业、自由落户，允许世界各国企业自由登记注册、自由经营，以此吸引世界富人、企业落户入驻。

第三步，吸纳避税群体。选择部分发达国家或发展中国家为重点实施对象，通过投资移民、招商引资、媒体宣传等方式，吸纳急于避税的富人群体、非法所得群体和企业群体，并为他们提供安心落户、安心经营、安全保障的政策环境。

第四步，服务国家发展。鼓励避税富人群体在本地消费、置业投资，鼓励避税企业群体开展总部式的国际经营，以此促进本国经济发展。

策略五：金融中枢——富甲天下的卢森堡与瑞士

1. 财富的中枢神经

金融业是财富链的最高端，谁掌握了金融业，这个国家就成为世界财富中心。作为国际金融中心，聚集了全球大量资金，这些资金为金融机构带来丰厚的收益，最后也转化为政府税收和居民收入。

打造区域性或世界性金融中心，可以借助国际金融的巨大推动力，既推动本国经济快速增长、高端发展，又可以充分享受世界经济增长红利，形成内部促进与外部推动的发展合力叠加，实现国富民富。

因金融业是服务经济，场地面积需求小，辐射面较广，经济带动强，很适宜于小国家发展，而且许多小国家开放度高、税率超低，发展国际金融业优势明显。这就是为什么瑞士、新加坡、中国香港等国家和地区可以成为国际金融中心的原因。

这就是金融中枢策略，即某个国家，尤其是小国或弱国，利用区位、人文、历史等资源禀赋优势，建设自由开放的国家，同时出台国际金融优惠政策，以吸引世界各国金融机构入驻，吸引全球资金大进大出，吸引世界各地富人安全存款和保值增值，以此将国家建设成为区域金融中心或世界金融中心，聚集各国财富，从而促成弱小国家的国富民富。

金融中枢策略的实质，是营造世界财富流入洼地，建设世界财富交会中心，打造国际财富高地，推动经济高端发展。

2. 卢森堡成为首富的秘密

近年来，在世界人均 GDP 排行榜上，卢森堡连年位居首位。卢森堡是怎样的一个国度，怎么能够成为世界首富？

卢森堡，也称卢森堡大公国，也是现今欧洲大陆仅存的大公国，位于欧洲西北部，东邻德国，南毗法国，西部和北部与比利时接壤。卢森堡建于公元 963 年，全国人口约 50 万，国土面积有 2500 平方公里，因国土小、古堡多，有“千堡之国”的称呼。

由于国家弱小，在历次战争中经常处于被吞并状态，非常渴望得到国际组织保护。在第一次世界大战中，德国军队占领并控制了卢森堡。在第二次世界大战中，德国纳粹军队占领卢森堡，将卢森堡兼并为德国行政区管辖地。1945 年，卢森堡加入联合国，1949 年加入北大西洋公约组织。

卢森堡所处的地理位置，决定了其对外政策以欧洲为重点，并以富国民富为发展战略目标，因此它与比利时、荷兰结成经济联盟。在经济发展道路上，虽然卢森堡具有钢铁产业发展优势，但钢铁产业在国际产业体系中处于中低端产业，依靠钢铁产业无法实现富国之梦。基于人口少、地域小，卢森堡坚定不移地发展金融业，使其成为国民经济第一支柱。

怎样才能建设国际金融中心？卢森堡实施了类似于瑞士的严格银行保密制度，通过四方面工作的努力，致力打造国际金融中枢。

一是建立健全本土金融机构体系。1856 年成立了卢森堡国际银行和卢森堡国家储蓄银行，1919 年成立卢森堡通用银行，1949 年成立卢森堡信贷银行，其中国家储蓄银行和通用银行的总资产分别高达几百亿欧元。

二是允许国际资金和人员自由进出。卢森堡实施高度自由开放政策，世界各国资金和各国人员均可以自由进出，而且是基于低成本的自由进出，优惠的金融所得税收等政策，吸引欧洲邻国和世界各地富人把钱存入卢森堡金融机构。

三是健全资金保值增值有效机制。卢森堡在实施严格的金融保密政策的同时，积极推进金融服务高新科技化，积极推进金融国际化和便利化，使各国货币能够方便地兑换成美元、英镑等国际货币，并方便地存入卢森堡金融机构，使资金流动更安全，资金的保值增值更有保障。

四是吸引和聚集国际金融机构。即千方百计引进世界各国有实力的金融机构，如商业银行、证券公司、保险公司、投资公司等，使这些金融机构聚集在卢森堡，并推动多元化货币经营，如黄金、美元、欧元、日元等，实现金融产业聚集的规模效应，进而成为区域金融中心或世界金融中枢。

经过上百年的发展，目前卢森堡可以说是金融机构林立，卢森堡已是欧洲重要金融投资中心，位居全球排行榜前十位；卢森堡也是仅次于美国的世界第二、欧洲最大的基金管理中心。

卢森堡许多劳动者在金融业工作，薪水多、地位高，在国际金融业的推动之下，近年来卢森堡人均国民生产总值位居世界前列，是欧盟中生活水平最高的国家之一。2011 年，卢森堡人均 GDP 达 108832 美元，位居全球第一。

3. 瑞士，金融古道

瑞士位于欧洲中部，是由 23 个州组成的联邦制国家，它与德国、法国、意大利、奥地利及列支敦士登接壤，国土面积 4 万多平方公里，人口 800 多万。

瑞士是世界著名的中立国，历史上一直保持政治与军事上的中立，由于其独特的军事中立地位而免遭两次世界大战的劫难，其主要城市日内瓦因此也聚集了众多国际组织而称为联合国城。

瑞士在国家发展过程中，把发展经济放在首要位置，重视工业和农业生产，着力发展旅游和金融服务业。其中，工农业和旅游业对瑞士经济持续发展起到支撑作用，金融业对瑞士经济高端发展起到关键作用。

瑞士金融业发展，主要得益于该国于 1934 年颁布实施的银行保密法，该法恪守“沉默是金”和“为客户保密”的原则，规定除非涉及已立案的刑事调查，否则银行禁止向外透露任何客户信息；银行职员不能过问客户隐私、不得向任何人透露客户存款数额和私人机密等。

瑞士的银行保密法，实际上使瑞士变成世界富国避税的天堂。由于严格的保密法，国际上许多富人、许多非法收入者将大量财富存入瑞士各银行，以逃避高额税收、逃避非法所得追究，从而成就了瑞士这一国际重要金融中心，银行业和保险业也因此享誉全球。尤其在私人银行服务和财富管理两大金融领域，国际市场占有率位居全球前列。

其中，重要城市苏黎世，是世界重要的金融中心和黄金市场之一。苏黎世证券交易所成立于1873年，其成交额在欧洲交易所中位居前列，最高峰时有70%的证券交易在此进行；苏黎世的黄金市场是世界第二大黄金市场；苏黎世聚集着几百家国内外银行及银行分支机构。

由于金融在经济中的核心地位，瑞士成为国际金融中心，自然也成为世界重要经济中心。因此，金融业成为推动瑞士高端发展的第一支柱产业，在金融业的拉动之下，瑞士成为全球最富裕、经济最发达和生活水准最高的国家之一，目前人均GDP近7万美元，2011年世界各国人均GDP排名第四。

4. 富甲天下的代价

从国际实践看，无论是上述列举的卢森堡、瑞士，还是新加坡、中国香港等国家和地区，实施金融中枢策略，对推动弱小国家实现富国梦想，是非常有效的策略，但也要看到，他们也要付出巨大代价。

某个国家实施金融中枢策略，有利之处主要有以下三个方面：

一是聚集和分享各国财富。金融业具有财富聚集功能，无疑，建立世界金融中心就能够聚集各国财富，金融中心规模越大，财富聚集能力就越强，国家和国民从中获得越来越多的收益，比如劳动者可从事高薪金融岗位，政府可收取大量税收等。

二是增强国家经济话语权。基于国际金融对世界各国经济的影响，建立世界金融中心，也就能够在世界经济发展中起到引领作用，在国家经济争斗中处于优势地位，因此，建立区域或世界金融中心，就能够在国家经济争斗中获得强有力的话语权。

三是得到世界超级大国支持。对于美国这个超级大国来说，金融国际化是控制其他国家经济的重要手段。卢森堡、瑞士等国家建立国际金融中心，正好为美国的金融扩张提供了重要平台，在美国的大力支持下，更有利于建设区域性或世界性金融中心。

不利之处，主要是面临以下三种风险：

一是受世界强国左右。建立国际金融中心，需要世界强国支持，否则就不能经营国际货币业务。这样，国家的货币政策就会受强势国家的制约，这无异于没病的人陪病人同吃药，经济发展受限于人。如美国追缴逃税政策，就直接影响瑞士银行业。

二是货币财富缩水。货币贬值是世界超级大国掠夺世界财富的必然产物，而国际主流货币贬值，将把国际金融中心拖入贬值大通道，使拥有大量财富货币的国家造成重大损失。如美元贬值，使卢森堡和瑞士的货币财富大幅缩水。

三是经济调控无力。作为区域或世界性金融中心，在国家宏观管理体制上，不能自主推行国家货币政策，否则就影响到世界金融中心地位，因此，国内经济政策比较单一。

5. 怎样才能炼成金融中枢

某个国家推行金融中枢策略，实现国富民富，必须具备以下三个基本条件：

一是政治基本中立。该国政治必须保持中立，能够与世界许多国家融合，不能产生重大矛盾。否则，许多国家就不会与之发生关系，区域或世界金融中心就难以建立。值得一提的是，政治上不能与超级大国作对，只有这样，货币挂钩才能常态化，才能保证货币财富保值，并得到保护。

二是法律保密与融合。国家法律做到金融保密，同时做到海纳百川，与世界许多国家法律相融合，没有法律矛盾纠纷。否则，就会面临许多国际纠纷，就难以建立区域或世界金融中心。

三是国家自由开放。国家对区域国家或世界各国自由开放，世界各国的企业和人员可以自由进出，只有这样，世界资金才能往来自由。

某个国家推行金融中枢策略，通常主要通过以下几个步骤来完成：

第一步，本币与世界主流货币挂钩。将主权货币与世界超级大国或经济强国的主权货币挂钩，尤其是与美国这个超级大国的美元直接挂钩，并允许美元等世界通用货币在国内流通，打造世界通用货币交汇聚集地。

第二步，法律保障自由与安全。从法律的高度，如金融保密法等，保证世界各国资金的自由流动和安全，政府不能干预金融机构，世界资金可以自由出入该国。

第三步，引进国际主流金融机构。吸引世界主流的金融机构入驻，或设立区域性运营中心，或设立分支机构等，努力促成世界各国主权货币集散中心，促成金融服务高地。

第四步，激发金融规模效应。通过科技创新、服务创新等激励手段，引导各金融机构的合作与交流，促成金融聚集的规模效应，使金融资产规模越滚越大，并为本国经济发展服务。

策略六：混合企业——政府幕后操作的瑞典

1. 企业亦国家

有些小国家，拥有这么一些企业，往往承担着国家发展重任，政府给予很多财政和金融支持，甚至是重要股东，企业在发展中不仅仅是追逐利益，更重要的是承担政府的部分职能，如就业、稳定物价、公共基础设施建设等。

这些企业集团的跨国经营，一方面，承载着政府经济争斗的重要意图，通过政府的帮扶促进，帮助企业在国际市场上攻城略地；另一方面，利用企业渗透国际市场优势，避开政府之间的矛盾，悄悄占领国际市场。

这样，企业可以快速成长，股东们收益大增，从而实现富国富民。这就是为什么爱立信等国际企业集团能够快速成长，能够促进国富民富的重要原因。

这种发展策略称之为混合企业策略，也可称为混合跨国企业策略，即某个国家的国有资产股份加盟本土跨国企业，政府参与跨国企业开拓国际市场，促进跨国企业发展壮大，使之成为代表国家参与国家经济争斗的主体，成为国家经济扩张和国富民富的重要载体和支撑。

混合企业策略的实质，是政府利用国际企业竞争地位平等优势，实施政府经济战略意图的重要手段，是回避政府与企业劣势、发挥政府与企业优势的经济行为。

2. 瑞典高福利，混合企业功不可没

瑞典位于北欧斯堪的纳维亚半岛的东南部，面积约 45 万平方公里，海岸线长约7600公里，人口900多万。在两次世界大战中瑞典都宣布中立，因而受战争影响相对较小。瑞典实行“高工资、高税收、高福利”资本主义制度，有完善的福利保障制度。

瑞典为什么能够建立起高福利国家？原因很多，但最关键的一条，是瑞典实行私有经济与国有经济高效结合的“混合经济”。而“混合经济”的实施主体是混合企业。混合企业是国有企业与民营企业的结合体，是国有资本与民间资本参股经营的企业，相当于当前中国的国有大型上市企业，当然也包括政府直接支持的上市企业。

瑞典“混合企业”大多脱胎于原有的大型国有企业集团，也有脱胎于本国优秀民营企业。瑞典目前还保留着相当数量的国有企业，据有关资料显示，瑞典政府拥有50多家国有企业集团，其中约40家为国家独资拥有，控股和参股企业10多家，国有企业主要分布在电力、电信、银行、博彩、酒业、邮政等领域。

政府控股的国有企业、政府参股的民营企业、政府参与支持的上市企业，也就是混合企业，具有以下三个基本特征：

一是跨国企业。立足于本土有实力和竞争力的企业，该企业以全球化经营为重要价值取向，实施总部在本土、分部在国外的跨国经营方式，是国际重要的大型跨国企业。

二是国有资产参股，政府直接或间接支持企业发展。企业股权中，国有资产占有一定份额，通常具有浓厚的国有企业特点，具有众人参股的混合所有制特色，在某种程度而言，这类企业是国有控股企业，政府对该企业有重要影响力，企业行为能够代表政府行为。

三是国家代言人。这些跨国企业通常具有双重特征，一方面，是国家经济争斗的代言人，是国家经济争斗的基本工具和手段；另一方面，是市场竞争的主体，具有独立企业法人地位，与国际大多数企业一样，具有高效的组织架构。

由于得到政府的直接和间接支持，在国际市场上得到政府相关配合，使这类企业比国有企业和普通民营企业更具优势，更具有强大的生命力和扩张力，在国际市场上往往所向披靡。在瑞典政府参股的混合企业中，不乏国际重大影响力的跨国企业，如中国人熟知的爱立信、沃尔沃等跨国企业。

其中，爱立信（Ericsson）1876年成立于瑞典斯德哥尔摩，爱立信拥有全球超过35%的GSM/GPRS/EDGE市场份额，以及40%的WCDMA市场份额，爱立信在IMS和软交换领域都保持着领先地位，也是世界最大的提供专业电信服务的公司。爱立信公司也是一家国际知名的军火公司，它为瑞典军队提供了许多电子战系统，是瑞典军队最重要的供货商。

沃尔沃集团创建于1927年，集团总部设在瑞典哥德堡，是世界最大的重型卡车、客车及建筑设备的生产商之一，其中属下的沃尔沃汽车是瑞典著名汽车品牌，总部位于瑞典哥德堡。2010年11月，瑞典国债管理局启动对沃尔沃的欧洲投资银行贷款的政府担保条款磋商，支持沃尔沃在瑞典的研发与生产项目。

此外，经常留下瑞典政府支持印迹的著名跨国企业还有：宜家家居（IKEA），是目前世界上最大的家居供应商。萨博（Saab AB），是世界著名汽车品牌。伊莱克斯电器（Electrolux），是世界最大的厨房设备、清洁洗涤设备及户外电器制造商。ABB，是瑞典阿西亚公司（ASEA）和瑞士的布朗勃法瑞公司（BBC Brown Boveri）在1988年合并而成的大型跨国集团等。

瑞典近年来积极推进国有企业改革，改革的方向就是发展混合企业。如2007年瑞典政府向瑞典议会提交的一份提案，建议将国家在6家企业持有的国有股份出售。

这六家企业是：电信运营企业TeliaSonera，国家持有45.3%股份；银行集团Nordea，国家持有19.9%股份；斯德哥尔摩证交所OMX，国家持有6.8%股份；酿酒企业（持有Absolut商标）Vin&Sprıt，地产企业Vasakronan和抵押借贷企业SBAB。后三家企业政府持有全部资本。

由此可见，瑞典政府在上市公司中参股情况比较普遍。这些混合企业有了瑞典政府的支持，包括财税、融资、国际公关、市场开拓等方面的支持，就能轻易打败传统完全市场化的他国企业，牢牢掌握国际市场竞争制高点。

由此可见，小国家与其他国家相比，其政治、经济、军事实力有限，在国家争斗中，没有讨价还价余地。而企业则完全不同，本土跨国企业与其他国家的企业，在市场中的地位是平等的。

瑞典正是利用企业平等竞争优势，通过国家资产参股，影响本土跨国企业的行为，回避小国弱势政府劣势、企业无力开拓国际市场劣势，发挥企业的平等竞争优势、发挥政府的国际市场公关优势，推动混合企业迅速扩张，政府从中得到丰厚的回报，从而达到国富民富。

3. 混合的利与弊

从瑞典的实践看，混合企业策略有助于实现富国的战略目标。由于各国国情不同，混合企业策略是否有推广应用价值，需要对该策略的利弊进行客观分析。

有利之处，通常主要有以下三方面：

一是国际市场扩张。由于混合跨国企业兼有政府和企业的双重性质，在进军国际市场过程中，通过企业扩张可以将政府影响力发挥到极致。如爱立信通过跟中国移动合作，借助企业，可以绕过行政限制，以企业名义，就轻易占领中国各地手机市场，这种方式比瑞士政府或单纯企业打开市场，措施更有利，效果更好，更能实现瑞典政府的市场扩张战略。

二是财富迅速扩张。相比于国有企业而言，混合跨国公司经营更讲效率，依托若干家分部跨国公司，通过规模化、专业化、垄断化经营，促进财富的高效创造和积累，促进国家财富爆炸增长。如爱立信集团在中国的迅速发展，公司收入呈现爆炸性增长，部分财富流回瑞典。

三是避免政府之间争端。瑞典政府支持和帮助混合企业，混合企业实现瑞典政府意图，就可以轻易进军和占领他国市场，同时又可避免国家之间的摩擦，扩大了瑞士的国家经济影响力。

不利之处，通常主要面临以下两个风险：

一是世界强国的挤压风险。由于混合跨国企业规避了许多国家的政策壁垒，并实现了政府的经济争斗意图，混合企业的这些行为有时也被其他国家察觉，从而引起部分国家强烈反对和挤压。

二是牺牲国家利益的风险。混合跨国公司本身就是企业，而企业的本质是追求经济利益，因此，有时混合跨国公司跟国家有利益冲突，此时可能出现牺牲国家利益的情况。同时，在激烈的市场竞争中，混合跨国企业不能保障时刻都能盈利，在企业亏损经营的情况下，它对弱小国家发展的负面影响大。

4. 混合企业的实现

某个国家推行混合企业策略，实现国富民富梦想，必须具备以下两个基本条件：

一是较强的经营能力。混合跨国企业相比于全球同类企业而言，有较好的回避各国政策壁垒能力，有较强的生产、科研和市场开拓能力，只有这样，混合跨国企业才能有效进军国际市场。

二是成为国家经济支柱。混合跨国企业相对于本国企业而言，是依法纳税的主要单位，是就业的主要载体，是支撑国家经济的重要力量，也是国家的主要象征。只有这样，混合跨国企业才能得到政府和民众的全力支持。

某个国家推行混合企业策略，通常通过以下几个步骤来完成：

第一步，政府参股主要企业。弱小国家企业总量不多，政府将土地、矿产、能源等重要资源，通过折价入股等方式，形成国有资产参股或控股的混合本土企业。

第二步，推动企业跨国经营。利用经济外交权，政府鼓励、引导混合本土企业跨国经营，进军国际市场，促成总部在本国、分部遍及世界各国的大型跨国企业。

第三步，政府与企业相互配合。为发挥跨国企业的平等竞争优势，政府将国家经济争斗中的战略意图，授予混合跨国企业执行，刻意回避政府在国家经济争斗中的所作所为。

第四步，企业发展之后回报政府。在政府的支持帮助下，混合企业有效占领国际市场，并获得快速发展，要积极回报作为重要股东的政府，回报国内众多股民。

策略七：飞地拓展——异地建园的新加坡

1. 飞地，不是断线风筝

受国土面积限制，弱小国家如何求得发展？在国家之外，寻求建立国别开发区，实施飞地经营管理，这是解决小国土地制约的重要途径。这种管理模式，不仅仅解决了土地制约，而且能够利用他国的人才、资金等资源，促进财富的创造和积累。

在中国国内，我们经常看到新加坡工业园、日本产业园、韩国产业园等以国家命名的经济开发区，这都是飞地经营的管理模式。通过这些飞地经营管理，既给中国提供了大量就业岗位，也给新加坡等国开拓中国市场，实现其富国富民提供了重要载体。

这就是飞地拓展策略，即某个国家，尤其是小国或弱国，在境外择地建设产业园区，包括发达国家、欠发达国家建设产业园区，政府间接参与经营管理产业园区，使该产业园区成为本国企业聚集高地，成为本土企业抱团进军国际市场的重要基地。

飞地拓展策略的实质是，利用境外经济资源和市场优势，克服本国资源和市场不足，促进国家经济扩张。

有些国家国土面积很小，人口数量较少，市场空间狭小，矿产、水电、粮食等资源贫乏，要实现富国梦想，必须解决资源供给和市场空间这两大瓶颈。在境外建设产业园区，既可以充分利用当地的经济资源，又可以拓展当地的市场空间，促进本国企业进军国际市场。

2. 新加坡的中国国中园

由于民族情结，新加坡与中国关系密切。早在公元 14 世纪，元代航海家汪大渊就来到新加坡，并将新加坡称为单马锡。到 20 世纪 40 年代，新加坡已成为南洋华侨抗日运动中心，曾为中国抗日筹集巨款援助。新加坡人口超过 600 万，在新加坡公民中，华人占 3/4，是中国之外唯一华人占主体的国家。

新加坡国土面积仅 700 多平方公里，经济资源贫乏，实现富国梦想，必须借助充分利用国外资源和国外市场。中国人口众多、地大物博，经济资源丰富、市场空间巨大，这正是新加坡实现富国梦所必须解决的瓶颈。

中国的改革开放，急需主动接受世界产业转移，这为刚步入工业化后期的新加坡，提供了产业转移升级的良好机遇。在这种相互需要的发展背景下，在华人情结的牵线之下，新加坡与中国大陆的经济合作与交流越来越多，新加坡的国中园应运而生，苏州工业园区就是其中的典型。

苏州工业园区是中国和新加坡两国政府的合作项目，1994 年 2 月，时任中国国务院副总理李岚清与新加坡资政李光耀，分别代表中新两国政府在北京签署了合作开发建设苏州工业园区的协议。同年5月，苏州工业园区破土起动。

该园区的主要特点，是由两国中央政府主导，中方提供土地资源，合作方提供资金技术，共同管理。园区管理上，主要采取行政管理以中方为主，招商和开发以新方为主的方式进行。

中、新双方财团组成的苏州工业园区开发有限公司（CSSD）是园区的开发主体，中、新双方在合资公司的股份分别是35%和65%（2001年调整为65%和35%）。其中，新方财团由新加坡政府控股公司、有实力的私人公司和一些著名跨国公司联合组成。

从园区管理和财团组成看，新加坡政府在园区开发中具有很大的话语权，新加坡政府的资源与市场争夺意图，可以通过CSSD来实现，通过引进的新加坡本土企业来实现。由于中、新合作区有80平方公里，而园区行政区划达288平方公里，这相当于新加坡国土面积的40%，不愧为新加坡海外最大的国中园。

在产业园区建设和运营过程中，新加坡政府直接参与谈判，通过政府控股公司，直接或间接参与产业园区的建设和管理，形成新加坡政府主导、参股企业经营的跨境产业园区管理模式。

新加坡通过工业园区，可以充分利用中国丰富的经济资源，可以畅通无阻开拓中国市场，彻底为新加坡解决了国内产业转移的问题，解决了国内经济资源匮乏问题，解决了市场空间狭小问题，有力地促进了企业抱团打开中国市场，促进了经济的转型升级。

由于新加坡的积极参与，园区建设取得重大合作成果，中国从中获得了丰厚收益。2011年，园区实现地区生产总值1589.6亿元，地方一般预算收入164.3亿元，新增实际利用外资19.35亿美元，完成进出口总额770亿美元，全社会固定资产投资666亿元。园区以占全市3.4%的土地、5.2%的人口创造了15%左右的经济总量，成为苏州市最重要的经济增长区域。

苏州工业园区的成功实施，使新加坡与中国合作日益坚实，新加坡飞地拓展策略更添活力，目前新加坡已经与中国多个省市分别建立合作机制，成为中国很多省市的重要经贸合作伙伴。

3. 飞地的是与非

从苏州工业园区的实践看，新加坡飞地拓展策略确实促进了经济扩张发展，但也存在一些潜在风险。

有利之处，主要有以下三个方面：

一是解决发展瓶颈问题。许多弱小国家通常面临资源不足与市场空间小的问题，实施飞地拓展策略，可以利用大国的资源和市场优势，可以避免国家之间的贸易摩擦和贸易壁垒，解决国家发展瓶颈问题。

二是促进产业转型升级。一方面，利用异国产业园区，将大批本土企业培育成为开拓国际市场的跨国企业，有力地促进了本土企业的发展壮大。另一方面，可以将本国落后产业转移出去，加快发展新兴产业，促进国家经济转型升级。

三是加强国家友好关系。基于两国政府友好协商建设的异国产业园区，为所在国提供大量就业岗位，提供大量财政税收，使两国政府之间、企业之间、民众之间加深了信任和理解，增进了国家之间的友好关系。

不利之处，主要有以下三个方面的风险：

一是对方政府毁约。异国建设产业园区，虽然给所在国带来了许多经济利益，但当园区产业处理不好环境污染，或与当地产业同构，则不可避免地给当地政府带来重重压力，甚至引发单方毁约的可能。

二是企业水土不服。建立在他国国土之上的异国产业园区，政策法律、社会习俗、人文环境、市场环境等与本国有很大差异，这可能引发许多外来企业水土不服，投资风险大，企业发展难。

三是产业空心化。异国产业园区以吸纳本国企业为招商重点，这就造成许多企业外迁。企业是产业发展的细胞，企业外迁可能引发产业空心化，造成本国劳动就业、财政税收锐减等。

4. 飞地拓展的实现

某个国家欲推行飞地拓展策略，成就富国之梦，必须具备以下四个基本条件：

一是两国政府关系友好。弱小国家政府与产业园区所在国家政府，在国际政治、经济和军事外交上，要相互理解、相互支持，避免矛盾冲突。

二是能够实现互利共赢。异国产业园区虽然以本国企业落户为主，但在就业上，要吸纳当地劳动者；在财政税收上，要给当地政府提供大量税收；在环境保护上，要推进污染防治等，促使本国企业与当地经济社会共同发展，唯有这样，才能持续发展。

三是企业扩张能力强大。入驻园区的本国企业，要拥有较高的科技水平、较好的管理水平，可以有效拓展当地市场和其他国家市场，能够在发展中不断壮大实力和竞争力。

四是与所在国错位发展。跨境产业园区在产业选择上，要与所在国家产业错位发展，实现产业互补、共同发展，只有这样，才能避免市场空间的争夺摩擦，避免政府之间撕毁签署合约的外部环境。

实施飞地拓展策略，每个国家方式方法不同，通常主要通过以下几个步骤来完成：

第一步，政府牵线搭桥。政府通过经济外交途径，选择在经济资源丰富国家，或市场空间大的国家，以互利共赢为基础，积极主动与这些国家政府友好协商，签署跨境产业园区建设协议。

第二步，企业建设管理。在政府的引导和鼓励下，本国有实力、有能力的企业，通过市场运作模式，加快推进跨境产业园区建设管理。在此过程中，政府既充当参谋者，又充当重要管理者。

第三步，促进产业转移。通过招商引资方式，吸引本国大量企业入驻，利用当地资源壮大企业，利用当地市场促进企业发展，推动本国产业转移和转型升级，培育本国一大批跨国企业。

第四步，充分利用资源和市场。利用跨境产业园区，促进本国跨国企业抱团式、集群化地开发利用所在国的资源和市场，在获得丰厚收益后，回报本国政府和国民。

策略八：主攻特长——长盛不衰的瑞士特色工业

1. 有特长才有生命

人的精力是有限的，国家也是如此，尤其小国家更是如此。三百六十行，行行出状元，小国如果三百六十行都在行，就会呈现眉毛胡子一把抓，小而全、无精品，结果将是行行小儿科，国家经济就会陷入自给自足的落后状态。

如何利用有限的精力，实现国富民富？最好的办法之一，就是主攻专长，促成特色产业、特色精品，占领国际市场，促成高附加值的特色产业。如以色列的节水农业科技产业、瑞士的高端手表等。

这就是主攻特长策略，即某个国家，尤其是小国或弱国，专注于发展某个行业，或行业内的几个重要产品，掌握该行业或重要产品的核心技术，科技研发和生产技能水平领先全球，在全球范围内实施品牌经营，依托品牌战略占领全球市场，这些行业产品成为该国的重要经济支柱。

主攻特长策略的实质，是强化国际产业分工，打造专业科技高地，走专业化、特色化、国际化分工的产业发展之路。

弱小国家，劳动者数量有限，如果没有参与国际分工，就会陷入麻雀虽小、五脏俱全的境地，每个行业生产效率都很低，市场竞争力都很弱。

相反，参与国际分工，则能够集中劳动与科技优势，专注于发展某个行业或某几种产品，形成具有强大竞争力的特色产业和产品，促成弱小国家的支柱经济，成为国富民富的重要支撑。

2.“钟表王国”的秘诀

瑞士素有“钟表王国”之称，这一美名来自悠久的制表历史，更来自瑞士科技优先的专业化发展道路。这条专业化发展道路，核心是科技创新，即抢占制表业的科技制高点，实施品牌化经营。

1587 年，瑞士开始生产手表，制表工艺最初几乎全靠手工操作。1845 年以后，制表机械大量产生，于是出现了批量生产。在此间的 400 多年中，得益于专业化发展，瑞士一直保持着在世界钟表业的领先地位。

进入 20 世纪以后，全球手表制造行业竞争日益激烈，为了增强手表工业竞争力，1921 年，制表企业集资成立瑞士制表研究所，后来又在 1962 年成立了电子制表中心，重点对制表业展开研究与开发，力求在科技创新中拔得头筹。

在专业科技支撑下，瑞士在手表领域称雄：世界上第一块石英手表、液晶数字显示手表、最薄手表、体温驱动手表等，均出自瑞士。目前在全世界的出口手表中，每 10 块就约有 7 块来自瑞士。

然而，在 20 世纪 70 年代，由于石英技术的推广运用，日本和香港等地的电子手表制造迅速赶超瑞士，石英手表大量上市和价格挤压，逐渐把瑞士手表挤出了世界市场，瑞士不得不从 1974 年起大量削减手表产量。

面对严峻的国际市场形势，瑞士始终坚持科技优先的专业化发展道路，经过 10 年的努力，潜心研制，瑞士抛出了一系列便宜的塑料石英走针表，瑞士制表卷土重来。

同时，瑞士重视机械手表研制，走高端化、品牌化、人文性道路，他们在全世界推出系列化专业名贵手表。其中比较有名的欧米茄、浪琴表、伯爵表、雷达表、天梭表、劳力士表等，在国际市场上大获成功。

例如，据 2011 年瑞士钟表工业联合会的统计数据，2010 年瑞士手表总共销售 193 亿瑞士法郎，其中香港 21.2%，中国大陆 8.5%，新加坡 5.9%，合计 35.6%。瑞士手表能够在“世界工厂”之称的中国站稳脚跟，受到推崇，绝非偶然，靠的是实力。

3. 瑞士化工为何美名远扬

与瑞士手表一样，瑞士化工业，尤其是化工医药业，名扬全世界。为什么能够长盛不衰，取决于其科技创新能力，取决于其专业化、国际化发展道路。

瑞士的化工产品绝大部分集中在特种化工领域，特种化工产品所占的比重超过 90%。包括医药和诊断技术、精细化工产品、维生素、香精香料、植保产品、工业用特种化工产品、染料和涂料等。

其中，化工医药业被喻为瑞士工业的火车头，瑞士化工医药业是最早走向世界的行业。从 20 世纪初到现在，瑞士化工医药业已在全世界 80 多个国家和地区进行直接投资，几乎在各国都设有销售网络，全球员工总数超过 25 万人。

瑞士也是精细化工世界巨头，全球最大的 5 家精细化工公司有两家在瑞士，即龙沙公司和科莱恩公司。在 20 世纪 90 年代，瑞士龙沙公司在广州成立合资公司生产烟酰胺产品，科莱恩公司在天津成立染料合资公司等。

得益于科技优先的专业化发展，化学工业是瑞士工业的重要支柱，也成为瑞士最大的出口行业。2011 年，由于世界经济下滑，瑞士其他领域的产品出口额则下降了 5.3%，而化工、医药和生物技术领域产品的出口额同比仅减少了 1.7%，降至 746 亿瑞士法郎，化学工业成为瑞士稳定经济的重要行业。

4. 尺有所短，寸有所长

从瑞士特色工业的发展实践看，主攻特长策略，核心是占领某个行业的科技高地，以核心竞争力优势占领国际市场，它具有以下几个基本特点：

一是特色产业。瑞士从事手表和化学工业的许多企业，具有较长的发展历史和传统，相对于其他国家同类企业而言，发展实力和竞争力更强，专业化生产技术更先进，他国企业难以仿制克隆，具有地域特色产业优势。

二是科技高地。瑞士特色工业能够长盛不衰，最关键的一条，是瑞士企业高度重视专业科技研究和开发，积极抢占高科技制高点，占领全球专业科技高地，在国际专利申请、科技研发等方面，走在全球同行前列，依托专业科技优势赢得市场竞争优势。

三是国际分工。瑞士手表和化学工业，并非关起门来研究和生产，而是更加注重国际产业分工，实施错位发展，专注于发展某个行业或行业内某些产品。同时，更加重视开展国际贸易，通过国际贸易来实现国际分工与合作。

从世界范围看，瑞士、以色列、瑞典等国，通过主攻特长策略，均获得了成功。然而，主攻特长策略有长也有短，某个国家要推行这个策略，应综合分析其利弊。

有利之处，通常主要有以下三个方面：

一是发挥资源禀赋优势。在国际产业分工中，发展特色优势产业或产品，可以扬长避短，一方面，将历史文化、劳动专长等国内资源禀赋优势发挥到极致；另一方面，避开了国内市场空间小、其他经济资源缺乏等的不足。

二是增强产业核心竞争力。主攻特长，发展特色产业，是以抢占科技制高点为重要手段基础，而科技制高点的关键，是拥有自主知识产权的科技专利，这正是增强产业核心竞争力的重要手段。

三是促进国家经济迅速扩张。主攻特色产业，在国际贸易中可以迅速占领国际市场，促进国际分工与产业扩张的良性互动，推动特色产业迅速发展。由于弱小国家经济总量比较少、基数低，特色产业将极大地推动国家经济扩张。

不利之处，通常主要面临以下三方面风险：

一是经济衰退的风险。在国家经济争斗中，某些强国基于保护国家利益，或对其他国家进行威慑，对弱小国家特色产业进行贸易封锁。由于没有其他可替代产业，这种贸易封锁对弱小国家打击影响很大，甚至导致国家经济的全面衰退。

二是专利保护的风险。在国际市场中，假冒伪劣产品防不胜防，尤其是欠发达国家。弱小国家凭借自己的力量，很难维护国际专利合法权益，维护权益代价高。

三是他国赶超的风险。弱小国家专注发展特色优势产业，必须有强大的专业科技支撑，如果科技发展滞后，就会被其他国家迎头赶超，则原有的特色优势产业可能被其他国家所替代。

5. 如何主攻特长

某个国家推行主攻特长策略，实现国富民富的战略目标，必须具备以下几个基本条件：

一是产业基础好。主攻的特色优势产业，必须有良好的产业基础，包括产业历史、产业资源、产业科技、劳动技能等，只有这样，特色优势产业才能有国际竞争力。

二是国际分工强。要通过国际贸易，实现国际产业分工，这是发展特色优势产业的必要条件，没有参与国际分工，特色优势产业就难以发展壮大。

三是知识产权保护好。特色优势产业以科技为核心竞争力，在国际扩张中必须保护好知识产权，如果不能保护好专利、商标等知识产权，该特色产业和产品很快将被假冒伪劣所包围，最终将在国际市场中自生自灭。

某个国家推行主攻特长策略，通常可采取以下几个步骤来完成：

第一步，积极参与国际分工。开放国内市场，积极与其他国家开展贸易，包括产品贸易和服务贸易，在国际贸易中挖掘和发展特色产业和产品。

第二步，注重发展专业科技。根据国际分工需要，加强特色产业和产品的科技研发，积极抢占全球该专业科技制高点，利用国际专利、商标、品牌等保护制度，保护科技成果和其他知识产权。

第三步，推动特色产业扩张。利用科技、商标和品牌优势，借助国际自由贸易和政府的鼎力支持，大力开拓国际市场，推动特色产业的市场扩张，推动特色产业大发展。

第四步，促成国家经济战略。在特色产业国际扩张过程中，政府将该产业纳入国家重要发展战略，集全国力量支持，配合经济外交，将该特色产业打造成为国家支柱产业。

第四章　强国策略

一个国家富有，不一定强大，而一个国家强大，必须以富有为基础。以实现经济富国为战略目标，主要是追求物质富裕；以实现经济强国为战略目标，除了追求物质富裕之外，还要追求国家对世界的影响力。

建设经济强国，通常是地域面积较广、人口数量较多的国家，追求物质富有、精神富有，国家经济总量大，对世界或周边国家经济产生广泛影响力的发展目标。

在国家财富争夺战中，一个国家如何与霸权国家争斗，如何与其他国家争斗，才能变成经济强国。以及经济强国如何与霸权国家争斗，如何与其他小国、弱国争斗，才能确保其在国际上的重要地位。这就是国家经济争斗的强国策略。

从总体而言，强国策略主要是围绕财富创造与积累这条主线进行。在制度层面，要建立与霸权国家抗衡或共进退的理论和制度体系，建立各国财富汇聚的制度体系。在市场层面，力争主权货币国际化，千方百计拓展市场，保证战略资源供应。在劳动层面，要积极抢占科技高地，抢占产业人才高地等。

相应地，强国策略主要包括树旗结盟、霸国副手、财富洼地、货币分赃、市场扩张、企业渗透、科技立国、拐点超越等八个策略。

策略一：树旗结盟——武林帮主的英国与法国

1. 连横榜样的力量

只身单打独斗，力量单薄，难敌众人攻击；抱团出战，则众志成城，攻无不胜。

春秋战国时期，张仪的连横策略成就了秦国的强大，其道理就在于此。这种治国理念，在近代和现代社会发展中，不断演奏出新的篇章。

英国、法国这两个国家，上百年来稳坐世界经济强国交椅，其奥秘在哪？究其原因，就是这些国家有许多国际盟友，并成为多国联盟的头领，如以英国为首的英联邦，以法国、德国为主的欧洲联盟等。

如何拥有大量的国际盟友？关键是自己树立大旗，吸引一批国家结成国家联盟，充当武林帮主，这就是树旗结盟策略。

具体来说，就是发起国树起旗帜，拉帮结派，建立以自己为领导者的国家联盟。发起国在该国家联盟中，位于领导核心地位，并利用国家联盟的团队作用，与霸权国家展开经济争斗，以制约霸权国家对联盟国家的财富掠夺；与其他国家或国际组织展开经济争斗，以获得更多的竞争优势和财富聚集。

树旗结盟策略，实质是以团队抗衡霸权国家，如欧洲联盟抗衡美国，以及制约其他国家和国际组织。一个国家的实力是有限的，如果紧密联合其他国家，建立国家同盟，以多个国家统一组织的形式，对其他国家展开经济争斗，力量就会大增。

如在面对霸权国家的咄咄逼人经济打压时，单一国家只能忍气吞声，而国家联盟则可以说“不”，并与霸权国家展开平等谈判，以有效避免财富损失。对其他经济强国、经济弱国，国家联盟以压倒性优势力量，对其展开经济打压和财富掠夺。

2. 英联邦，英国绝不放弃

英国在风云叱咤的三个多世纪中，从非洲到亚洲，从拉丁美洲到大洋洲，拥有众多的殖民地国家和附属国，构筑了一座以英国为中心的“日不落帝国”大厦，在鼎盛时期，其行政管辖人口和陆地领土面积，约占当时世界的 1/4。

第一次世界大战后，英国势力遭到削弱，各殖民地民族独立呼声不断高涨，这座大厦开始出现了倾倒迹象。第二次世界大战结束之后，英国殖民统治发生严重危机，英国被迫允许广大的殖民地独立或半独立，英国由此分崩瓦解。

英国人自然不能接受这个事实，为了延续英国在传统殖民地的领导地位，确保其在国际舞台上的影响力，1926 年，英国政府提出，由英国和从殖民地独立出来的加拿大、澳大利亚、新西兰和南非，组成自由结合的英联邦，并于1931年由英国法律对此予以确认，英联邦正式形成，英王也成为英联邦成员自由联合体的象征。

随着印度和巴基斯坦的加入，英联邦阵容强大，成为一个以英国为主导的国家联合体。目前英联邦由50多个主权国家（含属地）组成，成员大多为前大英帝国的殖民地或附属国，包括澳大利亚、加拿大、印度、尼日利亚和南非等国家，约20亿人口。

英联邦主要的组织机构有：联邦政府首脑会议、亚太地区英联邦政府首脑会议、联邦财政部长会议、其他部长级专业会议、英联邦秘书处、英联邦商会等。该组织元首为英国女王伊丽莎白二世，同时身兼多个国家元首。英国拥有英联邦“固定的主席身份”，英国历届政府强调英国要在英联邦起领导作用。

为了显示英国包容，巩固其在联邦中的领导地位，英国允许英联邦成员国的国民有权移居英国，居住在英国的英联邦公民至今仍享有某些选举特权，而这些特权是其他外国人，甚至其他欧盟国家的公民所没有的。

但自英国加入欧盟后，英联邦成员国的这些特权逐渐消失。由于欧盟不能接受英国的强势地位，欧盟以建立区域性自由贸易区为借口，禁止英国给予其前殖民地特权。这也是英国不热心于欧盟，不愿加入欧元成员国的原因。

基于英联邦的团队作用和对英国成为经济政治强国的作用，英国固然不会放弃英联邦，且千方百计强化其对英联邦的领导。如1991年英联邦政府首脑会议通过了《哈拉雷宣言》，该宣言强调民主与人权的价值观，并要求英联邦成员国遵守这种价值观念，这意味着英国将在英联邦扮演更重要角色，以进一步强化英国的经济政治强国地位。

3. 欧洲一体化，法国费尽心思

第二次世界大战以后，法国是欧洲强国，但其周边的英国比法国更具国际影响力，德国也是一个具有侵略性的国家，如何利用自身优势来牵制其他强国和弱国，成就法国的地区性乃至世界强国？法国人对此研究颇深，并设计了成立欧洲联盟的一劳永逸妙招。

当时，虽然法国是战胜国，但德国对法国威胁的阴影难以消除，英国依靠英联邦在世界上自成体系。为了牵制德国和削弱英国，并能够与美国、苏联抗衡，法国提出建立欧洲国家经济联盟，先控制德国经济，再逼英国加入。法国利用欧洲国家经济联盟控制了德国经济，削弱了英联邦，又能够与美国等世界强国抗争。

欧洲国家经济联盟，通常也称之为欧盟或欧洲一体化，最初从法国与德国联盟开始。

法国与德国是彼此相邻的两个欧洲大国，历史上却是数度兵戎相见的冤家。在20世纪的两次世界大战中，法、德都是势不两立的对手。第二次世界大战以后，法国与德国仍然处于互不信任状态，为了控制战败国经济和军事武装，法国可谓是费尽心思。

基于煤炭和钢材是武器制造和国民经济发展的基础，控制了煤炭和钢材产业，就能够控制德国的考虑，1950年法国提出了一个被称之为舒曼计划的方案，建议把法国和德国的煤炭和钢铁生产置于一个共同机构管理之下。意大利、比利时等西欧国家也附和进来，并在巴黎共同签署了《建立欧洲煤钢共同体条约》。

该条约明确规定，煤钢共同体以共同市场、共同目标和共同机构为基础。这个条约奠定了欧洲一体化和欧共体发展的基础。此后欧洲一体化越走越远，1968年实现了关税同盟，1993年基本建成欧洲统一大市场，1999年欧元顺利启动并在11个成员国实现了货币联盟，欧元的推行把德国经济完全地融入整个欧洲经济。法国从此实现了控制整个欧洲的目的。

随着欧洲联盟的形成和发展，其在全球国际社会中的影响力越来越大，使得美国日益强烈地感到欧洲一体化建设对美国形成挑战的压力，如美国发动伊拉克战争遭到法、德等欧洲盟国的强烈反对，美国从过去对欧盟的支持转变为阻挠，设法瓦解和制约欧元国际化进程。而欧盟也不甘示弱，不断对美国和其他国家展开新一轮经济争斗。

如以全球气候变暖为依据，于2008年11月通过法案，决定将国际航空领域纳入欧盟碳排放交易体系，即自2012年1月1日起，欧盟将对所有到达和飞离欧盟机场的航班征收温室气体排放费用。欧盟将为此获得大量收益，同时又能制约美国和其他发展中国家的发展。

当然，这个要求遭到印度、俄罗斯、中国和美国等20多个国家的一致反对。

4. 一把双刃剑

从英国领导英联邦、法国主导欧洲联盟的实践看，树旗结盟策略具有以下三个基本特点。

一是主导性。即是该国家结盟的主要发起人，在结盟过程中发挥领导核心作用，在国家联盟运行中是决策中枢。如英国是英联邦的主要发起人，也是英联邦的领导核心，英国政府时刻掌握英联邦决策机构。

二是政治经济性。树旗结盟既是经济联盟，也是政治联盟，没有政治联盟，经济联盟也就难以形成。多个国家基于经济、政治、军事利益等的需要，以国家政府的名义签署结盟协议，其中，经济利益趋同是维系国家联盟的基础。

三是一致性。在国家结盟中，对内相互开放市场，实施互惠经济政策；对外统一经济外交，统一外经外贸政策，在国家经济争斗中统一步伐，形成联盟有整体性争斗。如欧洲联盟，实行统一的欧洲银行货币政策、统一的经济外交政策等。

在英法等国的实践中，实施树旗结盟策略是一把双刃剑。

有利之处，主要有两个方面：

一是促进财富大扩张。联盟将促成各国市场容量的叠加，推动市场扩张；将促成经济竞争优势互补，加快科技进步并提升劳动效率等。如欧共体有 20 多个国家，相互开放市场，使市场容量大增，同时，在开放市场中有效形成产业国际分工，促进了各国财富增长。

二是抗衡霸权国家和其他强国。只要主导了国家联盟，控制了联盟，就可将国家联盟作为争斗载体，跟霸权国家等展开有效的经济争斗，增强谈判筹码，实现抗衡霸权国家、征服其他国家的目的。如法国可以借助欧洲共同体，推行征收碳排放税，抗衡美国和联合国组织，制约中国、俄罗斯等国家发展，增进其国家财政收入，提高国家经济政治影响力。

弊端之处，也主要有两个方面：

一是联盟建立与维持的代价。由于国家之间利益矛盾无处不在，要使多个国家拧成一股绳，必须给加入者提供相应的好处，否则其他国家就不会加入，这就需要付出组织策划、维持长期联盟关系等大量的经济成本。如法国为了欧洲共同体发展，牺牲了法国原殖民地国家联盟，在应对欧元区危机中付出很大经济代价。

二是反联盟的政治风险。在领导国家联盟与霸权国家展开经济争斗中，经常面临霸权国家分而治之、各个突破的企图，为了破坏霸权国家的阴谋，有时得牺牲必要的经济政治利益，以求得国家联盟内部团结合作。如美国利用欧元漏洞，以希腊财政金融危机为突破口，兴风作浪，打击欧洲共同体，法国和德国为了欧元和欧洲共同体，只能委曲求全。

5. 如何树旗以结盟

某个国家若要推行树旗结盟策略，必须具备以下两个基本条件：

一是较强的实力和影响力。该国具有较强的经济、政治和军事实力，以及国家在世界历史中、现实发展中的国际影响力，没有实力和影响力就没有号召力，国家联盟就难以形成，就算国家联盟成立，也难以在联盟中发挥领导作用。

二是内在动力与外部推力。国家之间有联盟的内在动力和外部推力，内在动力主要是通过联盟可以实现共赢，这是其他国家愿意加盟的基础。外部推力是受霸权国家挤压或其他国家挤压，只有响应经济强国号召结成国家联盟，才能有效抵抗其他国家挤压。

推行树旗结盟策略，通常可以通过以下主要步骤来完成：

第一步，树立旗帜。基于国家在国际争斗中的获利需要，以及周边部分国家共同抵御霸权国家掠夺的需要，举起反抗压迫、共同发展的旗帜，发起建立国家联盟的活动。

第二步，建立联盟。作为联盟的发起人和推动者，以本国最高利益为出发点，起草国家联盟章程，起草联盟规范性文件，在领导决策上明确其领导地位，促使国家联盟的形成和发展。

第三步，操控联盟。在国家联盟形成一定影响力之后，利用其在联盟中的领导地位，有意将本国意愿强加给联盟，并以联盟官方对外公布实施，从而达到操控联盟目的。

第四步，争斗获利。在国家经济争斗中，利用国家联盟力量，同霸权国家和其他国家或国际组织展开争斗，以获得更多的财富收益。

策略二：霸权副手——向美国俯首称臣的日本

1. 甘当左膀右臂

以己之力，在混战中难立足，不如寻求靠山，甘当左膀右臂，协助他人成就霸业，借助霸王之力变为强者，这是弱者在混战中生存发展的上上策。

日本、德国虽然是战败国，但由于甘当美国副手，因此很快摆脱困境，迅速成长为经济强国。而巴拉圭等拉美国家，主张主权独立，虽与美国近在咫尺，却难以挤入经济强国行列。

如何成为霸国助手？关键是押中潜在霸国，就如韩信选择了刘邦而非项羽，为潜在霸国鞍前马后，尽心尽力，助推潜在霸国实现霸国梦想，这就是霸权副手策略。

具体而言，霸权副手策略，是指某个国家甘当霸权国家的重要帮手，成为霸权国家的左膀右臂，借助霸权国家经济实力和影响力，实现国家经济腾飞和经济扩张，并赢得国际社会的普遍尊重，成为经济强国和巩固经济强国地位。霸权副手策略的实质，是“宁做牛尾，勿做鸡头”，搭乘霸权国家经济快车，以实现国家经济强盛的策略。

在全球国家体系中，霸权国家单纯依靠自己的力量，在国家经济争斗中很难征服其他国家，但有了几个经济实力较强的国家加盟，就能够顺利实现和巩固霸权国家地位。如美国，之所以能够称霸全球，主要有英、德、法等欧洲国家，以及日本、韩国等亚洲国家的有力支持。

为了控制和领导这些主要加盟国家，需要在经济发展中给予支持和帮助，从而使这些加盟国成为经济强国。如在第二次世界大战以后，美国不断向日本和欧洲国家输血，从而使这些国家快速崛起，并成为世界经济强国。

显然，霸权副手策略，也可以说是紧跟霸权国家策略，是协助霸权国家压制其他国家，成就和巩固霸权国家的霸权地位，同时也成就自己成为经济强国的基本策略。

2. 俯首称臣，才有日本的今日

日本是一个人口大国、资源小国，石油、煤炭、粮食等战略资源极为贫乏，第二次世界大战基本耗尽了日本多年积累财富，经济陷入崩溃边缘。日本是如何走出困境？关键是对美国俯首称臣，借助美国力量发展本国经济。

第二次世界大战期间，1941 年日本偷袭美国夏威夷珍珠港，日、美两国直接交战，1945 年美国在日本的长崎、广岛投下原子弹，直接导致日本无条件投降。日本人从骨子里对美国感到害怕，美国也趁此机会，主导制定了日本宪法，控制了日本的政治、军事和经济，把日本当作美国的附属国。

当然，日本人也不是傻子，迫于无奈接受这个事实后，一方面，日本对美国唯马首是瞻，唯唯诺诺，主动接受美国领导，力助美国经济向全球扩张，成为美国称霸世界的重要助手；另一方面，日本借助美国力量，积极发展本国经济，推动经济向全球扩张，使经济走出困境，并迅速成为经济强国。

第一，抱住美国大腿，获取美国经济支持。

第二次世界大战结束之后，日本坚定拥护和支持美国，美国因“冷战”需要也给予日本经济恢复和发展的大力支持。

首先，美国放弃了对日本战争索赔，撤销了以拆迁日本军事工业作为战争赔偿的计划。1947 年 1 月至 1948 年 3 月，美国先后提出两个新方案，对先前的“赔偿方案”进行大幅度修改，将拆迁的工业设备减至方案的 30%。至 1949 年 5 月，干脆宣布取消日本的一切赔款。

其次，美国给日本大量援助和贷款，据有关资料，战后初期，美国给日本的援助和贷款达 20 多亿美元，并向日本提供大量的石油、煤、铁矿石等能源和原料，从而促进了战后日本经济的振兴。

再次，美国承担了日本大量的军事开支，随着美苏对峙以及新中国的建立，美国就把日本纳入它远东战略计划之中，使日本成为美国称霸亚洲的基地和反苏的堡垒，在美国的“保护”之下，日本没有沉重的军费负担，军费开支的骤减使日本经济发展有了充足的资金保障。

第二，借助美国开战，推动经济复苏。

这主要是利用朝鲜和越南战争，实现经济转折回生。

朝鲜战争和越南战争为日本经济的发展提供了重要契机。如朝鲜战争爆发后，日本立即变成美军的兵站和军需的供应基地，美军大量向日本企业订货和购买大量的特种物资，有力地推动了日本经济发展。

据统计，自战争爆发至1953年7月签订停战协议止，“特需”累计达24亿美元，到1955年则达36亿美元。日本外汇储备从1949年的2亿美元，增至1952年末的11.4亿美元。此后，越南战争日本又得到40亿美元的军事订货。可以说，朝鲜战争和越南战争是战后日本经济起死回生的转折点。

第三，借助日、美同盟，推动经济扩张。

美、日两国于1951年和1960年签署的《日美安全保障条约》构成了“美日同盟”的法律基础与基本框架，安保条约表明了美国对日本负有防卫义务，规定了要加强相互防卫的力量和促进美日经济合作等内容。

日本利用这个同盟关系，强化日本与美国、欧洲的经济贸易，在国内掀起工业化高潮，使经济实现高速增长。1965年国民生产总值为88亿美元，居美国、西德、英国、法国之后，占第五位。1966年超过法国，1967年超过英国，1968年超过西德，跃升为资本主义世界仅次于美国的第二经济强国。

3. 巨额回报，代价也相当高昂

从日本向美国俯首称臣的实践看，霸权副手策略具有以下三个基本特性：

一是辅佐性。即成为霸权国家的左膀右臂，是霸权国家称霸全球的重要帮手，失去这些国家的支持和帮助，霸权国家难以实现称霸目标。如美国离不开英国、日本、德国、澳大利亚等国家的长期支持和帮助，这些国家辅佐美国成为世界霸主。

二是依附性。即依附于霸权国家，包括政治、经济、军事等方面的依附，得到霸权国家的政治、经济、军事等的支持与保护，离开霸权国家的保护，这些国家的生存和发展将面临重大危机。如日本，不但在经济上依附美国，而且在政治、军事上全面依附于美国，唯美国马首是瞻。

三是带动性。在霸权国家经济强力带动下，这些国家可以搭乘经济快车，实现经济的快速发展。同时，这些国家的经济发展也推动霸权国家发展。如美国雄厚的经济实力和广阔的市场，使日本依附美国之后，经济迅速发展，不仅摆脱了第二次世界大战的创伤，而且成为世界经济强国。

基于这些特性，某个国家若要推行霸权副手策略，将面临巨额回报与代价高昂博弈的挑战。

有利之处，主要包括以下三个方面：

一是借外力推发展。从国家经济发展史看，落后国家通常是内在动力非常有限，只有在外部力量的大力推动下，才能够促进经济迅速发展。充当霸权国家副手，可以借助霸权国家的强大外部推动力，促进国家经济大发展。

二是借外力促扩张。这主要是指借助霸权国家在全球的经济扩张，通过错位扩张、互补扩张思路，紧跟霸权国家将本国经济推向全球。如日本，借道美国，在全球范围内投资经营，推销日本的汽车、家电和工程机械等产品。

三是借外力扩影响。由于霸权国家在国际社会中有重要影响力，通过充当霸权国家副手，顺带提升本国的国际影响力和国际地位。日本就是典型代表，借助美国，日本提升了其在亚洲和欧洲国家的经济影响力。

不利之处，主要付出以下三方面代价：

一是要承受国民经济改造的阵痛。要成为霸权国家的副手，需要接受霸权国家的经济改造，而接受经济改造需要做出重大牺牲，这主要是国家经济自主权受到支配，民族产业可能受到压制。如 20 世纪 80 年代的日本，美国对其进行经济改造，日本付出了巨大经济代价。

二是心甘情愿接受霸权国家领导。要甘当副手或助手，就要心甘情愿接受领导，否则就被霸权国家所抛弃，从而也就难以成就经济强国。如日本如果不接受美国的领导，美国就不会保护日本，因日本军国主义犯下滔天大罪，日本就会成为亚洲各国攻击目标，日本将沦为二流、三流国家。

三是国民和民族尊严受到伤害。充当霸权国家副手，国家的经济、政治、军事政策必受到霸权国家的牵制，这对民族自尊心很强的国家来说，是相当有挫折感的。日本虽然是个民族自尊心很强的国家，但由于日本不得不接受美国领导，近年来日本政府几乎是一年一首相，就是民族自尊心受到严重挫伤的表现。

4. 并非每国都适用

一个国家要实施霸权副手策略，成就和巩固经济强国，首先必须具备以下三个基本条件：

一是经济强国潜力。即具有较多的人口和领土，在国际社会中具有一定的影响力，只有这样，才能被霸权国家所重视，才能建立健全国家经济体系，从而在国际中确立经济强国地位。

二是战略地位突出。即在区域国家中具有一定的经济、政治和军事的战略地位，霸权国家与该国建立盟友关系，足以影响该区域内所有国家。

三是政治主权被动。即要有能够接受霸权国家领导的政治理念，即甘心接受霸权国家领导，建立两国紧密同盟关系。如日本自第二次世界大战以后，在政治上，对美国言听计从，跟随美国，这是历届政府的基本外交方针。

某个国家推行霸权副手策略，通常可以通过以下几个主要步骤来完成：

第一步，选准霸权国家。在全球国家体系中，通常存在若干个霸权国家，包括全球性霸权国家、区域性霸权国家等，在霸权国家中，选择可以投靠利用、制度兼容的霸权国家。

第二步，向霸权国家靠拢。根据霸权国家发展需要，政府主动沟通协调，积极满足霸权国家要求，同时，通过两国签署战略合作协议等形式，建立霸权国家主导、本国配合的全球经济扩张体系。

第三步，充当霸权国家左膀右臂。在霸权国家全球经济扩张过程中，充当马前卒、急先锋的角色，成为霸权国家成就和巩固霸业的重要助手。

第四步，利用霸权国家实现经济强国梦想。在为霸权国家全球经济扩张服务的同时，借助霸权国家力量，助推本国经济迅速发展和向全球扩张，以实现经济强国梦想。

策略三：财富洼地——拿来主义的加拿大等国

1. 水往低处流

许多财富就像流动的水，哪个地方地势低，财富就往哪流。从这种角度看，自力更生固然重要，但拿来主义更能聚财富。于是乎，世界上出现了许多奇怪现象，中国等发展中国家的大量富人、优秀人才移民欧美发达国家，国家贫富差距越来越大。

这就是加拿大、澳大利亚等国家成为经济强国的主要原因。

有人会问，为什么中国等发展中国家留不住富人和优秀人才？原因是多方面的，但关键原因是没有形成财富洼地。而加拿大、澳大利亚等国家，通过优惠的移民政策，构筑起财富洼地，从而源源不断汲取世界各国财富。

财富洼地策略，是指某个国家基于国际财富流动的基本规律，通过营造优越环境，建立财富流动洼地，使国际财富源源不断流入本国，以此增进国家财富创造和积累的扩张。

其中，国际财富流动的基本规律，主要是基于财富安全与增值为导向的流动；营造优越环境，主要是营造具有国际竞争力的政策环境。

财富洼地策略的实质，是财富积累的国际转移。

由于各国社会环境、经济环境、生态环境不同，财富的安全性和增值性不同。在经济全球化、财富流动自由化的前提下，为了获得更加安全的保障、获得更大的增值，财富积累会向更安全、更有增值潜力的国家流动。

总体而言，加拿大、澳大利亚等发达国家，发展环境较好，财富保值、增值潜力更大，因而能够成为财富洼地，成为许多国家财富输入地。

在财富流动过程中，股市、汇市、银行等金融机构，以及富人移民、企业转移、吸引留学生等，都将成为财富积累流动的重要载体。

2. 中国富人移民并非偶然

据招商银行发布的《2011 中国私人财富报告》显示，中国有 50 万人投资资产超过千万元，他们拥有的财富约占全国的 1/4。报告受访者的亿万富翁中，约 27%已经完成了投资移民。

报告指出，中国高净值人群中拥有海外资产的已达到 1/3。海外资产在可投资总资产中的平均占比为 19%，投资标的以房地产为主。在目前没有海外资产的高净值人群中，也有将近 30%的人在未来三年有进行海外投资的计划。14%的高净值人群目前已移民或者在申请移民中，还有 46%的高净值人群考虑移民。

由此可见，中国富人移民、投资移民比例相当高。

为什么中国产生如此多的富人移民、投资移民？其主要原因有三个：

一是财富来源不正，由于处于社会转型期，有些富人的财富来源不合法，继续留在国内，有可能被追究的风险。二是国内政策环境不乐观，财富保值增值没有保障。三是一些国家实施拿来主义政策，有意打造财富洼地，以优惠政策吸引富人入驻。

其中，拿来主义政策是使中国富人移民的最主要原因。

加拿大、澳大利亚、新西兰等国家，地广人稀，财富创造能力有限，要在国际舞台上挤进经济强国，除了自身加大财富创造之外，还需要导入其他国家财富积累。拿来主义相比于自力更生，财富来得更快、更猛、更多。

拿来主义的关键，是基于西方国家政策法律比较规范，生态环境比较好，社会保障比较健全。在着力推出优惠的移民政策后，吸引中国、巴西等发展中国家的大量富人、企业家投资移民，形成国际财富洼地，从中不仅获得了大笔财富积累，有效促进了国家经济发展，同时也限制了他国发展。

纵观这些国家的移民政策，主要是以投资移民、技术移民等政策为主。

英国是老牌经济强国，也是世界移民国家之一。2011 年，英国宣布放宽投资移民政策，新政除保留此前的 100 万英镑投资、5 年后转永居项目外，又新开通 500 万英镑投资、3 年后转永居和 1000 万英镑投资、2 年后转永居两个加速投资移民项目，以此引进多国的投资移民。

加拿大是一个移民国家，也是近年来我国移民的主要目标国。据加拿大联邦移民部发布 2012 年加拿大移民计划，2012 年加拿大移民目标总人数不变，但技术移民、商业移民配额增加。如将增加 1 万个联邦技术移民名额，计划吸纳技术移民最低为 5.5 万人，最高为 5.7 万人；新增 1000 个博士类移民名额；继续增加经验类移民至 7000 名左右。

澳大利亚也是一个移民国家，移民政策是澳大利亚的基本国策之一，该国一直是华人移民热门选择地之一。据澳大利亚移民局的数据显示，近几年澳大利亚商业移民每年的名额是 3500 人，而来自中国的申请量就能达到 2000 人左右，获签的人数达 1000 多人。

美国也是重要移民国家，自 9·11 事件后，移民政策趋紧，但近年受金融危机影响，又逐渐放松移民政策，目前美国的 EB-5 投资移民政策条件可谓最为宽松，对资金方面没有任何限制，投资 50 万美元，合法即可，无语言、商业背景要求，申请人成为永久居民以后，也不需要持续性地实际居住在美国境内等。

从这些西方国家移民政策看，实施拿来主义政策，打造财富洼地，主要有以下三种形式：

一是金融洼地。这是高层次的财富洼地，其关键是建立国际金融中心，如英国伦敦金融中心、美国纽约金融中心等，其主要业务包括外汇交易、期货交易、股市融资、债务融资等，使全球大部分资金长期聚集在某个国家之中，为该国国民提供众多高薪就业岗位，为企业发展提供充裕的资金支持，给政府财政提供重要税源。

二是人才洼地。这是比较高层次的财富洼地，其关键是建立企业家、高科技人才的移民，中国大量高层次科技人才移民到美国和加拿大。其中，富人移民自然带来许多财富，而企业家移民不仅带来财富，而且能够更多地创造财富；高科技人才移民，高科技人才是人力资本积累的重要形式，本身就是财富积累，高科技人才移民不仅导入了人力资本积累，而且能够创造出更多的社会财富。

三是企业洼地。这是次高层次财富洼地，其关键是建立国际产业基地，通过优惠税费政策，吸引全球许多企业转移入驻，以吸引全球财富流入。如加拿大在移民中，每年吸引大量引进企业入驻，这些企业创造出巨大社会财富。

美国、加拿大等西方国家持续推出移民新政，目的都相当明确，那就是引进更多的国外企业，引进更多的资金，引进更多的技术人才，以推动国家经济恢复发展。与此相应的是，许多发展中国家的富人们、企业家们、技术人员移居国外，导致失去优势资源的发展中国家延缓或制约了经济快速发展步伐。

3. 拿来，不可能没有付出

从中国富人大移民与西方国家移民政策的实践看，财富洼地策略具有以下三个基本特征：

一是政策环境性。即它是通过优化政策环境来实现财富聚集，是一种政策效应，依靠比其他国家更优惠的政策，使其他国家财富向这些国家流动与聚集。如英国的投资移民政策，新移民可以享受英国的高福利待遇。

二是财富安全性。这种政策效应，是建立在财富安全预期的基础之上，即财富权益得到充分有效保护，如得到法律、政治、军事等安全保障的承诺。如加拿大投资移民，不追究移民资金来源，于是成为一些中国贪腐官员转移财产的重要渠道。

三是财富增值性。这种政策效应，也是建立在财富再造与增值的基础之上，财富流入这些国家之后，可以创造出更多的财富，即钱生钱的滚雪球效应。如加拿大等国的技术移民，绝大多数移民能够发挥专长，创造出更多的财富。

某个国家，推行财富洼地策略，在收获的同时，也要付出必要的代价。

收获之处，通常主要有以下三个方面：

一是获取大量财富。通过实施这个策略，可以吸纳多个国家的财富积累，积少成多，财富总量就很大。比如，中国到加拿大的投资移民数量，相比于整个中国来讲，只是很少一部分，但对于加拿大来说，来自中国、越南、巴西等投资移民源源不断，这些国家财富聚集在一起，财富总量就相当大了。

二是压制其他国家。对于需要制约的国家，可通过有针对性的财富洼地政策，将该国优势财富积累转移过来，如高层次科技人才、优秀企业家等，这将极大弱化其国家财富创造能力，从而间接打击其经济发展。比如，美国鼓励伊朗核物理学者移民，以网罗伊朗优秀的青年核物理学者，这样，伊朗核工业就难以发展。

三是增强发展能力。通过拿来主义政策，国家可以拥有大量的财富，转移而来的财富，能够增强国家发展能力，如资金可以转化为企业投资，科技人才转化为企业创新者，企业家可以开办更大的企业，这些可为本国创造出更多的财富。

代价之处，通常有以下三个方面：

一是其他国家反制风险。在信息时代，财富转移基本上是公开透明的，这会引起财富流出国家的高度关注，甚至联合多个国家采取反制措施。如近年美国政府致信瑞士政府，限期索要瑞士信贷银行等涉及美国公民利用瑞士银行账户逃税的信息，否则将起诉这些银行。

二是财富回流风险。在转移而来的财富中，有些财富又回流，如转移而来的企业在本国获得成功之后，又将大量财富转移到母国或其他国家；有些科技人才在掌握某项高新科技之后，又返回母国效力，如在美国的伊朗核物理学者若返回伊朗，对美国来说将是一场噩梦。

三是成为犯法者天堂的风险。主要是成为贪污受贿者、逃税者、黑社会成员等犯法者、非法获利者聚集之地，这将对国家形象造成很大的负面影响，甚至产生外交纠纷。如中国远华走私大案，赖昌星逃离到加拿大“避难”，造成两国外交关系紧张。

4. 财富洼地如何打造

某个国家为促成和巩固经济强国地位，推行财富洼地策略，首先具备以下三个基本条件：

一是良好发展环境。包括生态环境、居住环境、就业环境、金融环境等，这是能够持续实施财富洼地策略的决定性因素，否则，该国就不会对各国财富拥有者产生吸引力。

二是相对优惠政策。包括相对于国际，具有相对优惠的投资、移民、就业、社会保障等政策，这是确保策略能够顺利实施的关键。

三是开放包容文化。即要有对外开放、海纳百川的文化，有移民传统文化，这是实施财富洼地策略的基础条件。

某个国家推行财富洼地策略，通常可以通过以下四个基本步骤来完成：

第一步，瞄准财富主体。瞄准发展中国家或部分发达国家的富裕人群、企业群体和高层科技人才，深入调查了解，把握这些国家财富流动规律，将它们选为实施财富洼地策略对象。

第二步，优化政策环境。根据财富流动规律，制定出吸引财富流入的系列政策，这些政策要体现出该国比其他国家更安全、更有增值潜力，这是最关键的步骤。

第三步，搭建流动平台。根据不同财富流动需要，搭建各具特色的财富流动大平台，让国际财富更顺畅、更便捷地流入本国。

第四，吸入和留住财富。通过营造良好的政策环境和发展环境，使财富能够更安全、更增值和保值，从而吸入和留住世界各国财富，能够为本国创造更多的财富。

策略四：货币分赃——国际扩张的欧元与日元

1. 印钱是挣钱第一业，印总比不印好

货币是财富的象征，生产货币就是生产财富，世界上没有哪个行业比生产货币更赚钱。全世界所有的国家，都梦想成为国际货币的印刷者，但能够梦想成真者实在太少，霸权国家紧紧把住印刷机，不肯将自己发财路子拱手让人。

但霸权国家为了拉拢他国，会让其他小兄弟分得一杯羹。这就是日元、法郎等能够成为辅助性国际货币，成就其经济强国地位的主要原因。当然，如果某些国家挑战美元的主流国际货币地位，结局将是可能被挤出国际货币地位，欧元就是其中典型。

如何推动主权货币国际化，充当辅助性国际货币？这就是货币分赃策略，这个策略也可称之为货币扩张或主权货币国际化策略，是指将本国或国家联盟的主权货币推向国际，使该国或国家联盟货币成为世界贸易主要中介货币，成为世界许多国家的外汇储备之一。

这个策略与霸权国家的国际货币霸主策略差别在于，它不能充当普遍性的国际货币，只能成为霸权国家国际货币的有益补充。

货币分赃策略，表面看是充当世界贸易交易中介，其实质是获得货币发行收益，避免霸权国家剥削，获取周边国家贸易增长的货币发行红利。

2. 欧元，扩张遇到瓶颈

欧元和日元是当今世界比较重要的国际化货币，虽然这两种货币的国际化进程、途径各异，但殊途同归，只能担当美元的配角，一旦触及美元利益，就会受到美国打击，只好老实本分地充当辅助性国际货币。

欧洲联盟从成立之初，就有法国、德国等欧洲传统强国参加，这也注定着欧洲联盟是影响世界的重要经济体。基于联盟内有法国、英国、德国这样经济政治强国，以及有几十多个国家加盟，欧洲联盟统一货币，推进区域货币国际化，应是顺理成章的事。

1991 年，欧共体达成《马斯特里赫特条约》提出建立欧盟统一货币——欧元的基本设想。1997 年欧盟签署《稳定和增长公约》《欧元的法律地位》《新的汇率机制》三个协定，这为欧元成为欧盟国家统一货币奠定了基础。

此后，欧盟逐步建立欧洲中央银行（ECB）和欧洲中央银行体系（ESCB），1999 欧元正式启动，2002 年欧元正式在欧元区成员国市场流通。由于法、德等欧盟成员国的经济总量大，外贸进出口多，欧元的国际影响力很大，许多国家及地区的货币直接跟欧元挂钩，欧元已名副其实成为重要的国际货币。

然而，欧元自推出那日起，就担当着不同角色。

首先，担当欧盟经济一体化的重任。有了欧元这个共同货币，就如中国秦始皇统一六国货币，欧共体成员国不但促成了共同市场，而且经济牢牢把握在法国掌控的欧盟之内。欧共体成员国不得不听从法国的指挥，这些国家也将淡化经济独立性，欧盟逐渐演变为中央集权的国家联盟。

其次，担当国际财富分赃的角色。欧元国际化进程是从欧洲联盟内部统一货币做起，在统一货币的基础之上，利用其经济影响力和传统政治影响力，促成许多国家和地区货币直接跟欧元挂钩，从而将欧元推向国际。世界上许多国家将欧元列为国家储备货币，欧元也成为重要国际货币，只要开启欧元印刷机，就能够给欧盟带来滚滚财源。

再次，担当驱逐美国超级大国的角色。美国之所以成为超级大国，核心是国际美元。由于美国建国时间不长，欧洲许多国家从骨子里看不惯美国独霸世界，推翻美国霸权，必须从驱逐美元入手。而随着欧元国际化，国际影响力越来越大，趁着美元疲软，一些政客就提出石油欧元，石油交易用欧元标价和结算。

然而，欧盟内部国家多，内部矛盾也多，这也成为美国打击欧盟的重要突破口。在欧盟政客提出石油欧元之后，这已触及美国的国家利益红线了，这下美国按捺不住了，开始打击欧元，从最薄弱的希腊入手，步步紧逼欧元，使其处于瓦解的边缘。

这也就注定着，只要美国内部不乱，仍然具有强大凝聚力，欧元国际化进程将停滞不前，只能充当辅助性国际货币。

3. 逃不出美国掌心的日元

与欧元不同，日本的国际化是从对外贸易的日元结算做起，逐步推动日元的自由兑换，从而将日元推向国际。

日元国际化始于20世纪60年代初期，当时日本经济快速发展，日本经济已成为全球重要组成部分。1964年日本正式接受IMF的第八条款，承诺履行对日元自由兑换的义务，这为日元国际化奠定了基础。

1980年，颁布实施新的《外汇法》，取消了本国居民向国外提供日元贷款和外汇不能自由兑换成日元的限制，这为日元国际化开启了大门。1986年设立了东京离岸金融市场。此后又宣布开放境外金融市场，取消外资流出的限制，提高对外资流入的限额，并对外国人在日本发行日元债券和发放日元贷款等采取了一系列自由化措施。

虽然20世纪90年代日本经济低迷使日元国际化面临困境，但日本1998年又出台《关于推进日元国际化的政策措施》，强调要提高日本经济和日元国际信誉，就要提高贸易和金融、资本交易中运用日元的比重等。

日元的国际化，其所扮演的角色与欧元完全不同。第二次世界大战以后，日本就向美国称臣，美国将日本当作其附属国，日元只能充当美元的配角。因此，日元国际化进程中，没有抢占美元国际地位的冲动。但日元国际化，已超出日本的想象，许多国家将日元作为储备货币，影响了美元霸主地位，日本人也有购买美国经济的冲动。

美国当初允许日元国际化，是想让日元充当拾遗补阙的作用，更重要的是利用国际化背后的市场规则来操控日元，控制日本金融机构，进而掌控日本经济，从而操控全球经济。

但日元国际化对美元的冲击，对美国经济的挤压，让美国产生了打击和扶持日元的想法，在日本“广场协议”之后，美国对日元的控制越收越紧，日元国际化从此徘徊不前，彻底成为美元的附属国际货币。

这也就是为什么日元弱势不减的重要原因，也是为什么日本经济几十年处于衰退状态的重要的原因。当然，日本也不会就此善罢甘休，日元国际进程还要持续推进，这是因为：

一是可以抵制美元对日本的财富掠夺。虽然只充当辅助性国际货币，但在日本与其他国家开展的贸易中，可以使用本国货币结算，如日本与中国互换货币结算，从而避免美国的层层剥削。

二是与美国分享印刷纸币以换取他国实体财富。日元作为辅助性国际货币，可以分享国际贸易增长带来的货币发行收益，分享部分国家购买日元充当外汇储备的货币发行收益。

4. 获利，要承担风险

从欧元和日元的国际化实践看，货币分赃策略具有以下四个基本特征：

一是国际性。即推动本国货币成为国际通用货币，在全球国际贸易中，许多国家使用本国货币结算和充当外汇储备货币，这是货币扩张策略的出发点与基本宗旨。如欧元，不仅在欧洲共同体内多个国家可以通用，而且在国际贸易中部分国家用欧元进行结算，甚至用于国家外汇储备。

二是主权性。本国货币虽然在国际上流通，但货币的发行权、管理权、收益权等属于本国的事务，其他国家不能干涉，货币主权的独立性得到保护。如日元的发行和管理由日本政府决定，欧元的发行和管理由欧共体决定。

三是非主流性。这种国际通用的主权货币在全球国际货币中，不能担当主流货币角色，只能充当非主流货币角色。虽然欧元、日元等成为国际货币，但与美元相比，只能担当补充货币功能，美元的主流国际货币地位没有改变。

四是掠夺性。推动货币国际化，最重要的目的之一，是通过印刷本国货币，换取国际财富，印刷货币比任何行业更能挣钱。如中国需要大量日元作为外汇储备，必须用实物去换取日元，而日本只要开动印刷机，就能换取中国大量财富。

对于一个国家来说，是否推行货币分赃策略，即推行本国货币国际化，要权衡利弊。

获利之备，主要有以下三方面：

一是扩大国家影响力。在国际经济体系中，货币中介在国际市场处于核心地位，推行货币分赃策略，使本国主权货币成为国际货币，即使仅起到辅助性国际货币，但在国际社会中影响也相当大。

二是获取货币发行收益。由于充当国际货币，许多国家为了促进对外贸易，需要从该国购买货币，因此也就能够获得相应的货币发行收益。

三是避免霸权国家剥削。由于在国际贸易中使用本国货币，不再向霸权国家缴纳国际货币发行费，从而避免霸权国家的剥削。

风险之备，主要有以下三方面：

一是霸权国家打压风险。在推行货币国际化过程中，霸权国家的国际货币发行量将得不到应有的扩张，甚至有萎缩的可能。为了独享特权收益，霸权国家对这些辅助性国际货币的国家，不可避免地采取各种手段进行威慑打压。如美国对日本进行政治压迫、军事威胁等，想方设法破坏这些货币国际化进程，以保证美国的美元收益。

二是外汇投机炒作的风险。推行货币国际化，重要前提条件是货币自由兑换。而国际货币自由兑换，主要由市场供求关系来决定汇率，但也催生了货币投机主义，这给美国等国际货币发行国家带来商机和打压机会。如在欧元国际化进程中，美国可通过自行发行美元，购买欧元，然后进行投机炒作，引发和加剧欧元危机。

三是金融混乱甚至危机风险。主要是由于货币国际化，国家货币政策将发生重要改变，政策失误将引发一系列金融混乱，甚至引发金融危机。

5. 货币分赃如何实施

某个国家推行货币分赃策略，成就经济强国梦想，必须满足以下三个基本条件：

一是经济总量大。该国或国家联盟有较好的经济基础，对众多国家开展国际贸易，而且贸易量比较大，这是货币国际化的基础条件，也是实施货币国际化策略能否达到预期目的的关键。

二是国际影响多。在国际大家庭中，拥有相当的政治和军事实力，虽然远不及霸权国家，但在区域国家事务中有一定的话语权。

三是接受霸权国家领导。要符合由霸权国家操纵国际货币基本规则，仍然受霸权国家操纵，否则就会被拒绝、被破坏，也就不能成为辅助性国际货币。

推行货币分赃策略，通常主要通过以下几个步骤来完成：

第一步，稳定币值。在国际贸易中，在紧盯主流国际货币的同时，通过强化金融管理，稳定主权货币币值，使其稳定比例优于主流国际货币，在国际贸易中树立好信誉。

第二步，货币互换。在强化对外贸易的同时，选择若干国家，开展两国或多国货币互换，并在双边或多边贸易中使用这些货币。

第三步，货币推广。在与周边弱国的双边或多边贸易中，鼓励大中型企业利用本国主权货币结算，促进周边国家货币与本国货币挂钩，以此促成区域性国际货币。

第四步，货币国际化。与部分国家签署货币储备协议，尤其与重要战略资源生产国签署货币储备协议，建立跨区域货币自由兑换中心等，使主权货币向辅助性国际货币转变。

其中，货币分赃策略成败的关键，是国家出口总量在全球贸易中的比例，该比例越高则外贸影响力越大，进口国家对该国主权货币需求越多，该国主权货币越容易走向世界。

策略五：市场扩张——突破瓶颈的中国与巴西

1. 市场似水，财富如鱼

鱼离不开水，没有水，再鲜活的鱼也会死去，水越多鱼养得越大，财富创造也是如此。曾几何时，清朝富甲天下，但禁海禁贸、自我封闭，不仅错失工业革命机遇，而且财富创造和积累每况愈下，结果在西方列强的坚船利炮中沦为半殖民地国家。

原因何在？这主要是因为清朝市场萎缩，就如水被抽走，鱼难存活。

有了市场扩张，就如给鱼缸注水，财富创造和积累就会越多，就如日本丰田汽车公司提出的“有路就有丰田车”，全球市场开拓成就了日本的经济强国梦。这也就是为什么中国加入世界贸易组织（WTO）后，经济得到持续快速增长的原因。也是为什么俄罗斯等原社会主义国家走市场经济道路，千方百计加入 WTO。

如何促进市场扩张？这就是市场扩张策略，它是指某个国家在对外经济活动中，积极主动开展双边或多边经济活动，拓展国际市场空间。其中，主要是拓展国际市场空间，主动融入 WTO，以及其他国际贸易组织，最大限度地促进市场扩张，以此推动国家财富的快速创造，实现和巩固经济强国。

市场扩张策略的实质，是促进市场容量增加，以市场促进财富创造和积累。也就是通过对外开放，开展国际贸易，抢占国际市场，提高劳动生产效率。

2. 解读中国10年经济高增长

为什么中国出现十年的高速增长期？对于这个问题，各种解读版本很多。其中大家比较认同的主要有三种理论，一是中国人口红利推动论，二是低成本推动论，三是城市化推动论。

我个人认为，这主要是国际市场扩张的结果，也可以说是市场扩张论。也就是说，自从中国加入WTO以后，实现了国际市场的持续扩张，这是中国连续十年经济快速增长的关键因素。

中国自改革开放以来，国际市场相继对中国开放，中国的市场空间得到了充分扩张。由于市场扩张，中国商品和服务出口不断增加，这又推动了劳动生产效率提高，从而形成了市场与劳动效率的良性互动，财富创造越来越多，从而决定了经济的持续快速增长。

但长期以来，中国被挡在WTO之外，有些国家和地区没有向中国开放，有些国家开放了但还很不充分。2001年11月10日，在卡塔尔的多哈会议上，随着小木槌轻轻一落，宣告着中国长达15年的复关和入世之路终结，中国正式成为WTO成员。

中国加入WTO后，情况就完全不同了，WTO成员国与中国充分开放市场，中国的国际市场空间得到了前所未有的扩张，由于中国劳动效率与先进国家相比，还是比较落后的，市场与劳动效率互动空间得到快速释放。

这主要表现为，中国加入WTO以后，国际市场空间陡增，长期受到市场封锁的中国企业，能够放开手脚生产，企业生产效率大幅提高。在国际市场空间没有得到充分开发的条件下，企业可以不断提高生产效率。也就是说，庞大的国际市场需求，促进了企业扩张，生产效率大幅提高。正是这个原因，造就了中国十年黄金成长期。

回顾历史，我们就会发现，在中国加入WTO这个问题上，曾经有许多专家学者悲观地预测，一些没有竞争力的行业和企业，将不可避免陷入裁员甚至破产的困境，最惨重的是汽车制造业，将有一半人面临下岗，钢铁、石化、电信等行业职工失业将大幅提高，等等。

其中2001年7月，美国华裔律师章家敦在美国出版《中国即将崩溃》一书，书中预测入世后中国传统的经济体系将崩溃，作者公开声称在加入世界贸易组织WTO的强劲冲击下，中国现行的政治和经济制度最多只能坚持5年，他甚至还精确地把时间估算在了2008年北京举办奥运会之前。

然而，这些预测错了。这10年来，中国这些行业非但没受挤压，反而获得更大的发展，提供了更多的就业岗位。中国经济出口超过了德国，成为全球最大的出口国，进出口额达到了3万亿美元规模，成为全球第二个大贸易大国。汽车年产1800多万辆，成为全球最大的汽车市场和全球最大的汽车销售市场。中国外汇储备余额超过3万亿美元，成为全球外汇储备最多的国家，等等。

这些事实无可争辩，中国的国际市场扩张了，中国的劳动生产效率提高了，这是市场扩张与劳动生产效率互动的结果。即市场扩张之后，随之而来的科技进步，形成财富创造和积累的叠加效应，促成经济发展合力。

也就是说，中国加入WTO后，不仅促进中国产品远销国外，而且主动接受国际科技产业转移，形成市场拉动、科技推动的经济发展格局，进而加快“中国制造”的形成和发展。

随着中国不断开发WTO市场空间，这个市场空间将开发完毕，到时，中国依靠市场扩张来保持经济高速增长将无以维持，经济增长将进入下行通道。

要解决这个问题，就须从市场范围向市场深度扩张转变，也就是依靠科技，降低成本，推动需求量增加；或者是创新产品的服务，促成新的消费增长点。

3.“拉美陷阱”，巴西成功摆脱

拉丁美洲是指美国以南的美洲地区，包括墨西哥、中美洲、西印度群岛和南美洲。拉丁美洲共有三十四个国家和地区，如墨西哥、危地马拉、委内瑞拉、哥伦比亚、巴西等。

自20世纪70年代起，拉美地区国家相继实行进口替代和出口替代工业化，城市工业飞快发展，人均GDP快速增加，同时也引发农村人口大量流入城市，城市人口急剧膨胀，造成环境恶化、贫富分化、社会动荡、通货膨胀严重、经济增长停滞等，这种状况被称为“拉美陷阱”。

探究“拉美陷阱”的原因，固然跟收入分配体制等密切相关，但不容忽视的是市场扩张问题。部分拉美国家与美国为敌，不能与美国展开正常贸易关系，而美国又掌握着世界贸易组织，这样，这些国家就不能拓展国际市场。

如 2007 年，拉美 10 个国家大选，当选总统中有 7 个是“反美”的，委内瑞拉总统查韦斯组织了“反美联盟”活动等。拉美国家与美国为首的西方发达国家矛盾突出，难以有效开拓国际市场，这就注定难以摆脱经济困境。

与许多拉美国家相同，巴西也曾受“拉美陷阱”困扰，难以自拔。但近年来，巴西一反常态，成功地摆脱了“拉美陷阱”。当然，这其中有很多原因，但关键的一条是，走国际市场扩张之路。

巴西作为一个地区性大国，一定程度上敢于和美国抗衡。但卢拉总统执政以后，积极推动走出去和融入世界的经济战略，他先后访问了 4 大洲的 30 多个国家，加强与南美国家、欧盟、阿拉伯国家和非洲国家的经济合作，巴西的国际市场空间越来越大。

在国际市场的拉动下，巴西国内经济稳定发展，目前已成为拉美乃至全球范围内对外部投资吸引力最大的国家之一。据美国中央情报局资料，2011 年巴西 GDP 达 2 万亿美元，排名全球第八，人均 GDP 达 1 万多美元，排名全球第 53 位。

为什么巴西能够通过市场扩张来摆脱“拉美陷阱”困扰呢?

这要归根于市场的财富创造功能。市场在财富创造过程中，主要起到三方面作用：第一是催生财富功能，如推行碳排放交易，使原本不是财富的二氧化碳变成了财富；第二是放大财富功能，如某人以粮食换取鸡蛋，他便拥有了两样财富；第三是提高财富创造效率，如某人用钱购买汽车拉煤矿，比他用人工拉煤矿效率大幅提高。

正是巴西积极拓展国际市场，财富创造效率不断提高，财富蛋糕不断做大。财富蛋糕大了，通过合理分配，就可能缓解其国内矛盾，从而摆脱“拉美陷阱”困扰。这也印证了邓小平同志说的“发展才是硬道理”这句话。

值得一提的是，加入 WTO 是拓展国际市场空间的重要载体，充分利用这个载体，这是许多发展中国家搭乘国际经济快车的重要途径，也是发达国家实现控制全球经济的重要手段。当然，如果加入该组织之后，不能有效提高其国内生产效率和生产水平，就会出现市场挤压现象，从而使经济增长受限。

4. 利远大于弊

从中国和巴西的实践看，市场扩张策略具有以下三个基本特征：

一是海外扩张性。即拓展海外市场，为本国企业走出去，使本国产品和服务抢占多个国家的市场，为本国企业提供更大的发展空间。如中国与巴西拓展美洲、亚洲、非洲等国家市场，大大增加国际销售和经营市场。

二是市场开放性。为了促进市场扩张，通常采用对等的市场开放模式，双方相互开放市场，让对方企业生产的产品和服务进入本国市场。如中国加入 WTO 后，中国向全世界各国开放市场，各国也向中国开放市场。

三是多国性或国际组织性。即拓展空间是针对多个国家，而不仅仅是一两个国家。其中，通过双边、多边贸易组织和国际贸易组织，这是实现市场快速扩张的关键。如中国不仅加入 WTO，而且促成中国东盟自由贸易区等。

某个国家，推行市场扩张策略，总体而言，利远大于弊。

有利之处，主要有以下三个方面：

一是财富快速扩张。由于市场具有财富催生等功能，拓展市场空间越大，增进财富越多，随着市场拓展的不断深化，财富增长越来越快，形成财富创造与积累的滚雪球效应。其中该策略最具杀伤力的是市场、制度和劳动的融合，以大大推进财富创造与积累步伐。如巴西在拓展国际市场后，财富创造与积累越来越多，很快就翻过了“拉美陷阱”。

二是国际影响迅速提高。随着国际市场的不断拓展，与其他国家的经济交往越来越多，在国际大家庭中的影响力也就不断提高。如中国加入 WTO 后，“中国制造”铺天盖地涌向全球各地，中国经济影响力迅速提高。

三是财富掠夺有效规避。实施该策略，必然推动市场多元化，促进双边或多边自由贸易，推动国家经济联盟形成等，这均可有效防范和化解霸权国家的挤压和财富掠夺。如中国与日本货币互换，可以避免两国贸易用美元结算引发的大量财富掠夺。

四是突破要素瓶颈。要素瓶颈制约，是许多国家发展经常面临的问题。通过推行该策略，可以从其他国家和地区获得这些紧缺资源，如石油、粮食等战略资源，紧缺的科技人才和装备等，从而能够有效解决要素瓶颈问题。

不利之处，主要存在以下两方面风险：

一是扩张成本增加的风险。在传统国际市场中，实施市场扩张，在很多情况下就是挤压他国市场空间，这将引发国家经济摩擦，市场扩张成本将大幅提高。如中国在拓展欧洲和美国市场过程中，从打火机、服装到光伏电池、家用电器，都曾受到欧美国家的贸易倾销指控，开拓国际市场的成本越来越大。

二是本国市场受冲击的风险。市场扩张不是单向扩张，而是双向扩张，即本国产品进入他国市场，他国产品也可以流入本国，以打压本国产品市场。如果本国产品市场竞争力相对弱，则他国产品可以长驱直入，对本国产业造成很大冲击。如近年来的中国高端手表市场，几乎被瑞士、日本等国垄断。

5. 如何实施市场扩张

某个国家推行市场扩张策略，以达到和巩固经济强国地位，必须具备以下三个基本条件：

一是较强市场竞争力。国际市场扩张必须以市场竞争力为基础，包括产品价格竞争力、产品技术竞争力等，如果没有一定的市场竞争力，国际市场非但不能扩张，反而受到挤压。

二是要尽可能实现市场、制度和劳动的共同提高。三者共同提高，才能达到共鸣效果，才能促进财富的迅速提高。如果三者不能实现共同提高，则效果将大打折扣。如中国加入 WTO 后，不仅市场得到扩张，而且许多制度与世界接轨，劳动效率也大幅提高，从而推动经济持续快速增长。

三是要有良好的国际环境。包括国内政治经济环境和国际政治经济环境，如果有军事战争冲突，或联合国经济组织、霸权国家、其他国家联盟的抵制，则市场扩张策略就难以实施。如越南，长期受到美国的经济制裁和政治军事打压，很难实施市场扩张策略。

某个国家推行拓展空间策略，通常可以通过以下几个步骤来完成：

第一步，开放国内市场。开拓国际市场，必须从国内市场做文章，实施对外开放，放开国际商家、企业家和个人进驻，在此过程中，与相关国家协商相互开放市场，建立起双边和多边贸易协调机制。

第二步，进军主要国家市场。瞄准市场空间大的经济强国、人口大国和超级大国，通过政府间的友好协商，降低市场准入门槛，相互开放市场，开展国际贸易，并鼓励企业到这些国家投资兴业。

第三步，融入国际贸易组织。主要是加入世界贸易组织，与其他国家经济联盟建立双边贸易关系，并推动国内产业国际化，促成国际化产业分工。

第四步，建立自由经济区。在国家某个特殊区域内，建立集自由贸易、自由生产、自由出入等为一体的国际自由经济区。

其中，拓展空间策略最便捷的途径，是加入国际贸易组织，包括区域性贸易组织、全球性贸易组织，通过加入这些组织，就可以同时打开多个国家市场，从而实现跨越性、倍增性的市场扩张。

策略六：企业渗透——占领美国的日本汽车公司

1. 雨滴渗透的威力

政府强硬打开市场，不如企业雨滴渗透，这样，不会对他国造成巨大冲击，更容易让对方接受。世界各国发展阶段不同，制度千差万别，政府执政理念和目标不尽相同，政府之间难以相互兼容，强硬打开对方市场，就如虎口夺食。

企业就不同了，无论哪个国度，企业只受利益驱使，只要双方企业存在，就会有共同利益，就能够向对方市场渗透。这种基于共同利益的企业市场渗透，悄然无声，无孔不入，它与政府大肆宣扬的市场拓展决然不同，但扩张效果一点也不逊色。

这就是为什么世界经济强国都拥有大量跨国企业的原因，也是促成和巩固经济强国的重要因素。

如何做到国际市场扩张的企业渗透？这就是企业渗透策略，也称之为跨国企业市场渗透策略，它是指某个国家以企业为主开拓国际市场，通过跨国企业发展模式，渗透和占领世界各国市场。

该策略的关键点是，利用跨国企业的本地化生产经营方式，突破国际贸易壁垒，静悄悄地占领对方国家市场。该策略与拓展空间策略的根本差别在于，前者是跨国企业主导的国际市场开拓，在市场扩张中悄无声息；后者是政府主导的市场拓展，在市场扩张中大声吆喝。

企业渗透策略的实质，是利用跨国企业抢占国际市场，以促进财富的创造与积累。

在争夺国际市场的争斗中，政府的作用固然很重要，但争夺市场的主体是企业，尤其是跨国企业。跨国企业，可以通过本地化生产和经营模式，避开一般企业经常面对的贸易壁垒，在对方国家享受本土企业争夺市场的普惠政策，从而更有利于抢占市场空间，更有利于企业发展壮大。

2. 日本汽车，悄然占领美国市场

美国是流水线汽车生产的起源国，美国也是建立在车轮子上的国家，美国汽车需求量和拥有量位居世界前列。因美国本土品牌汽车企业多，国际竞争力都很强，一般国外车进入美国汽车市场，比登天还难。

然而，日本汽车企业却做到了。20 世纪 70 年代初，日本生产的汽车凭借经济、节能而受到美国人喜爱，进而打开了美国汽车市场的大门。随着日本汽车出口到美国节节攀升，日本汽车在美国市场的占有率迅速上升，给美国本土汽车企业带来很大冲击。

在日本汽车的大举进攻下，美国汽车企业生存空间越来越小，随之而来的是汽车企业裁员，工业失业激增，在美国底特律，失业者们被日本的进口汽车所激怒，纷纷捣毁并焚烧日本汽车，以泄其愤。美国政府不得不制定政策壁垒以限制日本汽车。

1980 年 5 月，日美双方达成协议，美国开始鼓励日本汽车企业到美国投资设厂。而对于许多日本汽车制造商来说，日本本土汽车需求量是有限的，要实现长足发展，就必须将目光集中在海外市场，尤其是美国市场。因此，以丰田汽车为主的汽车商纷纷在美国建厂，很快，几乎所有的日本汽车厂商都在美国建立了自己的工厂。

正是日本在美国开办汽车企业，雇用美国员工，让美国人拥有日本汽车企业股份，美国人和美国政府对日本汽车的态度，从抵触，到宽容，再向鼓励发展转变，使日本汽车融入了美国。由于日本汽车生产成本低、质量好，很受消费者欢迎，日本汽车逐渐占领美国市场（详见表 1）。

日本汽车企业用同样的办法，占领新兴国家汽车市场。如在中国，在 20 世纪八九十年代，本田、丰田、三凌等汽车制造商纷纷涌入中国，他们主要通过合资建厂等方式，迅速占领中国汽车销售市场，日本汽车的市场占有率遥遥领先于中国国产汽车。

在俄罗斯，2007 年日本丰田汽车在圣彼得堡设立了一个汽车生产部门，近年丰田汽车联手三井物产和俄罗斯汽车制造商 Sollers 在海参崴组装客车，以加速其在新兴市场的扩张。

表 1　日本在美国销售的轿车品牌和销量

品牌	1995 年		1996 年		1997 年		1998 年	
	销售量(辆)	市场份额(%)	销售量(辆)	市场份额(%)	销售量(辆)	市场份额(%)	销售量(辆)	市场份额(%)
本田	632 219	7.2	669 231	7.7	706 862	8.7	759 135	9.4
丰田	692 046	7.9	726 817	8.4	730 449	9.0	722 752	8.9
日产	476 319	5.5	455 761	5.3	423 425	5.2	371 224	4.6
马自达	247 438	2.8	190 925	2.2	168 265	2.1	182 115	2.2
三菱	193 096	2.2	165 915	1.9	161 972	2.0	147 090	1.8
萨伯鲁	95 732	1.1	115 668	1.3	128 559	1.6	146 043	1.8
凌志	80 738	0.9	73 129	0.8	85 747	1.1	103 694	1.3
阿库拉	94 254	1.1	101 864	1.2	114 243	1.4	100 277	1.2
无限	53 383	0.7	53 923	0.6	47 131	0.6	43 187	0.5
铃木	6 809	0.1	11 016	0.1	9 319	0.1	15 235	0.2
五十铃	18	0.0	0	0.0	0	0.0	0	0.0
合计	2 577 052	29.5	2 584 231	29.6	2 575 972	31.7	2 589 752	31.9

资料来源　柳长立:《日本汽车企业在美国市场成功经验》,《汽车工业研究》,1999(5)。

日本汽车企业的做法，就是避开政府行为，利用跨国企业特性，成功占领美国、中国等市场。这种做法，具有以下三个基本特征：

一是跨国企业本土化经营。在抢占国际市场中，跨国企业起到主导作用，跨国企业利用其独特的经营优势，以市场运作方式，采取多种多样的方法，有效占领其他国家市场。如日本汽车企业进军美国、中国等市场，主要通过合资经营、合作经营模式进行，实施本土化生产经营。

二是总部经营。跨国企业的渗透市场方法中，通常采取企业总部留在本国，企业分部设在国外的办法，通过国际化分工、产业链高端获利模式，使大部分收益回归本国。如日本汽车企业与国外企业合资经营很普遍，但汽车企业的研发、营销总部还保留在日本国内。

三是政府幕后推手。在跨国企业主导的国际市场占领中，政府通常没有站在前台，而是幕后推手，尽力为跨国企业占领其他国家市场提供各种保障。如日本汽车进军美国、中国等国家市场，从表面上看，是企业自主行业，其实，日本政府在幕后做了许多工作，包括政府之间的政策协调、投融资协调等。

3. 渗透有时需付出代价

实施企业渗透策略，主要目的是市场占领，即占领国际市场空间，削弱对方企业竞争能力，并获得丰厚利润回报。

实施企业渗透策略，对于推行国家而言，有利也有弊。

有利之处，通常有以下三个方面：

一是提升自己与制约他人。对其他国家而言，企业渗透策略将攻占对方市场，使对方同行企业没落甚至淘汰，弱化其财富创造能力，被淘汰企业损失大量财富。相反，对自己国家而言，不仅扩大了企业规模，提升了企业竞争力，而且能够获得大量利润回报。如日本汽车占领美国市场后，逐渐挤压美国汽车企业，使部分美国企业被淘汰出局。

尤其是对于一些弱小国家，很容易占领对方市场，并可以形成垄断式经营，由此获得大量利润回报，与此同时，压制了对方国家企业的形成和发展。如日本汽车在越南建厂后，越南国产汽车将受到严重限制。

二是国内企业大发展。由于本土企业的跨国生产经营拓宽了产品和服务市场，使企业获得更大的生存和发展空间，因此，本国企业在演变为跨国企业之后，将获得很大发展。如日本汽车企业渗透美国市场之后，许多企业得到迅速扩张，如丰田汽车一跃成为世界级企业集团。

三是国民获得大量收益。由于企业渗透策略强调发展总部在本国的跨国企业，这些企业在国外获得大发展之后，将其所得丰厚利润回归本国，这些利润最终还是回报给国民、回报政府。如日本汽车企业等在国外获利之后，大部分流回国内，使日本国民生产总值远大于国内生产总值，日本国民收入位居世界前列。

不利之处，通常是面临以下三个方面风险：

一是部分国家反对。由于跨国企业在发达国家发展，是你进我退、有你无我的竞争，跨国企业大发展也意味着部分企业面临淘汰危机，这些企业关停并转，使前期投资化为乌有，潜在利润被跨国企业占有，这将引起这些国家的极力反对和抗争。

二是后进国家竞争。跨国企业在落后国家入驻之后，虽然占领了其国内市场，但也给该国带来较多的财政收入、员工收入和科技管理进步。落后国家利用这些资金和技术管理，可以发展其他产业，从而增强其国家经济竞争力。如韩国引入日本汽车技术后，经过不断努力，韩国与日本汽车在全球市场中已形成竞争态势。

三是产业空心化。在本国企业走出去大潮中，虽然形成了一批跨国企业，但也可能在企业转移之后，没有替代企业，形成产业空心化，这将给国家就业、税收等带来一些不利影响。

4. 企业渗透的实施

某个国家推行企业渗透策略，以求获得或巩固经济强国地位，必须具备以下三个基本条件：

一是企业实力较强。即企业要有强大竞争力，包括强大的科技研发和生产制造能力，配套设施生产能力，市场营销能力，售后服务能力等，在国际同行企业中处于领先地位。

二是政府服务到位。即政府为企业走出去提供服务，尤其是本土企业向跨国企业转变，以及跨国企业在国外生产经营，需要政府提供必要的服务，如与对方国家建立利益协调机制等。

三是海外利润回报。即跨国企业在取得利润之后，要通过归国投资等方式，回报本国政府和人民，这是政府和民众支持本土企业走出去的基础，也是防范产业空心化的重要举措。

某个国家推行企业渗透策略，通常可通过以下几个步骤来完成：

第一步，回应招商引资。为了获得国际投资来推动本国经济社会发展，许多发展中国家出台了招商引资政策，政府据此政策，鼓励本国企业走出去，占领对方产品和服务市场，为企业发展提供更大的空间平台，形成总部在本国的跨国企业。

第二步，本土化经营。跨国企业落户对方国家之后，积极推进本土化生产经营，包括企业员工、生产发展、市场营销等的本土化，享受本土化企业的普惠政策或超待遇的优惠政策，从而促进生产经营规模的扩张，壮大企业发展实力。

第三步，抢占市场。在跨国企业获得大发展的同时，利用生产经营优势，占领其国内产品或服务市场，以促进和巩固跨国企业的规模扩张。

第四步，企业回归。在跨国企业占领对方国家市场之后，一方面，以此为跳板，进军其他国家市场，促使跨国企业获得更大的发展空间；另一方面，将企业发展获得的大量利润，通过直接汇回总部、返回本国投资等方式回归本国，助推本国经济发展。

策略七:科技立国——享誉全球的日本、德国制造

1. 科技是第一生产力

科技是创造力，科技是生产力，科技是生产效率。如果说哪个国家产品的品质与质量是世界一流的，那无疑是“德国制造”，“德国制造”是质量和信誉的代名词，依靠这种质量和信誉赢得了全球市场。

日本产品是世界上公认的质量高、价格优、服务好，这些优点使“日本制造”能够渗透到所有角落，深入世界大多数人的生活之中，也成就了日本的经济强国梦。

同样，“中国制造”虽然遍及全球各地，但质量却是差强人意。所以，“中国制造”可以成就经济大国，但却难以成就经济强国之梦。其原因何在？主要是科技含量低，中国科技成果和专业技术人员远不如日本和德国。

依靠科技引领，实现经济强国之梦，这就是科技立国策略。具体而言，就是指某个国家在科技领域积极抢占国际科技高地，力求在全球范围内保持领先地位，提高劳动生产效率比较优势，以科技进步赢得经济争斗优势，从而确立或巩固经济强国地位。

科技立国策略的实质，是依靠科技和人才，提高劳动生产效率，力争劳动生产效率处于全球领先水平。推行科技立国策略，要把抢抓科技革命机遇作为重要任务，把提高劳动生产效率、比较劳动生产效率优势作为主要目标。

2. 有路就有丰田车

“车到山前必有路，有路必有丰田车”，这是日本丰田汽车的广告语，也是日本汽车风扇世界的真实写照。

从中东的利比亚、叙利亚，到非洲索马里的残酷战争中，我们经常在电视画面上看到，日本品牌卡车装着重型机枪，载着武装人员到处转，这也印证了日本汽车在全球无处不在的渗透。

同样，日本产或日本品牌的数码相机、高清电视机、激光打印机等充斥中国、美国各电器商场，走进中国、美国千家万户。价格不菲的日本产品，为什么能够走进中美国各大商场，成为消费者追捧的产品呢?

主要原因，是日本产品科技含量高，做工精细，质量可靠。“日本制造”与当前“中国制造”最大的差别在于，“中国制造”走低成本、低品质、低价格的路线，“日本制造”则走高科技、高品质、高价格路线。

日本历来非常重视科技发展，将科技作为立国之本。

在19世纪中期，日本与中国经济不相上下，但自明治维新以后，日本非常重视科技发展，以学习西欧国家科技为目标，大力派遣留学人员，聘请欧美国家的科技专家进行授课指导，重视科学技术教育，制定实行科技发明奖励的法令等，科技得到快速发展，日本经济也遥遥领先于中国。

第二次世界大战以后，日本谋划和制定科技发展战略，为确立和巩固经济强国地位立下汗马功劳。20世纪50年代，以赶超欧美为目标，提出提高产品与技术国产化水平，迎来了工艺技术革新时代。

到60年代，日本制定了科学技术发展的“十年规划”，掀起引进、消化、吸收、改进的全民科技热潮。到80年代，日本提出“技术立国”口号，提出要提高科学研究国际化水平。

到90年代，日本提出科技创新立国的新战略，并公布了《科学技术基本法》，把它作为一项面向21世纪的长期国策确定下来。

进入21世纪以后，日本制定了2001~2005年的《第2期国家科学技术基本计划》，提出把日本建成为具有世界一流科技水平的国家。近10年来，研发经费始终保持在国内生产总值的3%以上，在全世界处于领先地位。

同时，日本积极与中国开展航天领域的高科技竞争，为追赶中国“北斗”卫星定位系统，日本积极开发“准天顶”全球定位系统；中国的“天宫一号”与“神舟八号”成功对接后，日本媒体随即大声呼吁强化航天战略等。

持之以恒地重视科技发展，使日本得到了丰厚的回报，世界一流的“日本制造”远销世界各地，成就和巩固了日本经济强国地位。

3. 皮实耐用的“德国制造”

德国大众品牌汽车是中国出租车行业的第一车，而进口的宝马、奔驰、保时捷、奥迪等是中国富人追捧的座驾。德国这些产品在中国乃至世界上有口皆碑，主要原因是质量水准高。

德国能够生产这些高质量的汽车产品，源于拥有一流的科技、一流的技能人才，尤其是拥有大量世界一流的技能人才。而这些技能人才，主要是出自于德国先进的职业教育战略。

德国是一个非常重视职业化的国度，许多德国家长在教育自己的子女时，特别强调他们要有一技之长，这样才可以立足于社会。

正是社会意识，使德国形成了职业教育兴盛的社会氛围。德国职业教育中，最为世人称道的是“双元制”教育制度，即企业与学校共同培育学生，培养出来的学生理论和实践能力都相当强，受到企业和家庭的高度认可，许多中学生在中学毕业之后，选择接受“双元制”职业教育相当普遍。

目前德国职业教育法律相当健全，其中比较著名的有《联邦职业教育法》（2005 年）、《联邦劳动促进法》（1969 年）、《联邦青年劳动保护法》（1976 年）等。德国联邦政府规定，自 6 岁起已经接受了 9 年义务教育的青少年，如不继续上高一级的中学，则必须在年满 18 岁之前接受 3 年左右职业义务教育，即上职业学校。

根据有关统计资料显示，德国大学毕业生占同龄人比例仅为 20%，近 80%的年轻人接受的是职业教育。

正是德国职业教育处于全球领先地位，为“德国制造”“德国创造”提供了优质人才基础，成为德国成就经济强国的重要法宝。

从德国和日本等实践看，科技立国策略形式多样，具体表现为技术工艺好、专利授权多、新兴产品多、研究成果多、产品质量高、管理效率高等。

但无论哪种形式，从结果来看，都集中体现为劳动者创造出更多的经济社会效益，也就是比其他国家有更高的劳动生产效率。

4. 绝对不会天上掉馅饼

科技立国，不是口头说说，必须付出巨大努力，否则，无从谈起。

从日本与德国的实践看，科技立国策略具有以下几个主要特征：

一是科技引领全球。在全球范围内保持科技领先地位，主要是指生产工艺和生产方法、科研成果数量和质量，企业经营管理水平等处于全球领先地位。如日本和德国的科技引领，不仅仅是技术领域，也有管理领域、成果转化领域等比其他国家略高一筹。

二是民用科技主导。即排除霸权国家实施的军工垄断科技引领方法，以和平利用的民用高科技为主，通过大力发展民用高科技，抢占全球民用科技的高端领域。如日本和德国主要是发展高科技的民用产品，如高科技的机器人、汽车、太阳能电池等。

三是科技与产业并重。即不仅仅是拥有大量的专利等科技成果，而且拥有竞争力强大的高科技产业。如日本和德国的专利申请量和授权量位居世界前列，同时非常重视高科技成果产业化，如智能化家用电器产业等。

四是科研与技能人才并重。科技引领的核心是人，包括高层次科研人才，以及遍及各行各业的职业技能人才，这是支撑科技引领的关键。其中，技能人才，主要是职业技术学校教育培养出的操作技术人才。

某个国家，若是实施科技引领策略，将面临利与弊的考验。

有利之处，主要有以下三个方面：

一是增加收入，操控他国。如日本和德国，长期以来就重视科技研发，重视专利保护，积累了许多科研成果，通过国际专利保护制度等手段，通过出售专利成果获得大量收益，可以对某些国家进行科技操控和财富掠夺。

二是把握先机，领跑全球。科技革命是促进经济跨越发展的首要因素，而科技革命是科技进步不断积累的结果，只要保持科技引领地位，也就能够把握科技革命先机。正是这个原因，日本和德国在全球信息化浪潮中，能够保持全球领先地位。

三是增进能力，提高效率。由于重视科技与人才，能够促进科技研发、科研成果、高科技产业的联动发展，促成一批又一批的高科技产业，成为国家一个接着一个的新的经济增长点，而高科技产业发展，这是提高劳动生产效率的重要途径。

不利之处，主要面临以下三个风险：

一是科技投入产出风险。实施该策略，国家需要投入大量财政资金，而科技创新的独特性，决定了其有高投入、低产出的风险。

二是霸权国家操控风险。霸权国家为了控制高尖端科技，对敏感军事科技等高端科技项目采取封锁态度，如美国对日本航天科技，一直保持压制态势，使日本航天产业难以突破。

三是知识产权维权风险。虽然出售知识产权获得大量好处，但侵害知识产权时有发生，跨国维权难度大、成本高。

5. 谋划百年大计

某个国家推行科技立国策略，以实现经济强国的战略目标，必须具备以下三个基本条件：

一是政府有决心、有能力，社会有意识、有氛围。实施这个策略，政府要起到引导作用，社会要起到主导作用。因此，政府是否有决心实施这个策略，是否有能力实施这个策略，这是策略实施的关键因素。而社会各界是否有科技发展、科技竞争意识，是否有实施策略的良好氛围，这是策略实施的基本因素。

二是健全的知识产权保护制度。包括国内科技产权和国际产权保护制度。科技产权制度是保护科技创新发展的关键性制度，如专利保护、知识产权保护、科研成果保护等，只有这些制度比较完善才能确保科技创新者的积极性，才能确保科技引领策略的深化实施。

三是足够的科研与技能人才。科技发展的关键是科研人才，需要拥有大量世界一流的科研管理人才。科技产业的发展，需要拥有大量世界一流的技能人才，这些技能人才又以健全的职业技能人才教育为基础。

某个国家推行科技立国策略，通常可通过以下几个步骤来完成：

第一步，提高自己。要营造科技是第一生产力的舆论氛围，制定科技发展战略，出台专利保护、财政扶持等科技进步政策法规，建立健全各行业科研院所、企业工程技术中心，在全社会形成合力实施科技引领策略的良好格局。

第二步，追踪先进。主要鼓励科研机构和人员、企业工程技术人员主动追踪国际先进技术，尤其对超级大国、科技大国的最新科研成果和最新动向进行跟踪，据此调整国内科研和技术改进方向，努力赶超国际先进科技水平。

第三步，培养和引进人才。科技引领关键是高科技人才，因此，要根据科研技术发展需要，积极培养本国科技人才，引进国外顶尖科技人才，尤其是引进超级大国、科技大国的高层次科技人才。

第四步，政策保障。为保持科技全球领先地位，必须出台相关政策法规，使国内外大批高层次科技人才能够主动留下来、积极发挥作用，使国内培养出一大批技能人才，这样才能确保全球范围内的科技引领地位。

策略八：拐点超越——科技大跃进的强国变迁

1. 弯道超车

在 F1 竞技赛车中，我们发现，两辆风驰电掣的赛车在直道阶段，几乎不可能超车，而在弯道拐点时，超车才可能出现，领先车手可能因拐点而落后，落后车手可能因拐点而领先。在赛车场上实现拐点超越，凭借的是车手的技艺。同样，在全球经济危机或金融危机之时，某些国家可以超越发展，挤入经济强国行列。

所谓拐点超越策略，或称弯道超车策略，也可称之为抢抓科技革命策略，是指某个国家与许多国家在相同的比赛跑道上，在弯道中掌握技巧发力，即把握科技革命或技术转移之先机，超过其他对手赢得比赛的方法，从而确立和巩固经济强国地位的策略。

这个策略的核心，是紧紧抓住科技革命机遇，抓住技术转移机遇，以此拼发力量，从而领先于其他国家。

拐点超越策略的实质，是劳动生产效率的跨越式提高，是与其他国家劳动生产效率相比较的飞跃式提高。

实施拐点超越策略，其主要目标是，谋求国家跳跃式发展，以追赶经济强国，挤入经济强国行列；把原在同一水平的许多国家抛在身后，加大与其他国家发展差距，确立经济强国地位。

2. 科技革命，决定着世界强国兴衰

世界经济强国，从来都不是上天赐给的，而是争取来的。从近代和现代历史看，英国、法国、德国、苏联、美国等国家的兴起与强弱排位更迭，都与科技革命密切相关。可以说，每一次的科技革命，都能创造出新的经济强国。

第一次科技革命，发生于18世纪的英国和法国，它以纺织机器的发明为起点，以蒸汽动力为主要标志。这场技术革命是从棉纺织业开始的，1733年，英国钟表匠约翰·凯伊发明了飞梭，实现了织布的手工替代。1785年，工匠克隆普顿发明了纺纱机，极大地提高了生产效率。

纺纱机的进步催生了以蒸汽机为代表的动力革命，促进了机器制造业的大发展。这场科技革命，使英国和法国脱颖而出，其中英国成为世界上最大的资本主义殖民国家。

第二次科技革命，发生于19世纪中叶，它以电机的发明为起点，以电力的广泛应用为标志。电报、电话、电灯等成为这场科技革命的重要产物。在这场科技革命中，除了电力之外，还有一项重要技术成果，这就是内燃机的发明，它广泛应用于汽车、船舶及机车，促进了汽车、火车、铁路、飞机等的大发展。

这场科技革命，使美国和德国取代了英法的领先地位，其中美国在19世纪末期工业产值超过了英国，成为世界上经济最发达的国家。

第三次科技革命，发生于20世纪40年代，它以原子能、电子计算机、空间技术和生物工程的发明和应用为主要标志，其中最具划时代意义的是电子计算机的迅速发展和广泛运用，电脑、手机、航天器、全球定位系统等是这场科技革命的重要产物。

这场科技革命，使当时的苏联迅速发展成为与美国并驾齐驱的超级大国。日本在这场科技革命中一跃成为世界强国。

由此可见，科技革命与经济强国地位挂钩，谁抓住了科技革命先机，谁就能成为世界经济强国。为什么这样呢？

这要从财富创造说起。财富创造能力与劳动效率密切相关，劳动效率取决于劳动技能，劳动技能又取决于科技进步，科技革命是跨越式的科技进步，也是劳动效率大幅度提高的劳动革命。

从表象看，某个国家抓住了科技革命的发展机遇，促进了高科技产业发展与现代产业发展；从实质看，是科技革命推动该国劳动生产效率的大幅提高，使财富创造能力和水平与其他国家拉开差距，从而奠定其经济强国地位。

3. 韩国脱颖而出之路

20 世纪 50 年代，经朝鲜战争之后，韩国与朝鲜开始分治。韩国国土面积约 10 万平方公里，人口约 5000 万。在朝鲜战争中，韩国经济遭到严重破坏，严重依赖美国才得以生存与发展。

20世纪 60 年代后期，韩国主动接受美国、日本和西欧国家的产业和技术转移，此后，韩国科技呈现大跃进，经济更是突飞猛进，迅速成为“亚洲四小龙”之一。2011 年，韩国 GDP 总量位居全球第 15 位，亚洲排名第 4，排在“亚洲四小龙”首位，人均 GDP2 万多美元，位居全球第 34 位。

为什么韩国能够摆脱美国和日本经济控制，并在“亚洲四小龙”乃至亚洲众多国家中脱颖而出？关键是紧紧抓住全球科技转移的大机遇，推动科技的跨越式发展。其中，韩国现代汽车科技就是其中的典型。

第二次世界大战之后的十年，美国、日本和欧洲国家的汽车产业比较成熟，除日本之外亚洲国家汽车产业还是一片空白，随着全球贸易的不断扩张，美、日和欧美汽车产业和科技不断向外转移，韩国紧紧抓住这个大机遇，实现了汽车科技大跃进，从而促进了汽车产业的大发展。

韩国现代汽车企业的雏形，是 1946 年郑周永开办的“现代汽车修理所”。早期的现代汽车公司，于 1967 年的 12 月与福特汽车公司合作，以福特 Corte-ira 及 Granadae 两种车款做基准车，引进福特技术生产“哥蒂拉”牌小汽车，从此开创了现代汽车工业。

与此同时，现代汽车也引进日本三菱集团汽车制造技术，研发了造型简洁、经济省油的“小马（Pony-）”车款，上市后在海内外都赢得很高的评价。在三菱汽车的技术支持下，不断更新各样生产设备，例如计算机操控机器人，符合英国 MIRA、日本 MC 标准的测试仪器一应俱全。

此后的一段时间里，现代汽车花巨资进行消化吸收美国福特技术和日本汽车技术，随后，韩国现代汽车科技呈现跨越式发展，现代汽车生产效率大幅提高。

1976年现代汽车自己设计生产的福尼牌小轿车下线，现代公司走向成熟。20世纪80年代，现代公司垄断了韩国市场。现代车现今行销世界128个国家和地区，拥有卓越（Exc-el）、伊兰特（Elantra）、索纳塔（Sonata）及与伊兰特共用平台的酷派（coupe）跑车等车型，成为世界重要的汽车制造商。

2001年，北京汽车与韩国现代汽车合作，成立了北京现代汽车有限公司，现代汽车因此在中国风光无限，目前每天都有许多北京现代车在中国各地的街道和公路上行驶。

4. 超越赢在技艺

从世界经济强国演变更迭，以及韩国的崛起看，拐点超越策略的基本特征中，技艺超群是关键特征之一。

一是经济跨越发展。拐点超越不是缓慢超越对方，是从量变到质变的跨越式发展和超越对方，集中表现为某些重要产业及相关产业的跨越式发展。如20世纪60年代至80年代，韩国主动接受美国、日本等国家技术转移，实现了国家经济的跨越式发展，被世人誉为“汉江奇迹”。

二是掌握核心科技。拐点超越的关键技巧，在于掌握核心技术。纵观科技进步的历史长河，跨越式科技进步时有发生，如蒸汽机科技革命、电力科技革命、信息网络科技革命等，这些跨越式科技进步，如果某个国家能够掌握核心科技，国家经济就可以获得迅速发展。比如19世纪，英国、法国等欧洲国家掌握了蒸汽机技术，从而获了发展先机。

三是抢抓发展机遇。即科技革命机遇和科技产业转移机遇，后者如家电产业转移、汽车产业转移等，如果某个国家能够抓住机遇，主动接受产业转移，将使该国家科技与经济呈现飞跃式发展，迅速与同类国家拉开差距。紧紧抓住机遇，集中力量，加快发展，赢得发展先机。

某个国家，若要推行拐点超越策略，需要分析其有利之处和潜在风险。

有利之处，通常有以下两个方面：

一是科技水平大幅提高。由于抢抓科技革命机遇，或主动接受技术转移，国家从外部得到大量技术的支持和推动，从内部可以激发广大科研人员创造出更多科技成果、广大技术人员推广应用先进技术，从而实现国家科技水平的大幅提高。

二是经济赶超先进国家，甩掉后进国家。由于科技水平提高，国民劳动生产效率也随之大幅提高，国家经济总产值自然也水涨船高，国家经济实力与先进国家差距越来越小，甚至超越这些国家。同时，与后进国家拉开差距，在国家经济比较中遥遥领先，从而确立经济强国地位。

潜在风险，主要有以下两个方面：

一是受到先进国家牵制。科技革命爆发需要科技积累，而科技积累大部分来源于先进国家，包括超级大国和经济强国，这些国家为了赢得国家争斗优势，通常实施限制高科技出口的政策。同样，在国际技术转移中，许多国家采取限制措施，从而难以实现接受转移。

二是受到技术殖民压迫。基于科技具有强大的生产力，超级大国和一些经济强国为了获得永久性的垄断利益，通过长期化的专利保护政策，将其技术转移与长期化获取垄断利益挂钩，实施新一轮以技术转移为对象的殖民式管理。

5. 如何实现拐点超越

某个国家若要推行实施拐点超越策略，以达到经济强国的战略目标，这个国家首先必须具备以下三个基本条件：

一是丰厚的科技积累。在长期经济社会发展中，国家要注重科技发展，在科研成果、科技人才、科技管理等方面，积累了批量成果、大量人才和丰富经验，这是实施拐点超越策略的基础条件。

二是政府的积极引导。政府有作为、能作为，这是实施拐点超越策略的主观条件，政府的作为，主要表现为科技研发的财政投入、政府主导的科研机构建设、政府有效的科研和人才管理等。

三是科技人才支撑。科技人才主要包括三个层次，即科研人才、实用技术人才、科技管理人才，这些人才缺一不可，这是成功实施拐点超越策略的关键。

某个国家推行弯道超车策略，通常可通过以下几个步骤来实现：

第一步，聚集力量紧跟。科技革命的爆发，并非天外来客或一夜袭来，而是聚集多年科学研究积累的成果，科技革命通常是为积极准备者服务的，没有聚集科研成果则难以分享科技革命成果，因此，必须聚集力量以待时机成熟。同样，某个国家是否能从国际产业转移中获得大发展，必须有接受产业转移的积极准备。

第二步，抢抓机遇发力。在科技革命爆发之时，或国际产业集中转移之时，抢先于其他国家抓住机遇，及时准确、加大力度、集中精力地把科技革命转化为产业发展优势，或国际产业集中转移转化为产业发展优势。

第三步，加快发展步伐。在把科技革命或国际产业集中转移转化为产业发展优势之后，不能停留，而是要继续加快发展步伐，扩大产业发展优势，拉大与其他国家的发展差距。

第四步，力保领先水平。即加大科技发展和产业发展力度，促成更多科研成果和更优质人才的出现，以赢得更多的持续发展优势资源，确保进一步巩固经济强国地位。

值得一提的是，在没有全球新的科技革命背景中，实施拐点超越策略，关键是促进国际重要产业的跨境转移，包括该产业核心技术与产业生产的转移，哪个国家先主动接受产业转移，就能主动扩散上一轮科技革命成果，在同类国家竞争中获得发展先机，进而确立经济强国地位。

第五章　霸国策略

建设一个富足、对世界有较大影响力的国家，那是经济强国。站在经济强国之上，能够傲视群雄、唯我独尊者，在众多国家中处于领导和剥削地位者，那是经济霸权国家。

霸权国家的生成，不是天下掉下来的馅饼，唯有勇有谋的国家，才能担当这个重要角色。自第二次世界大战以后，有资格成为霸权国家的，只有苏联和美国，由于苏联的解体，当今只剩下全球唯一的超级大国，那就是美国。

纵观当今天下，没有哪一个经济强国不想成为霸权国家，许多人口大国也想登顶霸权国家。但天下泱泱，没有哪一个国家能够跟美国抗衡，美国的超级大国地位稳如泰山。这是为什么？回答只有一个，那就是美国坚定不移地推行其霸国谋略。

霸国谋略，也就是在国家财富争夺战中，为巩固其国际霸权地位推行的基本策略。推行霸权策略，总的来看，就是围绕着财富积累与创造的操控来布局，使他国财富自愿或不自愿地流入本国，精确控制着他国财富积累与创造能力。

具体来说，就是围绕财富创造和积累，在制度层面，控制理论导向、操控国际组织，控制着制度设计或游戏规则；在市场层面，要掌控国际货币和国际金融，掌控市场空间，牢牢控制住国际市场；在劳动层面，要吸纳全球精英人才，抢占科技制高点。

相应地，霸权策略主要包括洗脑改造、挟天子而令诸侯、杀鸡儆猴、货币霸主、逆差指控、掌控资源、群英荟萃、军工垄断等八大策略。

策略一：洗脑改造——瓦解苏联和操控日本

1. 洗脑，才能最好地改造

用硬碰硬的方式去征服对方，伤敌一千自损八百，哪怕赢得轻松，自己也会受伤，对方也怀恨在心，说不定还会遭到对方狠狠的报仇。战国时期的越王勾践，十年卧薪尝胆，最终消灭仇敌，就是典型。

如何让对手诚心诚意拱手相让？那就是建立一套完善的理论体系，通过理论洗脑，以理服人，让对手承认自己错了，愿意接受批评，愿意接受改造，主动改革经济体制，这是让对方诚服的上上策，这就是洗脑改造策略。

洗脑改造，与传销组织很相似。首先向其组织成员许诺，只要掏钱购买商品或投资，发展会员，就可一本万利，让众人趋之若鹜。其次把门关起来，天天向成员们灌输理论，使他们把亲戚朋友都拉入组织。但最终，只有少数人获利，其他人血本无归。

洗脑改造策略，就是指依托经济发展理论权威，根据经济争斗需要创建一套新的经济理论体系，并给敌对国家培育一批忠诚接受该理论的专家学者，以此影响敌对国家执政当局经济决策，引导敌对国家经济发展朝着预定的目标前进，进而达到控制他国经济发展的目的。

2. 扮演救世主，美国瓦解了苏联

改变一个国家的政治经济体制，用政治、军事手段，推翻国家政府，这是常用的办法。这种办法很解恨，但生命和经济代价高昂，且仅适用于强国与弱小国家的对垒。

苏联和美国，同为第二次世界大战后的世界超级大国，然而，意识形态决然相反，政治经济体制决然不同。如何消灭和改造对方政权，成为冷战时期苏联和美国的共同意愿。

只有改造苏联，美国等西方国家才能安稳睡觉。然而，用武力解决苏联的威胁，美国等西方国家没有把握，更没有胆量。

我们常说，脑袋指挥屁股，思想指挥行动，理论指导实践，可见洗脑改造的重要性。美国充分认识到这个问题，硬的不行，就来软的，推行和平演变苏联。

当时，社会主义国家最强之处，也是在于改造国民思想，美国推行和

平演变苏联，难度可想而知。然而，美国以其人之道还治其人之身，设法改造苏联人民思想，重点是改造苏联理论学者思想，改造政府上层领导者的思想。

改造苏联人民思想，直接改造显然行不通，需要从外围入手。美国等西方国家选择了东德社会主义共和国作为突破口，先改造和瓦解东德，然后逐渐改造苏联人民思想，最终瓦解敌对的苏联，根除敌对的社会主义意识形态。

第二次世界大战以后，德国初划分为东德和西德，东德是苏联领导的社会主义国家，西德是美国领导的资本主义国家。1955 年又分别加入华沙条约组织和北大西洋公约组织，东德与西德长期相互对峙。

西德作为美国对抗苏联的前沿阵地，1947 年美国提出了旨在重建欧洲经济的马歇尔计划，欧洲国家在美国的敦促下成立了欧洲经济合作组织，西德作为其中一员，得到美国经济援助后经济迅速发展，并成为资本主义阵营的一面旗帜。

同样，东德处在整个社会主义阵营的前沿地带，故被苏联领导人赫鲁晓夫称为“社会主义的橱窗”，为了提高东德经济发展水平，苏联及其他人民民主国家给予共同的援助，因此东德成为东欧各国中经济发展水平最高、民众生活最好的国家。

由于美国把和平演变苏联放在西德，西德得到了美国和西方国家的大力支持，经济远比东德好，西德人生产发展、生活富裕。相反，东德虽然得到苏联等社会主义国家支持，但生产与生活水平远落后于西德。

东德因为与西德近在咫尺，可比性十分显著。东德人民十分向往西德人的工作和生活，于是许多人设法脱离东德前往西德。据有关资料，从 1945 到 1961 年间，总人口 1664 万的东德竟然有 350 万人迁往西德，也就是说超过 1/5 的人口流失。

这场“逃亡潮”对东德政府的政治合法性构成了极大的冲击。高墙的修砌也没能阻隔人们对西边的向往。1989 年剧变时，东德游行队伍高举的口号就是：“我们要像西德人那样生活！”东德被西德吞并了，这彻底震撼了苏联人民。

苏联政府和人民对国家体制产生了怀疑，甚至动摇了共产主义理想，动摇了社会主义道路，中了美国推行和平演变的阴谋。美国利用这个千载难逢的机会，费尽心思，不断向苏联发起宣传舆论大战，痛击苏联体制。

一方面，扮演批评家角色。美国利用苏联经济发展中的种种问题，对苏联经济发展模式进行抨击，并通过媒体不断放大炒作，使苏联广大民众误以为，计划经济体制落后于市场经济体制，必须对计划经济体制进行革命式的改革。

另一方面，扮演救世主角色。主要是为苏联培植了一批深受西方经济理论影响的专家学者，这批专家学者没有自己的理论观点，只是对西方经济理论热捧，并提出用西方经济理论改革苏联，在这批专家学者的影响下，苏联执政高层深受西方经济理论诱导，从而动摇了苏联社会主义道路。

美国和平演变苏联很快获得回报，1990 年 10 月，《民主俄罗斯》小报上刊载的《国家向市场关系过渡的 500 天纲领》在莫斯科大量发行。这"纲领"其实是《向市场过渡——构想与纲领》这部书的浓缩版，该书由时任苏联共产党总书记的戈尔巴乔夫和自由化势力的代表人物叶利钦共同决定组织撰写。

其纲领就要在从 1990 年 10 月 1 日起始的 500 天之内，通过各种"非常"政策措施，彻底改变苏联国民经济的基础和结构，转向市场经济。纲领行文中，贯穿于始终的有两个关键词，就是"经济非国有化"和"私有化"，彻底否定了社会主义经济行动纲领。

苏联主动放弃计划经济体制，转向实施市场经济体制。由于经济基础决定政治和军事体制，苏联放弃计划经济体制，必然动摇社会主义道路，进而动摇了苏联国家体制。可以说，《国家向市场关系过渡的 500 天纲领》是瓦解社会主义苏联的行动纲领。

就这样，苏联被美国改造了，世界两大霸主之一的苏联，从此走下神坛，只剩下美国这个超级大国。

3."异质"理论改造日本

第二次世界大战后，美国从日本和平宪法制定入手，加紧了对日本政治、军事控制，日本也心甘情愿称臣美国。然而，经济是政治、军事的基础，控制不住日本经济，终有一天控制不住日本的政治与军事。

到20世纪80年代，日本经济蒸蒸日上，以日本汽车为代表的企业，进军美国市场犹入无人之境，一时间，日本要买断美国的声音四起，美国政府和企业虽然使出了贸易壁垒、汇率打压等招数，但效果相当有限，不能从根本上改变美国经济竞争劣势。

如果任其发展下去，日本经济将超越美国，成为世界第一，到时，美国对日本的政治军事控制将化为泡影，美国人对此深表忧虑。在这种背景下，美国人终于亮出致命的利剑：抛出“异质”理论孤立和征服日本。

第一步，提出“异质”理论。美国政府引导经济学相关专家提出“日本异质论”，即日本发展模式有别于以美国为首的西方发达国家发展模式，日本的经济增长具有强烈的排他性和巨大的破坏性。日本政府是独裁与金钱结合的政府，政府控制不仅控制了国内经济，而且控制了国民思想。

因此，美国等西方发达国家应像封锁共产主义苏联一样封锁“异质”的日本。

美国政府利用其庞大的新闻宣传工具，将“日本异质论”推到风口浪尖上，日本政府和企业界受到了前所未有的压力，为被西方发达国家阵营接受，只能逆来顺受。

第二步，逐步改造。美国以“日本异质论”为借口，步步为营，全面改造日本，从而控制了日本金融，控制了日本经济命脉。

首先，解决美、日之间的“异质结构性”，1989年到1990年之间，美、日之间举行了多次会谈，美国主要在储蓄和投资模式、土地管制、商业企业限制、排他性的交易惯例等6个方面向日本提出了改革结构性壁垒要求。

其次，解决美、日之间的“异质市场”，敦促日本对美国开放市场，1994年日本政府成立了“对日投资会议”，并设立由美英证券公司负责人等组成的“外国人特别委员会”，发表了放松管制、促进企业兼并、促进对日投资等声明。

其中，核心是让日本开放金融业，只有掌握日本金融，美国才能安稳睡觉。

第三步，控制命脉。日本的社会和经济模式不断向美式资本主义模式靠拢，尤其是在“对日投资会议”的影响下，美国的公司治理制度、税制、会计、金融制度等被导入日本，切断了日本经济发展优势——产业与金融紧密结合。

美国的金融业步步紧跟，利用资本优势收购控制日本企业，利用金融经营优势挤压日本金融业，并牢牢控制了日本的金融业，也就是日本的经济中枢神经，奠定了美国控制日本经济的基本框架，从此，日本再也逃离不出美国这个如来佛的手心了。

4. 瞒天过海有学问

从美国改造苏联和日本的实践看，洗脑改造策略具有较大的杀伤力，该策略让这两个国家自觉行动、自我改造，美国无须费多大财力，就能瓦解苏联，就轻易掌控日本经济命脉，让日本财富源源不断地流入美国。

或许有些人会问，为什么美国能改造曾经是世界霸主的苏联，能够改造当时经济强盛的日本，难道这两个国家的人民没能看透美国的这点伎俩？

其实，美国之所以能够改造这两个国家，主要是其推行的洗脑改造策略具有三个基本特征，从而能够瞒天过海、暗度陈仓。

一是权威性。实施洗脑改造策略的关键，是用新经济理论蒙蔽和操控他国经济。美国之所以能够实施这个策略，主要是美国拥有众多的世界最优秀的经济学家，在全球经济理论界具有权威地位，美国根据其国家发展需要，有针对性地设计出经济理论圈套，诱导苏联和日本步入预先设计好的圈套，上了圈套就只能顺着美国走，就失去了往日的雄风。

二是隐蔽性。实施洗脑改造策略，美国政府是幕后策划者，没有抛头露面，它透过各种政府研究基金以及政府媒体，煽风点火，让世界各主流媒体对苏联、日本的经济体制进行轮番轰炸，让这两个国家执政当局压力重重，最终不得不对现行经济体制进行革命式改造。在这个过程中，没有出现美国政府改造这两个国家的蛛丝马迹。

三是主动性。在洗脑改造过程中，苏联和日本被主动改造，具有很强的国家自主性，没有第三国参与改造，且由于积极自我改造，经济体制改造得相当彻底，完全按照美国等西方国家政府的意图进行改造，结果被美国牢牢控制住。苏联因否定公有制而引发国家解体，日本则让美国控制了国家的金融中枢。同时，由于改造的主动性，这两个国家没有与美国结怨结仇，自然就没有复仇或报复的对象。

实施洗脑改造策略，对某个国家来说，利与弊、回报与风险共存。

有利之处，主要包括两个方面：

一是改造其他国家。如美国改造苏联和日本。美国仅通过经济学家和媒体之口笔，就让对手国家步入设伏的理论陷阱，自愿改造国家经济，进而接受美国的领导，美国可以有效控制和征服对手。

二是破坏或掌握他国经济。如美国破坏苏联经济、掌握日本经济。前者是把苏联国家经济体系搞乱，从而破坏了苏联经济。后者是掌握日本经济发展的主动权，充分享受日本经济发展成果，只要日本经济发展，美国就分得一杯羹。

不利之处，包括三个方面风险：

一是理论指导偏差的风险。洗脑改造的前提是理论创新，即设计一套改造对方的新理论体系，由于理论创新存在许多不确定因素，理论与实践也存在许多差距，因此，新设计的理论体系可能与美国政府所想存在偏差，如果这种情况出现，就可能助长苏联和日本经济发展，削弱美国经济争斗能力，使美国的霸权宏图泡汤。

二是争斗意图被发觉的风险。如果被苏联和日本执政当局早早发觉这是个阴谋，就会提早防范，甚至采取反制措施，这将使洗脑改造策略没有产生效果，并可能危及美国与这两个国家的外交关系，引发苏联和日本对美国的报复性打击，偷鸡不成蚀把米，美国经济将受到损伤。

三是控制而不能分享发展成果风险。通过洗脑改造，虽然可以有效控制对手国家经济，但对方经济不能有效发展，发展成果也就不能有效分享，这种洗脑改造策略难以持久。例如，美国等西方国家洗脑改造了阿富汗政治经济体制，但阿富汗因国家动荡不安，经济严重依靠外部帮扶救济，美国等西方国家没能获得利益，反而付出巨大经济代价。

5. 洗脑改造的路径

既然洗脑改造策略威力强大，那么，是不是很多国家可以推广实施？其实不然，推行洗脑改造策略，必须具备两个基本前提：

一是拥有全球性的理论权威。包括权威理论家及理论的实践家，拥有大量的经济理论研究成果，取得大量的权威性奖励，如诺贝尔经济学奖等，使他国确信，只要按照霸权国家提出的经济理论行事，就能够很好地融入世界经济，就能够提升国家经济实力，从而坚定不移地执行该理论。

显而易见，实施洗脑改造策略，必须拥有大量获得诺贝尔经济学奖等最高荣誉的经济学家，有公认的先导经济理论和实践。所以，我们也不难理解，为什么美国出现这么多获得诺贝尔经济学奖的经济学家，如果不这样，美国政府对一些国家发动经济战争就难以获得多数国家的认同和支持。

这也就不难理解，像中国、巴西等世界上许多大国，虽然经济总量迅速上升，但由于缺乏国际性的经济理论大家，缺乏国际一流的经济发展理论，在国际经济理论界没有一席之地，不可能实施洗脑改造策略。唯有在经济理论界走在前沿的西方发达国家，才有可能实施这个策略。

二是被改造国家具有改造的必要与可能。某个国家要改造另一个国家，为什么要改造，可不可以改造，怎么改造等，这些问题的成立，也是推行洗脑改造策略的前提条件。

如美国改造苏联，是因为美国和苏联是敌对国家，只有改造苏联，才能瓦解苏联，瓦解社会主义阵营，美国等资本主义国家才能过安稳日子。同时，苏联的日用品长期短缺，经济发展不平衡，对市场经济体制了解肤浅，这些为改造苏联提供了可能。

又如美国改造日本，是因为美国早已从法律层面控制了日本的政治、军事，控制日本经济只是举手之劳。而20世纪80年代，日本金融与产业捆绑经营模式，市场竞争力很强，日本企业在美国攻城略地，大有收购美国的迹象，这种闪电式经济攻击，让美国人提心吊胆，也让其他西方发达国家害怕，这为美国改造日本，推动“日本企业美国化”提供了必要条件。

从美国改造苏联和日本的实践看，推行洗脑策略，通常可通过以下几个基本步骤来完成：

第一步，创造经济新理论。主要围绕增进国家经济实力和竞争力，削弱和控制主要对手这两大目的，有预谋、有组织地网罗一批经济专家，经过一番论证，推出改造他国经济的新经济理论体系。

第二步，发动媒体舆论工具。通过本国和其他国家媒体，轮番宣传、报道、举证这套经济新理论，让全世界都认为这个经济理论是经过严谨论证的科学指导理论，以此压迫主要竞争对手国家，使该国执政党在国际上面临重大压力，不得不沿着新经济理论进行改革探索。

第三步，通过改革为突破口改造对方国家经济。随着对手国家改革进入设伏的陷阱，以此为突破口，改造对方国家经济体制、经济结构，通过国家经济改造的规范化、法律化，从而牢牢控制对手国家经济。

其中，最关键步骤是营造新的理论体系，即组织一批经济学者，尤其是国际顶尖经济学家，按照霸权国家政府的意图，对被改造国家的发展进行分析论证，以此为基础，建立起一套改造他国的全新经济理论体系。

策略二：挟天子而令诸侯——绑架联合国组织

1. 曹操掌权秘诀的延伸

在《三国演义》中，袁绍的谋臣沮授劝说他，如果能西迎天子，挟天子而令诸侯，以此讨伐敌人，谁能够挡得住呢？但袁绍不听，他没有意识到皇帝是国家最高权力的象征，其作用非同寻常，最后战败了。

曹操相比于袁绍聪明多了，他屁颠屁颠拥抱没有丁点权力的皇帝，从而掌握了国家的最高权力，并时常以皇帝的名义向地方割据政权发号施令，最终确立了天下霸主地位。

“挟天子以令诸侯”原指挟制皇帝并用皇帝名义发号施令，常比喻用领导人的名义按自己的意思去指挥别人。挟天子而令诸侯策略，在古代军事战争、政治争斗中屡立战功。

同样，在国家经济争斗中，这个策略的作用是显而易见的。比较典型的是，第二次世界大战之前英国挟持国际联盟，第二次世界大战以后美国挟持联合国。

在国家经济争斗中，挟天子而令诸侯策略，是指挟持联合国等国际组织，以联合国等国际组织的名义向各国发号施令，从而达到征服各国经济发展的目的。

2. 控制了联合国，就能掌控世界

联合国组织是全球最具影响力的国家联盟组织，谁控制了联合国，谁就能够将自己的意愿以联合国名义向全球各国发号施令，实施曹操治群雄路线“奉天子以令不臣”。基于天时、地利、人和，美国成功地操控了联合国组织，为其实现霸权国家地位增加了砝码。

第一次世界大战后，英国、法国等战胜国，为了压制战败国，共享胜利成果，热切期盼建立以战胜国家主导的国家联盟，于1919年1月8日，在巴黎多国会议通过建立国际联盟的决议，1920年1月10日国际联盟正式成立，这也是目前联合国的前身。

国际联盟总部设在瑞士日内瓦，但国际联盟组织领导实施委任制，由英国、法国等国家主导国际联盟，继续推行殖民统治，成为列强统治世界、称霸全球的工具，他们自然不会容忍其他国家插手国际联盟。

而在第一次世界大战期间，美国收获了大量战争财富，此后现代工业迅猛发展，国力因此大增；苏联则建立全新的社会主义国家，工业迅速发展，国力也迅速增加。

这两个国家自然也想进入国际联盟领导层，以获得更多的发言权和经济利益，并以此为契机逐渐建立和确立世界霸主地位，其中美国的企图受到英、法、意等国的强烈反对，最终未能如愿，美国对此耿耿于怀。

第二次世界大战后，英国和法国实力大减，国际联盟分崩离析，为维持国际秩序，国际社会迫切需建立世界反法西斯同盟。美国吸取了国际联盟教训，想另起炉灶，创建联合国，以取代国际联盟。

为此，美国提出了国际主义政策，包含了和平民主、相互尊重、反对殖民主义、消弭战争以及宣扬种族平等等内容，与国际联盟理念相比，更具进步性、民主性和宽容性，在道义上获得了广泛的支持和共识，为美国创建联合国埋下了伏笔。

在此基础上，美国明确提出建立了以联合国宪章、联合国组织为中心的全球体系，并得到包括苏联在内反法西斯国家的普遍赞同。为确保在联合国中起到支配地位，美国积极主动起草了《联合国家宣言》，1942年，邀请中、苏、英等26个国家在《联合国家宣言》上签了字。

1945年在旧金山会议上50个国家一致通过了《联合国宪章》，联合国正式成立。联合国设有联合国大会、联合国安全理事会、联合国经济及社会理事会、联合国托管理事会、国际法院和联合国秘书处等6个联合国主要机构。

1945年12月，美国参议院和众议院一致要求联合国总部设在美国。1950年，由美国标准石油公司小约翰·洛克菲勒捐款850万美元建设的联合国总部大楼在纽约市完工，联合国总部机构于1951年开始正常运作。

从联合国成立的建议，到联合国成立和运作，美国始终处于领导地位。联合国的总部设在美国纽约，联合国相关章程主要由美国起草，联合国相关机构运作离不开美国的支持，美国可以操作联合国决策和运行，等等。

通过联合国这个大平台，美国可以操控世界。美国政府态度直接影响联合国领导决策，美国将联合国当作自己的霸权工具，拟订全新的国际经济、政治和科技秩序，建立美国主导的国际贸易组织、国际货币基金组织、世界知识产权组织等，使全球财富流向美国，美国成为全球财富中心。

相比之下，虽然苏联在联合国中也充当重要角色，但无论在《联合国宪章》设计中，在联合国总部地缘选择中，还是在联合国总部决策领导层中，后人一步，处处被动，在经济争斗中难以赢得优势。

3. 美国号令何以通天下

或许有许多人会问，联合国等国际组织不是一个公平公正的组织吗？挟持联合国等国际组织号令天下怎么能行得通？

其实，稍微关注国际时事的不难看出，联合国常任理事国是美国、俄罗斯、法国、英国和中国，近年来，日本、巴西、印度、南非等国多次设法加入联合国常任理事国，但最终难以达成统一意见。

由此可见，联合国组织内部的利益之争是非常激烈的，公平公正只是一种理念而已。

挟天子而令诸侯策略因为具有以下三大特性，使美国能够号令天下。

一是合法性。联合国等国际组织的成立与运行，通常有国际法律依据，或者有国际公约依据，它具有合法性，就如皇帝是国家法律赋予的最高国家权力象征。有了合法性保障，美国通过联合国等国际组织发出的呼声，更具有号召力和影响力，更容易被其他国家接受、认可和支持。

二是胁迫性。美国操控联合国等国际组织，披着合法性的外衣，将其经济争斗意图变成联合国等国际组织的决议或建议，借助联合国等国际组织的强制性条款，胁迫部分国家服从和执行国际组织决议，一旦某个国家不听从，就遭到国际组织的制裁行动。

如近年来中东地区的绿色革命中，美国以利比亚、叙利亚国家独裁统治、没有民主自由和国家内乱为由，通过联合国决议，让周边国家共同对这两个国家进行经济制裁，禁止重要物资输送，为推翻其国家政权奠定基础。

三是操控性。美国利用其在联合国等国际组织中的领导核心地位，把这些国际组织当作其经济外交工具，把他们国家的经济掠夺意图，强加给这些国际组织，让国际组织充当他们国家代言人，从而达到控制其他国家经济的目的。

如美国操控下的世界贸易组织、国际金融组织，一方面提出国际贸易平衡作为公平交易的基础，另一方面，高度关注产品和服务贸易平衡，故意忽视国际货币贸易平衡，这样，美国通过发行国际美元，就可以从世界各国中获取大量不义之财。

4. 权力的力量与风险

从美国的实践看，挟天子而令诸侯策略，让美国登上了世界霸主舞台。这个策略能否被某些国家所推广应用，关键是综合评定其利弊。我们仍以美国操控联合国等国际组织为例，对其利弊进行分析。

有利之处，主要有以下三个方面：

一是赢得世界各国尊重，掌握世界领导权。在联合国等国际组织成立之初，美国迎合世界各国发展需要而发起成立，是这些国际组织的重要发起人，为了让联合国等国际组织正常运作，在经济上、政治上和军事上给予了大力支持。

吃人的嘴软，拿人的手短，联合国等国际组织自然听从美国安排。自然地，美国获得世界各国的普遍尊重，从而顺理成章地取得世界的领导权，为其在国家经济争斗中获得战略性优势打下坚实的基础。

二是制定损人利己政策，控制他国经济。由于在联合国等国际组织中拥有重大决策权，美国可以依据本国发展需要，制定其国家对外经济政策，如保护美国人的国外投资政策、对某个国家采取反倾销政策等，这些政策可以对国际经济组织施加影响，形成国内政策国际化。就这样，美国利用其手中的领导权，轻而易举地影响和控制其他国家的经济发展。

三是用较少的经济代价，换取最大利益。在国家经济争斗中，如国际石油争夺中，美国利用其在联合国等国际组织中的影响力，确保中东国家主要产油国将石油优先供给美国石油公司，实现以较小代价赢得最大收益。

而中国等其他国家，则没有这么幸运。更有甚者，美国通过国际组织的政策导向，引导其他国家的富人、企业、高层次科技人才向美国聚集，以此获得更大的财富收益。

不利之处，主要有以下三个风险：

一是需要冒政治和军事风险。组建的国际联盟，不仅仅是政治联盟，也是部分国家的军事同盟，或者是经济联盟，为了维持国际联盟的正常有序运作，作为领导者必须为此做出牺牲，包括维系国际联盟存在和发展的政治活动支出，维持与部分国家军事联盟的军事活动支出等。

二是需要付出比较大的经济代价。如对这些国际组织运行提供必要的经费支持，对部分极端落后的国家开展经济援助，对严重破坏人权国家进行军事干预等。如果不是这样，就不会获得大多数国家的支持，不能成为国际组织的领导者，不能控制国际组织。

三是面临世界多国强烈反对风险。因霸权国家利用联合国等国际组织，有计划、有重点地实施经济掠夺，虽然掠夺财富方式很隐蔽，但哪怕是最狡猾的狐狸，尾巴终究是藏不住的，时间长了，其他国家也会逐渐发现，并引发部分国家的强烈反抗，甚至引发军事冲突。

5. 有资格，才能实施

许多人认为，既然挟天子而令诸侯策略的威力很大，那许多国家都可以试行，这显然是太天真了。

实施挟天子而令诸侯策略，必须具备两个基本前提条件：一是有联合国等在全球范围内有重大影响力的国际组织。二是拥有可以控制国际组织的政治、经济和军事能力。

只有两个条件都成立，挟天子而令诸侯策略才能够实施。

从第一个条件看，第一次世界大战以后，国际联盟在协调国际事务方面，起到了积极作用，国际联盟等国际组织影响力越来越大。第二次世界大战以后，联合国等国际组织在全球经济活动中，更是起到了主导作用。

从第二个条件看，第二次世界大战使英国大伤元气，美国和苏联取而代之，进而操控了联合国等国际组织。苏联解体之后，只有美国有这个实力和能力。反观其他国家，虽然日本、德国、澳大利亚等发达国家经济实力强大，但由于没有强大的政治和军事支撑，不能实施挟天子而令诸侯策略。中国、印度等人口大国，由于经济实力有限，而难以实施挟天子而令诸侯策略。

某个国家推行挟天子而令诸侯策略，通常可通过以下三个步骤来实现：

第一步，成为国家联盟发起人。迎合世界各国发展要求，以加强国际合作、促进世界和平发展等为口号，按照本国发展意图，联合其他国家，组建具有权威性的国家联盟，诸如联合国等，在国家联盟中起到发起人和领导者的作用。

第二步，掌控国家联盟决策权。根据本国发展需要，制定国际联盟的运作规范，包括管理体制、运行制度、组织领导等，确保本国在国际联盟的重大决策中举足轻重，让国家联盟为自己国家服务。

第三步，利用国家联盟控制其他国家。利用国家联盟的权威性，将本国在国家经济争斗中的意图，通过国家联盟之口，让各国接受或服从，从而成功地将本国意图落实到实践中，实现控制各国经济发展的根本目的。

其中，最关键的步骤是掌控国家联盟决策权。如何掌控这些广泛受到世人认可的国际组织决策权？一方面，利用国家影响力，重新建立全新的国际组织，或全面改造原有的国际组织；另一方面，遵从世界许多国家的普遍愿望，主持公道，伸张正义，号召和组建新型国际组织。

策略三：杀鸡儆猴——封锁古巴震慑拉美国家

1. 杀鸡，给猴子立规矩

相传猴子是最怕见血的，耍猴人为了驯服猴子，当面把鸡杀给它看，当鸡一声惨叫且鲜血冒出，猴子便全身发软，从此俯首帖耳，听从主人招唤，这就是杀鸡儆猴的原意，后比喻惩戒一个以警戒其余。

杀鸡儆猴策略有许多的经典案例，据《史记》记载，公元前512年，吴王阖闾与孙武会谈，他非常赞赏孙武，但心生疑窦，于是试探孙武演练能力。阖闾特地从后宫挑选几拨宫女交给孙武演练，孙武指定两名吴王的宠妃为队长，并严肃宣布要看旗、听鼓指挥。演练后，队伍一片混乱，为严肃军纪，孙武处斩两名队长以警示，此后，宫女队伍井然有序。

在国家经济争斗中，杀鸡儆猴策略，主要是指对不听话、不顺从的国家，或者利用国际经济组织，或者号召和胁迫他国，共同采取国际贸易禁运，使不顺从国家成为经济孤岛、陷入经济困境，以此警示其余国家。

杀鸡儆猴的做法，在国际经济活动中常有，如英国、法国等对非洲小国进行经济制裁等，其中最为典型的是美国制裁古巴。

2. 美国封杀古巴震慑拉美

古巴是美洲加勒比海北部的一个群岛国家，由古巴岛和青年岛（原松树岛）等 1600 多个岛屿组成，北离美国佛罗里达半岛 200 多公里，国土面积约 11 万平方公里，人口 1000 多万。

在古巴革命之前，古巴由美国政府支持的军人巴蒂斯塔独裁统治。1959 年，菲德尔·卡斯特罗率起义军推翻了巴蒂斯塔政权，此后不久，卡斯特罗宣布开始社会主义革命。

1962 年，苏联在古巴部署导弹，引发了一场震惊世界的古巴导弹危机，美国与苏联进入冷战的顶峰。古巴成为美国与苏联对阵的前沿阵地，美国对古巴自然是恨之入骨。

而第二次世界大战之后，美国对拉美国家影响巨大，把拉美国家视为“后院”，经常干涉拉美国家内政，扶持军事独裁统治，包括古巴军人巴蒂斯塔独裁政府。古巴从顺从美国，到对着干，这让美国十分难堪。

为了树立美国在拉美国家中的绝对领导权威地位，美国对古巴采取了经济制裁。经济制裁使古巴经济发展缓慢，人民生活困难，以此震慑其他拉美国家，使它们不敢跟美国对抗，从而接受美国的领导。

自 20 世纪 60 年代起，美国对古巴的经济封锁成为一项连续性政策。

1962 年，时任美国总统肯尼迪签署了对古巴实行禁运的法令。1963 年，美国禁止美国在第三国开办的公司同古巴做生意，这一强制性措施此后进一步强化，例如禁止向古巴出售设备，尤其是海运设施。由于古巴镍矿藏量位于世界前列，是古巴重要出口产品，这些禁令大大影响了古巴镍的出口。

20 世纪 70 年代，卡特政府取消了前往古巴的禁令，但到了 80 年代，里根就任总统后，强化了封锁和敌视古巴的态度，对古巴实行了一系列封锁措施，如禁止古巴与世界通商，尤其是禁止镍和蔗糖的进口。美国还迫使一些国家签署双边协议，确认不接受古巴生产的镍和蔗糖，使古巴出口面临重大挫折，由于缺乏出口支持，经济发展受到严重制约。

到 20 世纪 90 年代，美国又推出两项有关法案，一个是完全禁止美国在海外的公司同古巴建立贸易联系的麦克修正案，另一个是建议没收停靠古巴港口船只的史密斯修正案。

这两项法案的内容都被纳入 1992 年签署的托里切利法中，这项法案使古巴国际贸易额急剧下降，世界许多运输船队不敢经停古巴，古巴与世界的联系通道越来越窄。

1996 年美国又出台了赫尔姆斯—伯顿法，该法案把封锁古巴的一切理由和措施都变成了法律，该法案还包括对古巴提供援助或与古巴保持经济关系的第三国实行国际制裁，古巴外向经济陷入停顿。

20 世纪以后，美国对古巴的经济封锁依旧。2004 年 5 月，美国总统布什提出在两年内斥资近 6000 万美元资助反古巴活动，将古巴侨民的汇款金额缩减一半，控制旅美古巴人回国探亲的次数等。

直至 2008 年奥巴马当选美国总统后，美国制裁古巴才趋于缓和，美国参议院通过一项关于部分解除美国对古巴制裁的议案，修正了极具争议的对古巴禁运法，放松美国向古巴出口食品和药品等的限制。

由于对抗美国，古巴经济受到长期制裁，使经济发展受到很大限制。据古巴官方公布的统计数据（2012 年）显示，50 年的经济封锁使古巴经济损失达 9750 亿美元。

在制裁古巴的警示下，许多拉美国家，甚至有一些区域性世界大国，都不敢违背美国意愿，对于美国跨国企业的为非作歹，如美国谷歌公司违反当事国法律传播不良信息等，听之任之。但也有一些国家不为美国制裁古巴所动，反而与美国对着干，如委内瑞拉、哥伦比亚等。

3. 古巴为何成为被宰的“鸡”

为什么美国能够长期围堵封锁古巴，而且达到震慑拉美国家、震慑世界各国的目的？

其主要的原因是，美国推行的杀鸡儆猴策略具有以下几个基本特征：

一是制裁经济弱小的国家。

古巴国土面积不大，人口也不多，科技落后，经济发展总体还处于工业化初级阶段，国家经济以蔗糖业、采矿业和农业为主，人民生产和生活水平还比较低。

基于古巴内在发展动力较弱，必须有强大外部推力，才能促进国家发展，改善人民生活水平。美国反其道而行之，围堵封锁古巴，禁止对古贸易，禁止技术输入，使古巴游离于世界之外，切断古巴的外部推力。

由于美国经济实力强，对古巴这样弱小的国家进行经济制裁，基本没有影响美国经济发展，因而可以随意或持续进行。同时，相比于军事干预、军事威胁而言，经济制裁没有血腥性，更具人道性，其他国家可以接受。

二是制裁对外依赖性强的国家。

古巴是世界主要产糖国之一，被誉为“世界糖罐”，古巴雪茄烟享誉世界，古巴镍、钴、铬、沸石等矿业资源十分丰富。由于国内需求有限，产品供给不足，要使这些丰富资源变现为财富，必须通过国际贸易，向世界供应资源，以换取生产、生活用品。

这就注定古巴经济的对外依赖性强，如古巴镍和蔗糖只依靠外销，必须出口才能实现其价值，其农业生产资料需要进口才能满足需求。如果出口和进口停滞，经济就很难发展。就这样，古巴成为美国推行杀鸡儆猴策略的一颗重要棋子。

三是联合多个国家实施共同制裁。

美国制裁弱小古巴，为了树立权威和迅速显成效，还发动同盟国进行联合制裁，甚至操控了联合国等国际组织，使制裁古巴成为多个国家和国际组织的共同行动。如发动日本、韩国等传统盟友，以及欧洲共同体等区域性组织，一道对古巴进行经济制裁。

实施共同制裁，则对古巴这个被制裁国家而言，经济损失相当大。如美国、日本、巴西原本是古巴蔗糖和矿产的出口大户，由于这三国共同围堵封锁古巴，古巴不能向这些国家销售蔗糖和矿产，也不能进口生产生活用品，古巴损失远比这些国家大。

四是具较强的震慑和警示作用。

在国际大家庭中，各国国情不同，各国的治国理念和体制不同，国家之间经济活动偶遇摩擦，或意见不同，是常有的事情，有些国家对美国不满和对立是不可避免的。因此，美国并非随意制裁弱小国家，而是有选择性的，如在意识形态不同的古巴社会主义国家、与美国为敌的伊朗政权、不顺从美国的伊拉克萨达姆政权等。

之所以选择这些具有对立象征意义的国家进行制裁，主要是出于美国实施杀鸡儆猴策略的目的，即威慑类似对立的其他国家，逼迫他们服从美国的领导和支配。为了达到应有的警示效应，美国还利用国际各种媒体，在全世界范围内大力宣传经济制裁，以此达到震慑的最大化，使类似对立国家意识到，哪个敢惹怒美国，它可能就是下一个古巴或伊拉克。

4. 伤了他人，也伤了自己

美国对古巴采取的杀鸡儆猴策略，确实达到了美国的预期目标。对于急于促成霸权国家来说，杀鸡儆猴策略有利有弊，虽然杀伤了对方，自己也受伤了，只是受伤程度不同而已。

有利之处，主要有以下两个方面：

一是可以树立国家威信。针对个别对立、不听从的国家实施经济制裁，使这些国家经济发展受到严重制约，就会使一些弱小国家，对推行国产生惧怕心理，在经济活动中，担心得罪而受到制裁，千方百计讨好推行国，从而树立国家威信，为促成霸权国家奠定基础。

二是促成多国组织核心。为了制裁有效，推行国要恩威并举，拉拢部分国家支持自己，并在国家经济争斗中始终站稳立场，从而形成以推行国为中心的国家组织，利用这个国家组织，推行国可以在国家经济争斗中获得更多的发言权，促成或巩固霸权国家地位。

不利之处，主要有三个方面：

一是策略的适应性风险。该策略对于外向度很低的小国，由于对外依赖程度较小，经济封锁对国家经济影响力很有限。对于区域或世界大国、强国，其杀伤力更有限，如果某些大国或强国采取反制措施，就会使霸权国家处于骑虎难下境界。如美国对中国采取经济制裁，制裁效果相当有限，且对美国经济会造成很大伤害。

二是付出经济代价的风险。这主要是围堵封锁一个国家，其实也是该国对推行国采取的贸易禁运，其最终结局是一种双输局面，如果该国经济实力比较大，则推行国要付出很大的经济代价，这可能对其追求的霸权国家地位起到相反作用。

三是被反制或抵制风险。面对制裁，被围堵封锁国家会激起反抗，包括联合其他国家一起反抗。无端或借机制裁不顺从国家，在道义上往往得不到多数国家的支持，有些国家拒绝加入制裁行列，则推行国的经济封锁难以达到预期效果。

5. 杀鸡儆猴如何实施

从国际经济争斗历史看，杀鸡儆猴策略常用，但因此而成就霸业的国家不多，其原因何在？从美国制裁古巴案件看，实施这个策略而成就霸权国家地位，至少需要满足三个基本条件。

一是有较强的号召力和影响力。相关各国能够全面配合推行国的共同行动，否则围堵封锁策略就会失效。如美国领导许多国家围堵封锁朝鲜，但中国和俄罗斯却不参加，这就注定围堵封锁朝鲜将不可避免地失败。

二是针对外向依赖度较强国家。如果所制裁的国家，其国民经济是自给自足型，或者是自我发展、自成体系，则任何围堵封锁措施，对该国都无济于事。如许多非洲国家是自给自足经济，美国等国家对其经济制裁，无异于对牛弹琴。

三是针对经济实力较弱的国家。被围堵封锁国家是经济弱国，这样围堵封锁策略才能产生重要作用。如果是经济大国和经济强国，作用就相对小，且对实施国家经济造成重大伤害。

就如美国对中国采取经济制裁，则无异于美国企业将中国市场拱手让给其他国家企业，这对美国企业和国家经济会造成很大负面效应，因此口头外交制裁很多，实质性很少。

从美国围堵封锁的实践看，其实施杀鸡儆猴策略，通常通过以下几个步骤来完成：

第一步，选择对象。推行国树立国际权威，需要顺应道义考虑，也需要实力打拼出来，通过打击个别国家，才能在世界各国中树立起霸权的权威。为此，需要选择不听话的个别国家作为打击对象，这些个别国家要选择在实力上较弱、经不起打击的国家。

第二步，实施经济封堵。对不听话的个别国家，实施贸易、技术、投资封锁，使该国经济由于失去推行国的市场、投资和技术，陷入困局。

第三步，邀请或诱逼其他国家跟进。为了完全封锁不听话国家，推行国邀请或诱逼其他国家跟进封锁，使不听话国家完全隔绝在国际市场之外，经济发展步履艰难。

第四步，建立威信。推行国通过打击个别不听话国家，使该国陷入贫穷落后境地，引以为戒，使其他国家惧怕推行国，推行国通过恩威并施，在国家间树立起霸权国家的权威。

策略四：货币霸主——国际美元是美国核心利益

1. 唯我独尊

纵观天下，自苏联解体以后，美国独霸世界，美国每年用于国防开支的经费仍高达数千亿美元，据报道，2011 年达到 7080 亿美元，美国国防预算总额约占全球军费开支的 40%，这些钱从哪里来？为什么美国热衷于在中东地区等地发动战争？原因很多，最核心原因是美元，美元让美国红了眼、着了魔。

面对欧元危机四伏，日元日落西山，许多人认为，那是欧洲经济、日本经济衰退的结果。其实不然，美国经济与欧洲和日本一样，面临许多挑战，但美元的国际地位依然稳健。

原因何在？充当货币霸主，就握住了神笔马良手中的笔，随意画出金山银山，既生亮，何生瑜？美国怎能容忍欧元、日元等抢夺马良之笔？

在国家经济争斗中，国际货币之争是重头戏，也是决定哪个国家成为霸权国家的决定性争斗。因此，国际货币之争经常伴随着血雨腥风，在政治军事激烈对抗中，成就了国际货币的霸主地位。

在国家经济争斗中，所谓的货币霸主策略，就是在多边国际贸易中，将其国家主权货币充当贸易结算货币的基本工具，充当世界贸易的货币中介，充当世界市场价格衡量的主要货币，充当世界各国储备的外汇货币，唯我独尊，以此操控全球贸易市场，通过发行货币，源源不断获取其他国家财富。

2. 布雷顿森林体系崩溃的阴谋

在世界货币发展过程中，黄金、白银曾经扮演着重要角色，许多国家货币都与黄金、白银挂钩。其中英镑与黄金挂钩，曾经成就了英镑的国际主流货币地位。

国际美元在形成过程中，也曾经以美元与黄金挂钩，借助美国经济强势地位，登上世界主流货币舞台。但这只是开始，当美元与黄金脱钩，并成功地成为国际主流货币时，国际美元才真正形成。

1792 年美国铸币法案通过，美元采用了金银复本位制，一美元折合 24.057 克纯银或 1.6038 克纯金。美国第一任财政部长上任后，美国货币采用了“金本位制”。从 1913 年起美国建立联邦储备制度，发行联邦储备券。现行流通的钞票中 99%以上为联邦储备券。美元的发行主管部门是国会，具体发行业务由联邦储备银行负责办理。到 1914 年第一次世界大战爆发，由于各国停止了黄金的进出口，金本位体系即告解体。

第一次世界大战爆发时，美国的经济总量大于资本主义强国的英国、德国、法国，这使得美元的地位日益突出。到 1945 年，美国国民生产总值占全部资本主义国家国民生产总值的 60%。1948 年，美国拥有全世界 70%的货币性黄金储量，也就是 7 亿盎司。这使它登上了资本主义世界盟主地位，使得第二次世界大战后形成了以美元为中心的国际货币体系。

由于美国国际收支持续逆差，导致通货膨胀严重，美元危机加深。1971 年 8 月 15 日，美国总统尼克松宣布美元贬值并且停止美元兑换黄金，布雷顿森林体系开始崩溃。1973 年以后，美元不再有法定含金量，固定汇率制彻底瓦解，美元汇价走向浮动。

我们没有直接证据证明，这是一场国际阴谋，但从结果上看，布雷顿森林体系的崩溃，受到伤害的是世界各国，尤其是经济强国，唯一受益的，就是美国。因此，我们有理由认为，这里可能隐藏着巨大的国际阴谋。

由于美国是经济、政治和军事强国，世界上没有比美元更稳定可靠的国际货币，美元也成为世界各国贸易通用货币和储备货币。

虽然美元与黄金没有直接挂钩，但美元在国际贸易中没有可替代的主权货币，美元是外汇交换中的基础货币，也是国际支付和外汇交易中的主流货币，国际美元至此画上圆满的句号，美国空手套白狼的时代到来了。

3. 美元成为核心利益的秘密

黄金与主权货币挂钩，其实质是黄金仍然是世界通用货币，由于黄金开采成本高，供给量有限，无论是哪个国家货币充当主流国际货币，还是哪个国家生产黄金，收益都是相当有限。

黄金与美元挂钩，确立了美元的国际地位。但美国人过河拆桥，让黄金与美元脱钩，国际美元犹如一匹脱缰的马，天马行空，自由印刷发行，国际社会又不得不接受这个事实。

纸币美元供应几乎是零成本，可以大量印刷发行，依靠极低的美元发行成本，就获得黄金般的收益，可谓是一本万利。而在电子银行时代，美元获利连印刷成本也免去了，国际美元真正成为无本万利的工具。

有了国际美元支撑，美国可以坐等观看印刷机，用一张张美元钞票，换取其他国家源源不断的实体财富，这些换取来的财富，或用于武装军队确保美国独霸世界，或用来分发给美国国民以凝聚民心，这就是国际美元为什么成为美国核心利益的根本原因。

离开了国际美元，美国自由民主价值就失去保障而没有吸引力，美国军队就失去财力支撑而无以维系，国民就会失去福利而民心向背，这样，美国就可能分崩离析，霸权国家由此戛然而止。

有许多朋友对美元成为美国核心利益很是疑惑，为什么美国印刷美元就可能获利？为解开这个谜，在这里我们可以做个简单事例分析：

国际美元是世界通用货币，中国与沙特开展双边贸易，需要美元作为交易中介，就如我们平常在商场交易所用的人民币。中国与沙特为了实现交易，首先必须拥有一定数量的美元，否则就不能交易。这些美元从什么地方来呢，只有美国能够印刷美元，所以只能向美国购买。

这样，中国为了从沙特购买 M 美元的石油，先向美国出口食品以换取 M 美元，此后向沙特支付 M 美元的石油款。同样，沙特为了从中国购买 M

美元的食品，先向美国出口石油以换取 M 美元，此后向中国支付 M 美元的石油款。美国就这样发行 2M 美元纸币，就换取 2M 美元的中国食品和沙特石油。

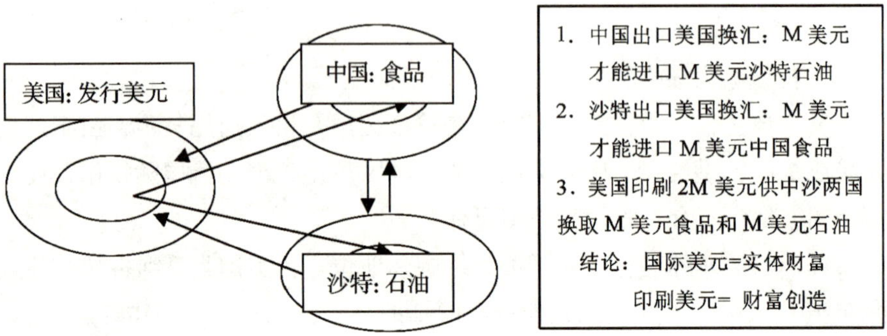

图 12　美国发行美元换取财富

国际美元之所以成为美国的核心利益，还有一个重要原因是，国际美元成为美国与世界各国追求共同利益的重要纽带。

美国人常挂在嘴边的话：没有永远的朋友，只有永远的利益！这句话的潜台词是，没有了利益，哪来的朋友？有了共同利益，才有更多的朋友。

这其中原因是什么呢？答案也很简单，世界上没有哪一个国家不需要钱。这里所说的钱，就是国际美元。只要需要钱的国家，美国都乐于交往，我要你货，我给你钱，两相情愿，有共同利益，自然成为朋友。

所以，美国总是朋友满天下。

比如，美国与越南，曾经是战场上的仇敌。随着时代发展，越南急于发展经济，就需要国际美元。美国是印刷美元的国度，当然希望越南发展更好，越南经济越好，对美元需要量越大，美国就能印刷更多的美元，获得更多的财富。美国与越南，是共赢发展，自然能够化敌为友。

再比如，美国与瑞士，瑞士是避税天堂，许多美国富人到瑞士存款避税，美国对此很是不满。但瑞士是重要的国际金融中心，也是国际美元推广应用中心，无论是白钱，还是黑钱，都是国际美元，瑞士推高了国际美元需求，让美国有机会印刷更多的美元。因此，美国政府对瑞士总是睁一只眼、闭一只眼，朋友嘛，求同存异呗。

4. 多管齐下，利益最大化

美国为了维持国际美元，以及使国际美元利益最大化，可谓是多管齐下，无所不用。除了政治、军事手段之外，还有许多能够遮人耳目的手段。这里主要介绍以下美国所用的七种主要手段。

一是唯我独尊。即驱逐其他国际货币，让美元独步天下。

随着世界贸易额不断增长，世界对国际货币的需求增多，为满足日益扩张的国际货币需求，美国不断发行美元，换取源源不断的世界财富。在此过程中，世界许多区域组织和经济强国，都急于推进主权货币国际化，以分享掠夺世界财富，如欧元、日元等。

国际美元是美国核心利益，谁敢动这个奶酪，美国都不会轻易放过。于是美国利用政治、军事和其他手段，甚至是阴谋诡计，打击竞争对手，让这些敢动国际美元奶酪的国家，吃尽苦头，知难而退，确保美元的国际主流货币地位。其中，欧元的动荡不安就是其中的典型。

二是霸王硬上弓。即对一些国家动武，放大国际美元需求。

虽然，国际贸易的不断增长，让美国发行美元获得大量财富。但美国维持国际美元的军事支出、维持国民福利的刚性支出等也很庞大，并且经常出现巨大缺口。如何才能持续发展，唯有增加美元印刷量，而战争可以增加国际美元的需求量。

于是，美国把目光放在中东产油国家，支持以色列威胁中东国家，通过种种借口，向伊拉克、阿富汗、利比亚展开小规模军事战争，由于战争，中东石油价格连番上涨，国际美元需求量大涨，美国石油企业从中赚得盆满钵满，美国政府发行美元财源滚滚。

三是鸠占鹊巢。就是挤占他国流通货币，挤占国际货币。

挤压弱国、小国的主权货币，使美元在许多国家成为基础通用货币。如新加坡、蒙古、索马里、中国香港等，美元可以自由流通，美元有取代本国（地区）主权货币的趋势。由于这些国家和地区使用美元，美元的需求量不断增加，美国发行美元获利也就更多。

挤压其他国际货币，使美元的使用率越来越多。如美国不断挤压英镑、日元、欧元、卢布等传统国际货币，使其市场占有率不断下降，甚至被逐出国际市场。由于这些国际货币的挤出、退出，美元的市场占有率不断增加，国际美元发行越来越多。

四是捆绑销售。即捆绑国际贸易大宗物资石油，建立石油美元的共同体。（详见掌控战略资源策略）

五是深挖蓄水池。即让世界各国储存更多的国际美元，美国可发行更多的美元。

美元的大量发行，必然造成国际美元供给过度，引发全球通货膨胀，为了让通货膨胀降下来，一要让各国增加美元储备，二要发行美元国债，深挖美元蓄水池，以确保美国可持续增发货币。

提高各国的外汇储备，主要是通过国际金融工具，如规定外汇银行的基本储备率、国际外汇交易基本储备率等，让各国政府和金融机构储备更多的美元，这些外汇储备长期存在本国银行或储备仓库中，不能在市场上有效流通，从而减少货币供给量。

同时，美国大量发行国债，从其他国家政府、企业手中回购美元，以减少美元的市场流通量，让这些国家和企业新增更多的美元需求，这也就是为什么美国总是不断提高国债发行量的主要原因。

六是国家收购。即利用美国自行发行美元优势，收购其他国家资产和企业。

美国可随时大量发行美元，通过股票和产权交易市场，收购中国、日本、巴西等国的优质资产、优质企业，窃取他国财富。尤其是收购某些国家的金融业，如商业银行、投资公司、信贷公司等，进而控制这些国家的经济中枢。

其中，收购他国优质资产，如收购石油等战略资源和矿产资源等的开采权和经营权，高速公路、机场等基础设施的使用权和经营权，大量耕地、林地、水域、重要城市商业地产的所有权和经营权等。

收购他国优质企业，主要是直接参股或控股高成长性企业，收购高新技术中小型企业，控股各类商业银行、保险公司、军工企业、高科技企业等上市公司，充分享受他国优质企业的发展成果。

七是量化宽松。即购入国债，间接发行美元。

其中，比较典型的是美国的量化宽松政策。2007 年美国次贷危机以后，为了自救经济，美国采取了量化宽松政策。2009 年 3 月，在刺激经济的名义下，美联储当季货币政策会议决定，将在未来 6 个月内收购价值 3000 亿美元的美国长期国债；在未来 12 个月内，收购价值 7500 亿美元的房利美、房地美抵押贷款证券,外加 1000 亿美元“两房”债券。

这一举措是美联储 40 年来首次购入国债，美国由此进入了量化宽松时代。因美国的量化宽松是中央银行在实行零利率或近似零利率政策后，通过购买国债等中长期债券以增加基础货币供给，这实质上是间接增印美元，让世界各国用实体财富去购买一堆纸美元，从而推动全球通货膨胀，使许多国家积累的美元财富大为缩水。

5. 圈套，欧元悲剧远未结束

欧洲共同体有近 30 多个成员国，欧元作为欧洲共同体的主流货币，如果它能够在欧洲共同体内部统一使用，将不可避免地成为与美元相媲美的国际货币，欧洲共同体也将成为与美国争夺国际货币发行收益分配的重要对手。

2000 年 11 月，萨达姆宣布伊拉克决定将石油交易从美元基础改为欧元。2006 年，伊朗以欧元为结算货币的国际石油交易所正式成立，伊朗借助石油和欧元，开始挑战美元的统治地位。欧元石油的出现，并非是伊拉克、伊朗的一厢情愿，其背后肯定有欧共体在操控。而这一切已严重危及美国的核心利益。

这也注定欧元将成为美国破坏的重点对象，美国必须将某个重要的欧元区国家拖入经济危机，才能有效破坏欧元的国际化进程，才能确保美元的国际垄断地位。在这个过程中，美国的高盛公司担当起主要角色，穆迪、标准普尔、惠誉国际等评级机构起到推波助澜的作用。

美元破坏欧元的突破口选择在希腊。根据欧洲共同体部分国家于 1992 年签署的《马斯特里赫特条约》规定，欧洲经济货币同盟成员国必须符合两个关键标准，即预算赤字不能超过国内生产总值的 3%、负债率低于国内生产总值的 60%。

希腊距这两项标准甚远，这时希腊便求助于美国投资银行“高盛”，高盛公司为希腊设计出一套“货币掉期交易”方式，为希腊政府掩饰了一笔高达 10 亿欧元的公共债务。除了这笔借贷外，高盛为希腊设计了将国家彩票业和航空税等未来的收入作为抵押来换取现金等，这些方法不会使负债率上升。

这使希腊在账面上符合了欧元区成员国的标准。但在货币掉期交易到期的时候，希腊债务问题便暴露出来。利用希腊多笔债务到期在即，穆迪、标准普尔、惠誉国际等美国评级机构大肆“唱衰”希腊，不断传出希腊破产谣言等，发行希腊债务的高盛和两家对冲基金则轮番抛售欧元，从而使欧元面临重大信用危机。

其实，美国并非针对希腊一国，据透露，高盛的这种手法同样用于意大利、西班牙，显然，欧元国际化之路不会平坦。由于美国对欧元的设伏，欧元将很难与美元争夺国际货币霸主地位。

即使欧元渡过这一难关，美国也不会善罢甘休，只要美国政治军事实力还在，超级大国观念还在，欧元国际化进程中必然会被美国杀出新的利器。

6. 明修栈道，暗度陈仓

客观地讲，美元作为国际通用货币，确实促进了世界经济发展。因此，对于美国发行美元，各国大多没有反对意见，更多的是，乐于见到美国有效管理美元，美国顺水推舟，给各国看到了美国的“负责任大国”形象。

然而，美国奉行的是实用主义，国家利益至上，在国家利益驱使之下，美国免不了极力推动货币霸主策略，在推动世界经济发展的同时，大肆剥削他国财富。这种不劳而获的做法，显然是没有道义的。

美国之所以极力推行货币霸主策略，是基于该策略有以下几个基本特征。

一是蒙蔽性很强。在传统的国际金银本位体系中，黄金白银生产成本很高，产量有限，其生产国获利有限，在国际贸易中仅充当交易中介作用。而在国际美元体系中，美元的发行成本很低，其中电子货币发行成本几乎为零，在国际贸易中不仅仅充当贸易中介，更主要的是充当黄金白银的生产者，由此获得巨额收益。这种角色转换，常人难以发觉，没有相当经济学研究功底的国家难以知觉。

二是空手套取财富。该策略的实质，是垄断国际货币，通过发行货币（包括电子货币），出售货币，以换取其他国家大量财富；或通过发行外债，转嫁国家财政负担；或通过货币流量控制汇率，吸纳其他国家财富，打压其他国家经济等。其实都是空手套取或控制其他国家财富。

三是主导世界经济。货币是市场基础，谁控制了货币，他就控制了市场，主导了经济发展。美元这个国家主权货币充当国际通用的主流货币，是国际贸易的主要结算货币，是衡量国际物价水平的基准货币，是世界各国争相储备的国际货币。美国控制美元，也就主导了世界经济发展方向。

四是主权国家管理。美元既是国际通用货币，更是美国的主权货币。美国可以独立处置美元，独自发行美元，独自管理美元。美国可以依据本国发展需要，或增发货币，或收缩货币流通量，或推动美元创新等。由于这些活动对他国经济影响重大，因此也决定了美国国内经济政策演变为国际经济政策。

7. 搬起石头，可能砸自己的脚

美国推行的货币霸主策略，具有很大的杀伤力，美国可以悄无声息地吸取各国财富，各国也心甘情愿将财富源源不断输给美国。

对于其他国家而言，是一场无休止的被剥削、被压迫的经济行为，而对美国而言，是一劳永逸的行为，是违背人类自由平等原则的做法。

某个霸权国家，仍以美国为例，若要推行货币霸主策略，利与弊是并存的。

有利之处，通常主要包括三个方面：

一是发行货币换取其他国家财富。霸权国家只要搅乱大宗原油市场，抬高市场价格，就可以通过发行货币获得大量财富，这也就是为什么美国总是成为中东地区及其周边地区战争的幕后指使的最大原因。同时，国际贸易的快速增加，对国际通用货币需要增加，也为霸权国家发行货币获利提供重要来源。

二是控制国际贸易及主要国家经济。货币是产品和服务市场的基础，控制了货币也就控制了市场。美元作为国际通用货币，同时也是主权货币，其控制权是美国执政当局，美国通过控制美元，就能够控制全球产品和服务贸易市场，能够控制其他国家的进出口贸易，如通过操控美元汇率市场，就可以操控他国对外贸易，掌控全球贸易。

三是提高政治和军事实力。美国发行美元，给美国带来巨大财富，有了这些财富的支撑，美国就可能进一步增强军事实力，进一步提高国家政治影响力，可以培植部分国家的分裂势力，如给中国境内外的新疆分裂组织提供活动经费，给伊朗政府敌对势力提供经济帮助等。

美国强大的政治和军事实力，又为其巩固美元的国际地位提供了保障，为其稳固世界领导地位提供了保障。如通过对伊拉克战争，控制了中东许多国家的石油进出口，进而稳定了美元的国际霸主地位，确立了美国在中东地区的领导核心地位。

不利之处，通常主要存在三个风险：

一是与其他大国、强国的对抗风险。美国要维护其美元的国际货币霸主地位，必须打压其他国家主权货币的国际化企图，如对欧元、日元、人民币等日益国际化的货币进行破坏和打压，使这些货币不能取代美元地位。这必将引发和激化美国与其他大国、强国的矛盾，给美国带来许多政治、军事和经济风险。

二是受世界许多国家共同反抗的风险。由于美国通过美元对世界许多国家的无休止剥削，随着时间的推移，许多国家必将发现这个不可告人的秘密或阴谋。有剥削就有反抗，持续的剥削行为，将引发许多国家共同奋起反抗，国多力量大，当反抗力量聚集到一定程度时，会引发美国与多个国家的暴力冲突。

三是引发全球通货膨胀的风险加大。由于霸权国家的贪得无厌，以及军事活动和政治活动的大量开支，霸权国家将发行越来越多的货币。当全球产品和服务生产能力基本停滞不前时，大量的货币供应，将不可避免地引发全球性通货膨胀，这对美国和全球各国来说，将是一场噩梦。

8. 不是一般国家所能为

在国家经济争斗中，货币霸主策略杀伤力极大，为什么中国、日本、德国、法国等国家没能实施，难度在哪？究其原因，实施国际货币霸主策略，至少有三个基础前提。

一要有雄厚的国家经济实力。某种主权货币要成为国际通用货币，这个国家必须在国际经济体系中，占有相当重要的地位，尤其在国际贸易中占有相当比重，唯有此，才能支撑其主权货币（如美元）成为国际通用货币，才能稳固其国际货币地位。

二要有强大的政治军事支撑。为维持主权货币（如美元）的国际通用货币地位，必须有强大的政治和军事保障，否则，就不能打压其他主权货币（如日元）的国际化，就不能保证全球国际贸易采用其主权货币。

三要有规范的货币管理体系。作为国际通用货币，必须比其他主权货币币值更加稳定，更有信誉，更容易兑换，更符合国际对货币管理的要求，因此，必须规范化管理、法制化管理，否则货币信用就会下降，各国不愿储备该货币。

对比这三个基本条件，可以预测，日元、法郎等货币，因其国家政治、军事实力不强，难以替代美元的国际货币霸主地位。英镑、新加坡元等货币，因其国家经济实力不济，不可能替代美元的国际货币地位。

近年来，虽然欧元、人民币、卢比等货币的国际化进程加快，但这些货币由于挑战美元的国际地位，将不可避免地与美国产生冲突，为维护美元的国际货币霸主地位，美国将运用政治、军事和经济等各种手段，对这些国家的主权货币国际化进程进行破坏或打压，取代美元的国际货币霸主，需要走很长的路。

某个国家要推行货币霸主策略，除了解决美国打击之外，必须解决好以下五个基本问题：一是让本国货币成为国际通用货币，印刷纸币出售获利。二是挤压美元、日元等国际货币，强行推行本国货币国际化，巩固本国货币的主流国际货币地位。三是取代他国主权货币，捆绑国际大宗商品价格，让本国货币发行量越来越多。四是让各国增加本国货币储备，发行国债，设法让全球通货膨胀降下来，确保可持续增发货币。五是利用过剩本国货币，收购他国企业，控制其国家经济等。

策略五：逆差指控——对美贸易平衡是伪命题

1. 得了便宜还卖乖

2002 年中国加入 WTO 以后，很快成长为世界贸易大国，随之而来的是，中美贸易逆差不断飙高，许多美国议员频频施压，将美国丢掉数以百万计的制造业岗位，归咎于美中庞大的贸易逆差，归咎于中国蓄意低估人民币币值等。

许多国人不明就里，以为中国应加大进口美国产品和服务以平衡贸易。其实，这些国人都被美国搞糊涂了，这世界上，哪有跟美国贸易平衡的国家?

美国以出口美元为主，其他国家以出口产品和服务为主，而国际贸易额统计仅限于产品和服务贸易，美元不计其中，美国怎会有产品和服务贸易平衡之说，美国永远是产品和服务贸易的逆差国!

这不由让人想起20世纪80年代，日本、德国等国工业发展迅速，贸易出口大增，他们与美国的产品和服务贸易产生了大量顺差，美国以贸易不平衡为说辞，向这些国家施压，最后美、日等国签署了“广场协议”，日本为此付出巨大经济代价，步入了10年的经济衰退期，深刻地领教了美国逆差指控的威力。

这里所说的逆差指控策略，也可称之为贸易逆差指控策略，是指霸权国家以贸易逆差为幌子，指责贸易顺差国家多出口少进口、低价倾销、挤压就业等不公平贸易行为，以此为借口，或进行反倾销，或出台政策打压，进一步掌握国际贸易规则话语权，让贸易顺差国家或让利给霸权国家，或限制打压其国家经济，从而达到控制其他国家的目的。

就美国而言，是指美国利用贸易大国对美贸易顺差过大，国际贸易不平衡为托词，对出口国开征高关税等贸易制裁，使美国既获得巨大的货币发行财富，又获得巨大的贸易制裁财富，并且还在道理上赢得众国信服，同时借此向世界销售价格高昂的武器和高科技产品等，由此获得多重收益。

这可真是得了便宜还卖乖，故作心疼，逼得中、日、德等贸易大国，一次又一次，把银子放进他人口袋，美国才罢休。

2. 汇率之战，日本惨败号哀

第二次世界大战以后，美国完全控制了日本的政治和军事，为了让日本死心塌地地跟随美国，让日本为美国的全球扩张提供经济支撑，一方面，鼓励和支持日本发展经济，另一方面，美国极力控制支配日本经济，将日本牢牢掌握在美国手中。

受到美国的政治军事保护之后，日本把所有时间和精力用在经济发展上，日本经济实现了持续快速发展。由于日本受自身资源、市场空间的限制，且要为美国提供经济支持，美国自然成为日本推动经济扩张的首选目标。

日本向美国大量推销物美价廉的产品，美国只要印刷美元就能获得这些产品，当然是乐不可支。在美元发行无限的支持下，美国形成了庞大的消费需求，在这种需求的推动下，日本出口经济得到全面发展，并形成了出口型主导的经济发展模式。

美元与日本外向型经济挂钩的问题，很快就出现了新的问题。美国的美元发行越来越多，日本对美国产品贸易顺差越来越大，日本人拥有大量的美元，但美国又没有什么东西可买，只能购买美国的国债、房产、股票等，大有收购美国之势。

到 20 世纪 80 年代，美国对日本的贸易逆差不断扩大，1983 年美国对日本贸易逆差为 195.83 亿美元，到 1986 年已上升到 550.29 亿美元。而日本对美国的顺差占美国总的逆差在 30%以上。1984 年，美国的经常项目赤字达到创历史纪录的 1000 亿美元。

这让美国人感到害怕了，必须限制日本人购买美国，控制住日本经济。于是恶从胆边生，想方设法，让日本人手中的美元贬值，购买价格高得离谱的美国民用和军用设备，让日本人缴纳更多的税款，让美元成为日本通用货币等，以此削弱日本购买美国能力。

这下美国人很快搬出了对付日本的利器：以贸易逆差为由，指控日本操控汇率，搞产品大倾销，日元必须升值（意味着日本手中美元贬值），必须购买更多的美国产品等。

就这样，美国以贸易逆差为托词，对日本展开了汇率战。

1985 年 9 月，美国、日本、前联邦德国、法国、英国等五个发达工业国家财政部长及五国中央银行行长，在美国达成联合干预外汇市场的协议，即“广场协议”。该协议目的是，使美元对主要货币有序地下调，以解决美国巨额的贸易赤字。

“广场协议”的直接后果是，日元大幅升值，日本手中的美元大为缩水，于是日本人大量抛售美元，购买日元，购买日本房产，购买日本股票，美国投资公司等金融机构更是兴风作浪、浑水摸鱼，突然间，日本成为一个投机天堂。

在日本签署“广场协议”之后，日元币值平均每年上升5%以上，股价每年以30%、地价每年以15%的幅度增长，泡沫经济离实体经济越来越远。

投机是一种零和游戏，泡沫终究是要破的。1989年日本实施货币紧缩政策，1990年伊拉克入侵科威特，日本泡沫经济被戳破了，股价和地价短期内下跌50%左右，银行形成大量坏账，日本经济进入十几年的衰退期。

然而，日本对美国的贸易顺差，并没有减少，反而继续增加，到20世纪90年代，日本对美国的顺差占美国总的逆差在40%左右，1991年甚至高达56%。

3. 平衡只是块遮羞布，逆差是永恒的

从世界范围看，几乎所有国际贸易大国，如日本、德国、中国等，与美国的贸易顺差总是占大头，这几乎是一个基本规律。

如德国作为世界工业强国和贸易大国，对美贸易顺差已习以为常。据德国联邦统计局资料，2006年德国贸易顺差1646亿欧元，在德国的贸易伙伴中，德国对美国贸易顺差最多，为295亿欧元。2010年德国经常账户顺差达1299亿欧元，占GDP比重达5.2%，在德国的贸易伙伴中，德国对美国贸易顺差最多。

又如中国，作为世界重要的新兴大国，在改革开放之后，尤其是加入WTO后，中国对美出口顺差额不断扩大。2000年中国超越日本，成为美国第一大贸易逆差国。2004年中国对美国顺差达800亿美元（美国说法是1600亿美元），2008年对美国顺差高达1640亿美元（美国说法是2850亿美元）。2011年，中国对美国的顺差为1500多亿美元，而美国的逆差是7372亿美元，中国对美国贸易顺差大概占了美国整个贸易逆差的1/4到1/5。

由于中美贸易的巨额贸易顺差，两国经济摩擦不断，部分美国议员轮番登场，指控中国贸易倾销、汇率操控等问题。

为什么美国总成为国际贸易逆差国，成为被同情者？难道真的是，国际贸易大国只关心出口美国，而不关心进口美国吗？

其实不然，美国之所以成为被同情者，最重要的原因，是国际美元作怪，国际美元是罪魁祸首。

当然，帮凶是国际贸易组织。该组织只强调产品和服务贸易，没有把货币贸易纳入统计范围。

国际美元有了国际贸易组织这个帮凶，造成了美国不可避免的贸易逆差。

基于美国政治、军事强势支撑，美元在国际贸易中拥有绝对的强势地位，美元是世界贸易的基本中介货币。哪个国家要开展国际贸易，必须向美国购买美元，否则就难以成行。哪个国家绕开美元，将受到美国的种种牵制。

因此，任何一个国家开展国际贸易，首先要向美国出口，以换取美元。美国只需要印刷美元，就可以购买世界各国产品。这就形成，美国出口美元、进口产品，别国出口产品、进口美元，这一进一出，美国当然是产品贸易顺差国。

而世界贸易大国要开展贸易，前提条件是拥有大量的国际货币——美元，因此必须先向美国出口产品和服务，进口美元。美国则相反，这就造成不可避免的对美贸易（产品和服务）逆差。

如中国、沙特开展食品与石油贸易，为了顺利贸易，首先中、沙两国拥有交易中介——美元，而美元的产地只有一个，那就是美国。中、沙两国要获得美元，只有一条途径，那就是向美国出口食品和石油，才能换取用于贸易必备的美元。从美国角度看，美国向中、沙两国出口了 2M 美元，从中、沙两国进口 2M 美元食品和石油，产品的贸易逆差是 2M 美元，货币贸易顺差是 2M 美元。

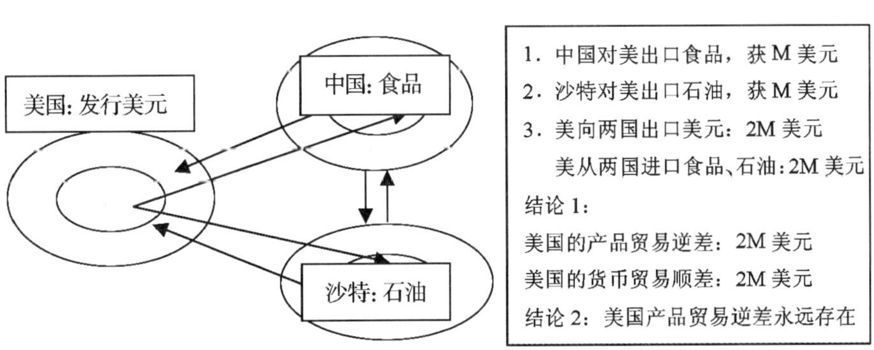

图 13　美国产品和服务贸易逆差原因

就这样，美国不劳而获，反而以所谓的“产品和服务贸易不平衡”为理由，对美国已剥削的国家横加指责，真的是“得了便宜还卖乖”。

所以说，美国贸易逆差是美元国际货币霸主的必然结果，美国贸易逆差指控完全是一种托词，一种操控世界贸易大国的方法，世界各国都被美国蒙蔽了。

4. 谎言总有戳穿时

为什么美国能够堂而皇之实施逆差指控策略？为什么日本、德国等国没有识破这些伎俩？这主要是因为该策略具有以下两个基本特征：

一是视而不见货币贸易。在国际贸易中，不仅仅是货物与服务贸易的过程，更是货币贸易的过程。美国为了蒙蔽发行货币获利的事实，可以操控国际经济组织，以统一统计口径为由，只关注产品和服务贸易，漠视货币贸易。使世人感觉美元与黄金、白银等国际货币相同，不必对货币贸易进行统计。

二是虚张声势的报复性。美国利用产品和服务贸易逆差说事，对外声明是报复行为，借机提高进口关税、征收反倾销税等，以此获得大量不义之财。在这个过程中，美国的行动大帽子下，经常留有余地，让受害国既付出代价，又能够持续对美国出口，可以说是用大棒与萝卜对付贸易顺差国。

这里面大有文章，试想，如果这些贸易顺差国停止对美国出口，不再换取美元了，那美国不是两头落空了吗？

从美国实施逆差指控策略的实践看，该策略利与弊同时存在。

有利之处，主要包括四个方面：

一是限制他国经济发展。以产品和服务的国际贸易平衡理论为道义支撑，以及相应的贸易平衡制度设计，使全球各国（尤其是经济强国）在国际贸易过程中，不约而同地陷入对美国的贸易顺差中，美国以此为借口，不间断地指控，达到限制和操控经济强国发展的目的。

二是操控国际贸易规则。美国以贸易不平衡为借口，打压其他经济强国，增强美国在国际贸易中的话语权，操控国际贸易规则，进而操控其他国家经济发展。如 80 年代美、日等国签署的“广场协定”，后来演变成为美、日等国的贸易规则。

三是直接增加国家财富。通过贸易逆差指控，出台提高关税政策，或让经济强国高价进口，从而达到美国“合情合理”地增加国家税收的目的。如 2012 年 5 月 17 日，美国商务部决定对中国企业出口到美国的光伏产品采取反倾销措施，征收的惩罚性关税从 30%到 240%不等，这将给美国政府带来很多税收。

四是获取国际同情和支持。美国提出的贸易逆差指控，是基于大量贸易逆差的基础之上，通过媒体的宣传报道放大，让国际社会普遍认为，这是中国、日本等国家自私自利，只出口不进口的结果，在道义上，美国赢得大多数国家的同情和支持。

不利之处，主要面临三个方面的风险：

一是阴谋识破风险。美国故意漠视国际货币贸易，操纵国际贸易组织，推动产品和服务贸易平衡的阴谋设计，随着时间推移，以及国际贸易理论研究不断深入，人们就会发现，以产品和服务贸易为基准的国际贸易平衡理论，是一种阴谋陷阱。这种阴谋一旦被识破，美国将面临诸多国家的共同反对。

二是美元挤出风险。许多国家为了避免扩大与美国的贸易顺差，为了避免受到无休止的指控和剥削，在国际贸易中采用双边互换货币、物物交易等形式进行，如果这种现象普遍化，则将大大弱化美国贸易逆差指控策略的实施效果。如近年来中国和日本签署货币互换协议，两国贸易可以避开美元结算方式。

三是鱼死网破风险。对美国来说，逆差指控也要付出许多经济代价，主要是指控措施不仅伤及对方，同时也伤及自己。如美国对中国纺织服装进行反倾销调查和指控，使物美价廉的中国纺织服装退出美国市场，由于纺织服装是基本生活物资，取代中国纺织服装的是高价的欧洲产品，那美国人将付出更多消费，美国的做法将得不偿失。

5. 软实力是成功实施的关键

某个国家要推行逆差指控策略，以达到霸国战略目标，首先需要具备以下三个条件：

一是稳固的主流国际货币地位。如美国，若是美元没有稳固的国际地位，被欧元、日元、人民币等取代，成为国际主流货币，那美国的产品与服务贸易逆差将不复存在，逆差指控就失去了基础。

二是主导国际贸易组织及规则。如美国，依托国际贸易组织，主张和提倡贸易平衡理论，仅仅强调产品和服务的国际贸易平衡，漠视国际货币贸易平衡，并将之视为国际贸易行为准则。若不是这样，美国就不会存在贸易逆差，其他国家也不会顺从美国的指控，美国逆差指控策略就会化为泡影。

三是艺术性的贸易逆差指控。即适可而止的贸易指控，过度的惩罚，对实施国也会造成实质性伤害。如美国，在实施这个策略时，既要让全球各国愿意向美国输送财富，又要确保各国不至于强烈反抗，如果美国惩罚太强硬，被惩罚国家停止向美国出口，美国将得不偿失。

某个国家实施逆差指控策略，通常可通过以下步骤来完成：

第一步，促成国际主流货币。主要是促成推行国主权货币国际化，并利用各种手段，不断打压其他主权货币国际化进程，使推行国主权货币成为主流国际货币。

第二步，操控国际贸易组织。通过制度安排，操控国际贸易组织，在国际理论的舆论上，主要强调产品和服务贸易，故意忽视国际货币贸易，这是该策略的关键性步骤。

第三步，超低利率以鼓励进口。由于只发行货币获利很多，需要换取其他国家财富，这就要鼓励进口，尤其是进口出口大国的产品，以此引导这些国家不断出口，增大对国际货币的需求。

第四步，逆差后指责对方。由于贸易大国对国际货币需要增加，以及推行国进口大增，这就不可避免地形成贸易逆差，以此为借口，对出口大国横加指责，指责其只出口不进口，对贸易出口大国施加压力。

第五步，出台逆差反制政策。为了实现所谓国际产品和服务贸易平衡，推行国针对贸易顺差国出台一系列的政策，核心是降低进口价格、提高进口税收、促进高附加值产品出口等，以控制对方国际贸易。

策略六：掌控战略资源——捆绑销售石油与美元

1. 控制了石油，就控制了所有国家

许多人常引用美国前国务卿基辛格的话，“谁控制了石油，谁就控制了所有国家，说控制了粮食，谁就控制了整个人类”。以此来说明这两大资源的重要性。因此，许多国人认为必须把石油等战略资源掌控在自己手中。

在这种思潮的引导下，中石化和中海油这两大国有石油公司大力进口海外石油，耗用巨资建立海上和陆上石油通道，不遗余力地开展石油储备。然而，这么多年来，没有人质疑这是否是陷阱。

反观美国，一方面，美国石油公司致力于控制全球石油市场，另一方面，美国限制石油公司开采美国本土的石油。美国人宁愿高价进口石油，让国民深受高价油之苦，却不开采本土石油，难道是美国人傻吗？

其实不然，美国人之所以这么做，核心问题还是美元，美元与国际石油贸易是捆绑销售，石油价格飞涨，受害者是石油消费国，当然也包括美国人，但最大的受益者主要是美国。

这是因为，石油价格飞涨，就会引发全球性物价上涨，随之而来的是国际贸易额大幅提高，美元需要量大涨，美国开启电脑，发行电子货币，就可获得巨大收益，相比而言，石油消费损失只不过是毛毛雨。

因此，中国的石油进口战略，正好中了美国的石油战略圈套。美国的这种石油战略设计，才是真正的石油战略资源策略。这也就是为什么中国虽然是稀土、钢材等资源的最大出口国，却不能操控全球经济的原因。

所谓掌握资源战略策略，是指霸权国家对世界各国经济发展影响重大的市场化战略性资源，如石油、粮食、水、土地等，有选择、有预谋地进行控制，从而达到控制其他国家经济发展的目的，进一步促成和巩固其全球领导地位。

2. 石油与美元，是一对利益共同体

随着汽车时代的到来，作为动力原料的石油已成为世界发展的基本战略物资。由于石油是一次性资源，石油拥有量和开采量是有限的，人类对石油的需要是无限的，这就形成石油供给与需求的巨大缺口。

这给许多国家拓展了广阔想象空间：只要能够控制石油，就能够控制其他国家。如何控制石油？常规路径有两条，一是控制石油生产，控制石油生产国；二是控制石油消费，控制石油市场。由于石油生产的国家较多，石油消费的国家更多，控制石油几乎不可能！

美国不愧是最具想象力的国家，美国抛出了超出常规的方法：让美元与石油挂钩，石油用美元标价、用美元交易，美国通过控制美元，就可控制世界的石油生产和消费。

当然，美国这个想法来自于英镑石油。

在第二次世界大战之前，英国的英镑成为世界石油贸易的基本中介，英国及英镑区的国家曾利用英镑排挤美国石油公司。但是，当时英镑与黄金挂钩，石油价格变动较小，英国从中获利也比较少。

第二次世界大战以后，美元取代英镑成为世界货币，但美元与英镑成为石油贸易的重要货币，美元石油与英镑石油并行。当时，美元与英镑都与黄金挂钩，石油价格变动对国家利益影响有限，其功能也仅限于标价。

到了 20 世纪 70 年代，美元主导了世界货币，美元也与黄金脱钩，美元是美国的国内事务，美国人想印刷多少美元，就可以印刷多少美元，没有哪个国家或国际组织可以干涉。

这给美元与石油挂钩，增加了两个全新的功能，一是直接发行美元来购买石油，满足美国石油需求；二是影响石油供求，只要石油价格上涨，美国就可发行美元获利。

当然了，要控制世界石油，并且从石油价格上涨中获利，就必须让石油与美元紧紧挂钩，而且不允许其他国际货币与石油挂钩。

于是，在 20 世纪 70 年代，美国和世界第一大石油出口国的沙特阿拉伯签订了一系列秘密协议，其中在“不可动摇的协议”中，沙特将美元作为出口石油唯一的定价货币。当然了，美国也必须保护沙特的国家安全和石油安全，向沙特提供军事和技术援助等。

由于沙特是欧佩克的重要成员国，在欧佩克中具有重大决策权，因此，欧佩克其他成员国也接受了这一协议。从此，美元与石油“挂钩”成为世界的共识，任何想在国际市场中获得石油的国家，都不得不把美元作为外汇储备。

在石油资源枯竭理论的推动下，美国将石油美元作为国家谋取最大利益的重要手段。

20 世纪 70 年代，中东地区爆发阿以战争，致使国际石油价格不断上涨，石油贸易额不断推高，作为贸易中介的美元需求也水涨船高，美国通过发行美元获得大量收益。

到20世纪80年代，石油美元变本加厉，将“石油期货”这种金融工具发挥到极致，华尔街将美国控制世界石油推上新高度。这种机制抛开了传统的石油供需法则，它通过控制石油远期价格，利用石油套取大量国际资金，同时也推动了石油价格的不断上涨。

这种模式，使美国华尔街金融机构赚得满满当当，使美国联邦政府不停地开动美元印刷机，美国从控制石油，发展到以石油谋暴利的新阶段。

为了控制整个伊斯兰世界石油资源，通过搅乱中东国家，不断推高石油价格，使美国获得更大的货币发行收益，美国制定了“大中东”计划。

美国发动或诱导产油国的战争，如以色列战争、伊拉克战争、利比亚战争等，使产油区进入混乱，其最终目的就是牢牢控制核心战略资源——石油，并以此作为将来敲诈石油进口国的筹码。

这是因为石油消费国需要美元来购买，而美元只有美国才能发行，石油价格涨得越高，美元需要量越多，财富越向美国聚集。

与此同时，石油出售国通过石油销售获得大量美元，除了购买生产生活产品和服务外，大量美元又返回美国投资、储备，进而又促进了美国财富创造和积累。

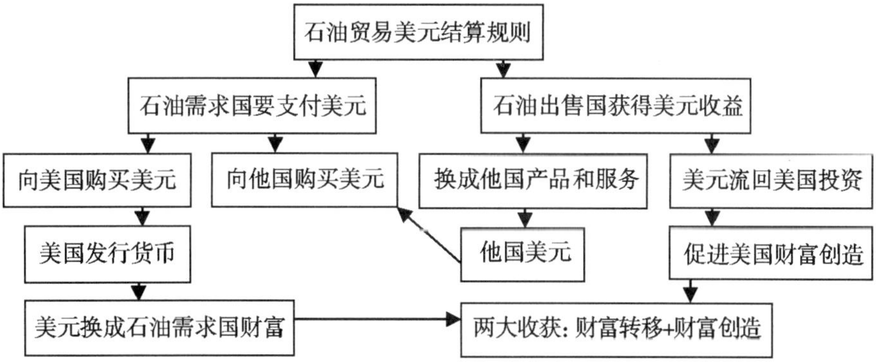

图14　石油贸易美元结算规则

3. 稀土，幻想控制世界

近年来，中国有关控制稀土出口的呼声很高，美国、日本等国家对中国稀土配额出口很是敏感，并提出异议。这给很多国人产生了很大的想象空间，有些人甚至提出要跟美国控制石油一样，通过控制稀土来控制世界经济。

不可否认，中国拥有丰富的稀土资源，稀土储量约占世界总储量的23%。2011年，中国稀土冶炼产品产量为9.69万吨，占世界总产量的90%以上。中国生产的稀土永磁材料、发光材料、储氢材料、抛光材料等均占世界产量的70%以上。

中国也拥有良好的稀土资源开发能力，目前有内蒙古包头、四川凉山轻稀土和以江西赣州为代表的南方五省中重稀土三大生产基地，具有完整的采选、冶炼、分离技术以及装备制造、材料加工和应用工业体系。中国已成为世界上最大的稀土生产、应用和出口国。

但是，这只是表明中国有控制稀土的可能性，但没有多大的把握借以控制世界经济，搞不好，可能搬了石头砸自己的脚。

其中原因有三个，一是稀土能否成为国际战略性资源，二是中国能否控制稀土资源，三是中国能否通过稀土控制世界经济。这些都是个怀疑的问号，而不是十分有把握的感叹号。

首先，我们来分析，稀土能否成为中国的国际战略性资源。

在现代经济活动中，有些经济资源可以决定国家命运，这些资源可以称之为战略性资源。从近年各国经济发展来看，粮食、水和土地是决定国家生存的战略性资源，而石油是决定国家经济持续发展的战略性资源。

稀土是高科技产品生产的重要材料，稀土能够决定一个国家的前途命运吗？显然不能，只能说，可以控制某个国家的高新技术产业发展。因此，稀土只能成为控制国家高端发展的战略性资源。

其次，我们来分析，中国能否控制稀土资源。

控制战略性资源，途径无非是两条，一是控制资源供应，二是控制销售市场。中国要控制稀土供应，短期内是可以的，但中远期就难说了，因为中国稀土储量只占世界总量的23%，中国不生产，其他国家也可以生产替代。而稀土市场的世界各国需求，中国是没法控制的。

第三，我们来分析，中国能否通过稀土控制世界经济。

从美国控制石油的实践看，之所以能够控制世界经济，主要具备以下三个基本特点：

一是大宗性。美国所选择的石油资源，是国际贸易的大宗商品，而且石油在全球经济发展中具有重要战略地位，各国发展离不开石油。只有大量供应石油才能满足各国需求，而石油资源生产国家少，生产量有限。

二是操控性。即美国对石油资源的控制，是控制了石油供给方与需要方，包括融资环节、生产环节、交易环节、销售环节等的操控，其中，最关键的是石油定价与交易环节的操控。

三是捆绑性。美国控制石油资源，不仅仅是生产与供应的控制，石油价格的控制，更主要的是将石油资源交易与美元挂钩，发行美元就可能控制石油供求，通过石油美元联动，能够获取更多收益。

而中国稀土冶炼产品产量为 9.69 万吨，谈不上大宗商品；在稀土产业链中，中国只控制了生产，而融资、交易等环节不能控制；在国际稀土市场中，人民币定价和结算还没形成。这就注定中国控制稀土资源，不可能像美国控制石油一样。

4. 捆绑销售另有目的

美国实施掌控战略资源策略，从表面层次看，是美国保护其国内石油需求的需要，以免被世界产油国所控制，也是控制其他国家石油供求的需要。

从深层次看，是美国将石油与美元进行捆绑作业，建立石油与美元联动机制。这样，只要石油价格上涨，美元需求量随之增加，美国政府可以坐地发行美元，获取石油涨价的同等收益。

从更深层次看，美国政府通过操控美元，操控国际金融，进而操控石油市场，把各国玩得团团转，有些国家不得不有求于美国，不得不将财富拱手让给美国。

美国国内石油储藏量巨大，虽然石油价格高涨，但却不允许开采国内石油资源，这也从另一个侧面说明，美国控制石油，并非保证其国内石油需求，而是另有目的。

某个国家能否实施掌控战略资源策略，以成就其霸权地位，关键要认真分析其利弊。

有利之处，通常主要有以下四个方面：

一是货币发行获利。如美国通过制造区域动乱、区域战争等方式，人为制造石油供求紧张局面，以推动石油价格轮番上涨，推动国际产品和服务贸易价格上涨，使国际贸易对美元需求量大增，美国政府坐地发行美元，获得巨额财富。

二是炒作石油获利。如美国通过捆绑美元与石油，可以利用金融工具，如汇率、期货交易、股票交易、担保抵押等，通过各投资银行、基金公司等来炒作石油美元，使石油价格急剧波动，从中获取巨额收益。

三是稳定国内经济。如石油是美国人民生产、生活的必需品，只有牢固控制了石油资源，才不受石油供给国家、输送国家的讹诈，美国发展才能化被动为主动，经济社会发展才能有基础保障。

四是控制他国发展。如美国控制了国际石油资源，也就掐住了其他国家发展命脉，可以通过供给收紧、提高价格等手段来控制其他国家发展。

不利之处，通常面临三个主要风险：

一是高昂的政治军事风险。如美国操控石油战略资源，需要强大的政治、军事支撑，如发动伊拉克战争、阿富汗战争，美国付出许多士兵的生命，付出许多战争经费支出。

二是部分国家拆解的风险。如美国的石油美元策略，是以石油与美元挂钩为基础，如果中国向俄罗斯、沙特等国购买石油，采用互换货币形式来结算，就能绕开石油美元挂钩这个关节点，美国实施该策略的效果将大打折扣。

三是制约本国经济发展。如美国“石油期货”，主要由美国金融企业来操作，这些公司为了自己的利益，有时是以国家的利益为代价的，如将石油价格炒高，美国经济发展就要面临严重制约。

其中，实施掌控资源策略，最主要的手段之一，是推高资源价格。这对实施国来说，是一把双刃剑，不能一味推高，否则将对国内发展产生重大制约。为了避免伤害自己，必须合理推高战略资源价格。

以美国为例，美国推高石油价格，一方面，国家和企业获得大量收益，主要是美元发行收益、企业投资和投机获利；另一方面，美国众多企业因石油价格上涨，收入下降。这一增一减，注定着，美国必须把价格控制在合理的价位上，才能有利于国家整体发展。

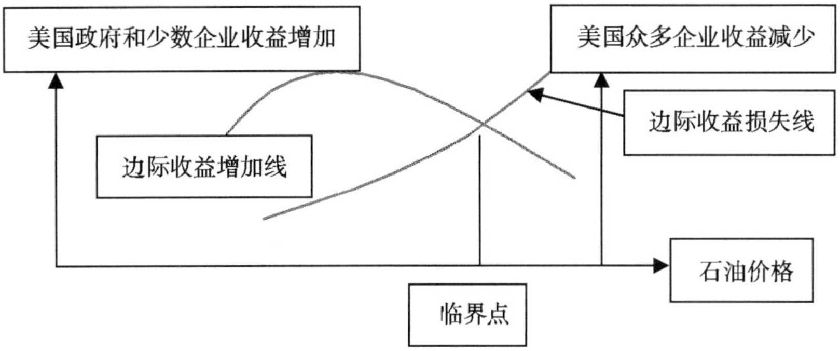

图 15　石油价格临界点

如果石油价格控制在临界点以内，美国收益增加多于损失，是比较合算的。相反，石油价格在临界点以外，美国收益增加少于损失，得不偿失。当价格处于临界点处，美国总体收益最高。

5. 战略资源的掌控

某个国家要推行掌控战略资源策略，要想取得成功，首先要具备以下两个基本条件。

一是战略资源掌控能力。包括战略资源的生产与供给能力，资源交易的控制能力，驾驭资源期货市场、融资市场等的能力，这种控制能力，不仅仅用经济实力来支撑，更需要政治和军事实力来支撑。

二是战略资源捆绑能力。如将石油定价交易与美元进行捆绑，把石油销售与美元结算进行强制性结合，形成石油与美元直接挂钩，这是实施该策略的最关键环节。这也就是为什么中国、俄罗斯、沙特等产油或消费石油大国不能实施该策略的主要原因。

某个国家实施掌控资源策略，通常可通过以下几个步骤来完成：

第一步，选择发展必需的市场化战略资源。在经济发展必需的一次性战略资源中，选择国际供需量大，需求增长潜力大，并可将国际货币与其价格挂钩，可以控制其生产与销售的，将其作为国家经济争斗的战略资源。

第二步，将战略资源与主权国际货币挂钩。通过经济、政治、军事等手段，使战略资源的国际贸易标价和交易，使用实施国主导的国际货币，并明确以国际约定（法律）加以巩固这种捆绑关系。

第三步，控制和推高战略资源价格。主要是利用战略资源的国际贸易规则，利用其与生产供给国家的关系，控制全球战略资源供给，并通过资金炒作、战争动乱等方式，不断推高战略资源价格。

第四步，炒作资源获利，发行主权货币获利。即利用国家控制战略资源能力，通过资金市场投机获利；通过资源价格上涨，推高全球资源贸易额上涨，国际货币需求量随之提高，借此发行货币获利。

策略七：群英荟萃——汇集天下各路英雄豪杰

1. 秦国网罗英才升级版

我们常说，科技是第一生产力，人才是第一资源，但为什么中国不能成为世界优秀人才的聚集地，却屡屡出现高层人才流失？为什么这么多年来，清华、北大等著名高校的许多优秀学生，把去欧美留学、工作、定居作为人生最大的理想？

反观美国，近几十年来，美国绿卡一路走红，到美国去，这是许多国家优秀人才追寻的理想。这让我们想起中国春秋战国末期的秦国，当时秦国网罗各国英才，聚集了诸如李斯等各国精英人才，最终完成了统一大业。

当今美国的绿卡、移民、留学政策，聚集了世界上最优秀的科学家、经济学家、企业家等，这些人才成就了美国的世界超级大国地位，显然，美国的人才策略是中国古秦国网罗各国精英人才的升级版。

所谓群英荟萃策略，也可称之为聚集各路精英策略，就是通过优化本国政策环境，鼓励各国优秀人才移民定居、工作生活、留学学习等，聚集世界各国精英人才，为他们提供施展才华平台，让他们发挥聪明才智，使各国人才服务于本国经济社会发展。

2. 移民，繁荣了美国经济

美国是一个移民国家，移民是美国文化的一部分，这也是推动美国发展的主要动力。

在这个移民国度中，有许多是世界名人。比如爱因斯坦，他是世界十大杰出物理学家之一，现代物理学的开创者、集大成者和奠基人，他生于德国，后受纳粹政权迫害而迁居美国，1939 年加入美国国籍。

再比如，乔布斯，美国苹果公司联合创办人，他凭敏锐的触觉和过人的智慧，引领全球资讯科技和电子产品的潮流，把电脑和电子产品变得简约化、平民化，而他的血液中，也是流淌着移民基因，他生父是阿拉伯人，生母是日耳曼人。

移民对美国成就和巩固世界超级大国地位，可谓是功不可没。据美国考夫曼基金会的报告显示，2006 年美国的专利申请 25%来自国外移民。全美的科学家和工程师当中，47%是外来移民。

1995~2005 年间，美国工程及高科技公司的 25%的创办人来自国外移民，其中一半在硅谷创业。在加州移民创办的公司比例高达 38.8%，在高科技中心的硅谷，有外国移民参与创办的公司竟占全部高科技公司的 52.4%，典型的代表是谷歌和雅虎。

2005 年，全美各地由移民人才创办的公司已经创造了 520 亿美元的产值和 45 万个就业机会。

当今世界，全世界所有受过高等教育的移民一半流向了美国，四分之一的留学生是去美国深造，大约一半的留学博士最终会留在美国工作。美国名牌大学几乎网罗了世界最优秀的人才，并千方百计留住那些精英人才，使他们为美国的科研发展服务。

美国是全球第一人才大国，美国只培养了全世界 40%的诺贝尔奖获得者，却雇用了 70%的诺贝尔获奖者为美国工作。美国许多重点科研机构、大公司科研机构的科技带头人，许多是由美籍外国人担任。

3. 聚集人才，美国的高招

考察美国聚集各路精英的历史看，为吸引各国精英，可谓是不择手段的。

早在 1945 年攻克柏林后，美国随即派相关专家调查各类科技人才情况，然后派飞机将许多优秀科学家运往美国，由美国高校和科研院所高薪录用。

在苏联解体后，美国采取金钱收买等各种手段网罗苏联优秀人才，许多优秀科学家移民美国，或为美国科技发展服务。

美国为了使移民常态化，推动选择性移民，出台并多次修改了《移民法》。目前美国《移民法》规定，凡著名学者、高级人才和具有某种专业技术的人才，不考虑其所在的国籍、资历和年龄，一律优先允许入境。

《移民法》还规定，美国每年要留出相当数量移民名额用于从国外引进高科技人才。如 H-IB 签证，就是美国给具有特殊专长的外国人签发的入境证件。

在 1990 年美国国会创立 H-IB 签证之初，每年签发 65 万，允许具有学士学位或更高学位的外国人到美国工作。到 1998 年，美国国会又将 1999 年和 2000 年这类签证的名额增至 115 万。

近年来，美国又提出制定创业签证的法案（Start-up Visa Act）。这项法案鼓励外国人到美国投资创业，只要在两年内创造 5 个以上工作岗位，吸引到 100 万美元投资，或是使营收达到 100 万美元，就可以在美国合法居留。

这项提案获得许多重量级投资者和创投家支持，因为美国许多优秀的股票上市企业是由移民创立的，包括谷歌、雅虎、英特尔等。

那么许多人会追问，凭什么美国能够给外来人员提供优厚待遇？难道美国不怕引进人才而带来严重的失业问题？

对于第一个问题的回答，还是与美元有关，世界各国都向美国出口以购买美元，美国成为世界物美价廉商品聚集地，成为美元聚集地，这些得天独厚的发展环境，为各国精英人才提供了世界一流的就业、创业平台和优厚待遇。

关于第二个问题，美国并非欢迎所有来客，只针对高层次和紧缺人才，几乎没有对本国国民就业造成冲突。这些高层次和紧缺人才，为美国经济发展注入了活力，创造出更多的就业机会，如创办企业提供新就业岗位等。

显然，美国网罗全球精英，主要有两大法宝：一是经济诱导，通过高价收购其研究成果，提供优厚待遇吸引和留住优秀人才。二是人尽其才，为优秀人才发挥作用提供良好的平台载体，如世界一流的科研设备，世界一流的创业环境等，使各国优秀人才为美国发展服务。

据联合国有关统计，2005 年全世界大约 30 个国家制定了便利高技能人才入境的政策或计划，其中 17 个是发达国家。尽管如此，近年来美国仍是全球人才竞争中的最大受益国，美国每年批准 9 万个左右工作签证和 14 万职业人才移民获得绿卡，远超过其他鼓励移民的国家。

4. 伤心总是难免的

从美国的实践看，群英荟萃策略具有以下几个特征：

一是选择性。美国移民政策，主要以世界高层次专业人才的移民为主。在这种移民政策引导下，引进各行各业的高层次人才，包括科学家、政治家、教育家、企业家、紧缺技能人才，也包括具有发展潜力的学生等，而不是普通的技术工人和非技术工人。

二是世界性。美国移民政策不是针对某个国家，而是面向全球各国，只要符合条件要求，不论国籍、国别、种族。因此，这些高层次专业人才来自全球各地，包括欧洲、日本等发达国家，也包括中国、越南等发展中国家。

三是多样性。美国移民政策不仅仅是移民定居，也包括到美国长期或短期工作、留学等多种形式。因此，美国能够吸引来自五湖四海的高层次专业人才，让他们融入美国主流社会，以此让世界各国优秀人才为美国经济社会献策献力。

四是平台性。也就是积极搭建就业创业平台，鼓励各类科研机构、教育机构、公司企业等吸纳高层次移民群体，尽可能发挥这些人才的聪明才智，使他们在不同工作岗位上，做出世界一流的业绩，以人尽其才留住各国优秀人才。

实施群英荟萃策略，是一把双刃剑，对于某个国家来说，有利也有弊。

有利之处，主要包括三个方面：

一是提高本国实力，抑制他国发展。如对于美国而言，是提高自己、抑制别人，与中国古代春秋战国末期秦国的聚集各国精英思路相似。一方面，吸走他国精英人才，弱化他国发展能力，打压他国经济发展；另一方面，发挥他国精英人才作用，服务于自身经济社会发展，以巩固其世界领导地位。

二是实现低成本扩张，促进国家经济发展。如美国不用花费大量价钱，年复一年地聚集各国精英，形成各国精英人才的聚集高地，而经济社会发展的关键是人才，这些人才促进了美国科技进步，提高了美国整体劳动效率，推动了美国经济社会的持续高端发展。

三是转移他国财富，增进国家财富积累。各国精英人才，通常是其他国家花费大量资金投入培养出来的，这些人力资本是财富积累的重要组成部分，从财富积累角度看，吸纳这些精英人才就是将其他国家财富积累转移过来，吸引精英人才越多，国家财富积累也越多。

不利之处是，主要面临三大风险：

一是高付出、低收益风险。实施该策略，首先要为各国精英人才提供必要的经济保障，如工作岗位、创业平台、住房保障，以及诸如助学金、奖学金、社会保障金等，这是引进人才必须付出的经济代价。如果不能发挥这些人才的应有作用，则将是一笔亏本买卖。

二是就业冲突的风险。引进各国优秀人才，虽然是错位引进，但这些人才依然对引进国多个行业造成就业冲击，尤其是科技进步的劳动替代，它对引进国传统就业岗位的冲击是不可避免的，这将增进引进国的就业负担，并有可能引发社会不稳定现象。

三是回流人才竞争的风险。各国优秀人才有流入，也有流出，如部分精英人才在美国学成回国、创业后返回投资、科研人才归国等。特别是一些敌对国家，回流人才可能带走核心科技，这给美国的国家安全、经济安全等带来诸多潜在风险。

5. 只有实力，才能支撑

某个国家推行群英荟萃策略，以达到称霸世界的目标，首先要具有以下几个基本条件：

一是开放包容的心态。国家拥有公平公正的制度，能够包容世界，包括包容不同的宗教信仰、不同肤色群体、不同的风俗习惯，能够为不同种族的人提供公平的待遇。

二是足够的经济吸引力。主要是经济收入和福利水平，如能提供比其他国家更加高的收入，提供更优惠的福利待遇，使各国精英人才安居乐业，同时给他们以平等公平的社会地位，让他们融入主流社会，以此激励他们创造出更多的社会财富。

三是拥有一流的工作平台。主要是给各国精英人才提供财富创造平台，包括各类企业、研发机构、教育机构等，激发他们创造世界一流的财富。如许多高等院校、科研院所、金融公司、科技企业等，每年都面向全球招兵买马。

某个国家推行群英荟萃策略，通常可通过以下几个主要步骤来完成：

第一步，健全制度，开门迎精英。建设开放移民国家，建立健全精英移民政策、居住政策和工作政策，以宽广的胸怀欢迎各国精英人才，包括科技界、社会界、企业界等方面精英人才，包括在高校就读的各国优秀学生，促成海纳百川的精英人才聚集高地。

第二步，人尽其才，留住精英。通过为各国精英人才提供高薪的工作岗位和发展平台，让他们享受高水准的福利待遇，拥有优越的居住条件等，使各国精英人才自愿留下来服务，并充分发挥他们的聪明才智，创造出世界一流的工作业绩。

第三步，积聚群英，征服各国。通过源源不断吸取各国精英人才，实现人力资本财富的转移聚集，提高国家整体财富创造和积累能力，并削弱其他国家人力资本积累和财富创造能力，从而征服各国。

策略八：军工垄断——抢占高科技产业制高点

1. 顶端优势

大多数植物都有顶端优势现象，顶端优势强的植物，几乎不生分枝，如向日葵。同样，在国际科技领域，也存在这种类植物现象，强势国家包揽了高尖端科技。

冷战结束以后，苏联的军事力量迅速瓦解，美国则高歌猛进，从广袤的太空，到广阔的海洋，美国军事力量无处不在。没有了苏联这个强劲对手，以美国现有的军事力量，对付其他国家绰绰有余，美国为什么还要长期垄断军事工业，尤其是高端军事工业？如 F-16 战斗机、航空母舰等。

这其中有许多奥秘，除了维持其霸权的现实需要外，最主要的是，美国以此垄断世界高科技产业。试问，飞机、GPS 导航、手机、电脑等现代产品，哪一样不是军事工业发展延伸的结果？如美国波音公司，它是世界客机的生产供应商，更是世界先进战斗机、预警机等制造商。

在现代科技革命时代，哪个国家垄断了高端科技，就能够垄断全球高科技产业，从而掌握经济发展主动权。如何垄断高端科技？最好的途径是垄断高端军事工业。只要垄断了高端军事工业，就能主导全球经济发展方向，称霸全球，这才是美国实施军工垄断策略的真实目的。

军工垄断策略是指依托军事力量，利用国际政治军事组织，让本国军工巨头企业垄断武器出口，尤其是高科技武器进出口，控制世界科技制高点，控制其他国家科技发展，进而操控其他国家经济发展的基本策略。

2. GPS，从军用品到全球产业

近年来，随着汽车走入寻常百姓家，我国车载卫星导航仪随处可见，而智能手机的出现，把我国 GPS 导航产业推向一个新的高潮。

然而，作为 GPS 导航系统的先行者，美国自 1994 年建成并提供全球民用服务以来，GPS 卫星导航产业已领先全球，并在核心技术——芯片领域占领先机。

据报道，目前我国卫星导航芯片市场的 95%已被美国占领。可以说，美国 GPS 产业已风行全球，成为导航产业的巨人和引领者。

美国 GPS 导航系统成长为导航产业的巨人，是军工垄断产品的延伸，是美国军事科技独霸全球的产物。

GPS 系统的前身为美军 1958 年研制的“子午仪”导航卫星系统（Transit），该系统用 5 到 6 颗卫星组成的星网工作，1964 年正式投入使用，它为 GPS 系统的研制做了铺垫。

随着“子午仪”的应用推广，美国军队及民用部门更加热切需要精确度更高的卫星导航系统。

美国海军研究实验室（NRL）为此提出了名为 Tinmation 的全球定位网计划，发射了若干试验卫星进行试验，并提出原子钟计时系统，这是 GPS 系统精确定位的基础。

美国空军则提出以伪随机码（PRN）为基础传播卫星测距信号，伪随机码的成功运用是 GPS 系统得以取得成功的一个重要基础。

1973 年美国国防部将海军和空军实验合二为一，目标是建设新一代空间卫星导航 GPS 定位系统，并由国防部牵头的卫星导航定位联合计划局（JPO）领导，该机构成员包括美国陆军、海军、海军陆战队、交通部、国防制图局、北约和澳大利亚的代表。

经过 20 余年的研究实验，耗资 300 亿美元，到 1994 年 3 月，全球覆盖率高达98%的24颗GPS卫星星座已布设完成。

通过建设卫星导航GPS定位系统，使美国军事科技抢占全球制高点，美国导弹发射精度更高，可以实施“斩首”行动；美国对世界各国军事监控更加到位，敌对国家的军事部署，一举一动全在美国人的眼中。

同时，美国利用其独一无二的卫星导航GPS定位系统，开始抢占全球导航市场，通过向全球推广应用GPS定位系统，向世界推销其导航产品。由于美国掌握了核心技术，在全球导航产业发展中处于绝对竞争优势。

除了全球定位系统GPS外，我们追溯历史就会发现，科技产品与军事紧密相关，高新科技通常首先应用在军事上，而军事武器装备往往是尖端科技的结晶，高新科技产业是军事武器的延伸。

显然，谁垄断了世界高端军事工业，谁就能够控制世界高尖端科技，就能够控制全球高新科技产业。从科技本身而言，科技是提高劳动效率的关键因素，是财富创造的关键因素，拥有高科技才能够有效提高劳动效率，才能在财富创造中取得绝对优势。

从这个角度而言，谁控制了高尖端武器进出口，谁就能在国家经济争斗中取得主动权。美国禁止出口高尖端武器，或者禁止其他国家研发尖端武器，关键目的是确保美国财富创造能力高于其他国家。

3. 高尖端武器，美国成为代名词

中国国务院新闻办公室12日发表的《2009年美国的人权纪录》称，美国作为全球最大的军火销售国，在2008年全球武器销量创下4年来新低的时候，美国对外军售总额却从上一年的254亿美元猛增到378亿美元，增长了约50%，占当年全球军售总量的68.4%。

斯德哥尔摩国际和平研究所发布的报告指出，不包括中国公司在内的全球100家最大的军火交易商，2010年总共出售了价值4110亿美元的武器和军用服务。美国公司仍然是军火市场的老大，其中44家美国军火商占据了超过60%的市场份额，销售总额为2466亿美元。进入前10名的美国公司有7家，名列第一的洛克马丁集团销售额为357亿美元。

为什么美国军火巨头多？为什么美国军火销售总额占据全球六成？这与美国的军工垄断策略不无关系。

第一次世界大战以后，美国为了称霸全球，利用当时背景，通过控制北大西洋公约和改造日本宪法，使这些最具发展潜力的科技强国，难以在高尖端武器市场与美国相争，美国垄断了世界高科技武器市场，控制了科技发展的制高点，从而在全球经济争斗中赢得全面优势。

北大西洋公约组织简称北约组织或北约，1949 年，在美国主持之下，加拿大、法国、意大利等国在华盛顿签署了北大西洋公约，它后来演变为美国与西欧、北美主要发达国家为实现防卫协作而建立的一个国际军事集团组织。

美国作为北约的领头羊和核心领导者，在北约与华约的军事对抗中发挥了积极作用，同时也在使用高科技武器方面具有否决权。北约其他成员国的高科技武器研发和生产，必须得到美国的认可，否则就没有销路而进入死胡同。

美国利用其在北约的特殊地位，促进本国主导的高科技武器研发和生产企业发展，催生了一批全球垄断的军工巨头，如洛克希德-马丁公司、诺斯罗普-格鲁曼公司、雷声公司、波音公司等，它们垄断了全球重要的高科技武器市场，进而垄断了全球重要的高科技产业。

而对于游离于北约组织之外的科技强国，尤其是日本，美国则采用改造日本宪法，限制甚至禁止武器出口，以此制约日本对高科技武器的研发与生产，从而确保美国在高科技武器研发与生产中的垄断地位。

1945 年 9 月盟国占领日本后，为清除日本军国主义分子发动战争的土壤，美国国务院和陆海军决定对日本宪法进行修改，在美国等国法律学者的指导下，《日本国宪法》于 1947 年正式生效施行。

新宪法第二章第九条提出：“日本国民衷心谋求基于正义与秩序的国际和平，永远放弃以国权发动的战争、武力威胁或武力行使作为解决国际争端的手段。为达到前项目的，不保持陆海空军及其他战争力量，不承认国家的交战权。”所以，日本的战后宪法又被称作《和平宪法》，这也成为日本战后内政外交的基本文件。

1967 年，日本也颁布了“武器出口三原则”，即禁止向社会主义阵营国家、联合国决议规定实施武器禁运的国家，以及国际冲突的当事国或有冲突危险的国家出口武器。此后，历届政府不断对“武器出口三原则”进行增补，这实际上是全面禁止了武器出口。

由于日本缺乏武器需求市场支撑，高科技武器研发和生产也就失去了动力，从而也难以抢占国际高科技产业发展制高点。

与此同时，美国对中国、俄罗斯等“不听话”的国家采取了武器禁运等手段进行封锁，想方设法阻止这些国家研发和生产高科技武器，力保美国的高科技武器研发在全球处于最高点，从而确保美国在高科技产业的领先地位，确保美国在国家经济争斗中处于优势地位。

4. 利益与风险

从美国军工巨头的实践看，美国垄断重要军事工业并非偶然，而是一种长远考虑，美国军工垄断策略具有以下几个基本特征：

一是高科技性。美国军工垄断，主要是对高新科技武器的垄断，如太空武器、深海武器等，而不是常规性武器的垄断。这种垄断不仅是进出口的垄断，而且是武器研发、生产、销售等诸多环节的垄断。

二是政治性。美国军工垄断是以政治外交的军事同盟为基础，通过政治途径，促成国际性军事同盟，并在军事同盟中起到核心作用，这是美国实施军工垄断策略的载体。如北大西洋公约，美与日本、韩国、澳大利亚等的军事结盟。

三是出口性。它强调军工出口的垄断，通常控制同盟国向其他国家出口高端的军工武器，仅允许中低端武器出口，并限定出口国家。对于中国、俄罗斯等国家的高端武器出口，则是指手画脚，采取政治舆论、贸易壁垒、贸易指控等各种方式进行打压。在世界各国高端武器出口中，形成独家垄断经营。

某个国家，若要推广应用军工垄断策略，需要对该策略的利弊进行深入分析，以判定是否可采用。

有利之处，通常主要包括两个方面：

一是垄断全球高科技产业。对于依附于美国的同盟国家而言，美国通过尖端武器垄断，可以有效控制这些国家的高科技产业发展，进而确保美国的强势经济地位。对于中国、伊朗、俄罗斯等美国的潜在敌对国家而言，美国通过军工垄断策略，切断了高科技产品进口渠道，使这些国家发展缺乏科技支撑而处于劣势。

二是始终占领武器研发制高点。基于军事同盟国中的领导权，美国指定由本国供应商提供高科技武器，在大量订单和大量资金支持下，本国军工企业可以对高科技武器开展研发和生产，并在众多领域保持绝对研发优势和生产优势。而对于对非美国研发和生产的高端武器，美国将其排除在其军事同盟国采购之外，以此制约其他国家武器研发。

不利之处，通常面临以下两个风险：

首先，研发投入产出风险。为了确保美国军事科技在全世界的垄断和领先地位，必须加大武器科技投入，而尖端武器研发和产业化，面临很大的政治、经济风险，高投入未必有高产出。如果没有高投入研发保障，则可能被其他国家迎头赶超，军事科技独断将不复存在。

其次，国家政治经济风险。美国要确保军事科技在全世界的垄断和领先地位，通常做法是以承诺保证同盟国国家安全以制止其他国家独立研发尖端武器，或对潜在敌对国家开展武器禁运。其中，前者做法面临很大的政治军事风险，后者做法则可能刺激其他国家自主研发尖端武器，从而使美国需要投入更大的资金研发尖端武器。

5. 军事同盟很重要

某个国家推行军工垄断策略，前提条件是，该国必须是政治军事强国，这是实施军事科技独断策略的基础。

如果不是政治军事强国，如以色列、瑞典等国家，尽管其军事科技发达，但也难以对他国展开武器禁运、禁止他国研发尖端武器，从而不能实施军事科技独断策略。

另一个必备条件是，该国必须拥有世界一流的军事科技和尖端武器。这又必须以庞大的军事科技投入，以及大量顶尖军事科技人才为支撑，这就离不开强大的经济实力和人才实力。

推选军工垄断策略，通常可通过以下几个步骤来完成：

第一步，组建多国军事同盟或双边军事同盟。基于战后各国保平安、求发展的要求，尤其是部分中小国家保平安要求，领导组建多国政治军事同盟，或者是推动建立双边、多边政治军事同盟，并牢牢掌握军事领导权。

第二步，控制军事同盟国高科技武器研发和生产。需求决定供给，在军事同盟内需要什么样的武器，这是武器研发和生产的源头，而这主要由军事同盟的领导者决定。因此，控制了同盟国军事领导权的国家，通过源头控制，既可以引导本国高科技武器研发和生产，又可以控制其他同盟国家武器研发和生产。

第三步，操控国际高科技武器市场。一方面，限制同盟国进口高科技武器，如美国反对土耳其进口中国导弹。另一方面，以安全利益为借口，限制同盟国家对所谓的敌对国家或者主要竞争国家出口高科技武器。

第四步，抢占民用高科技产业制高点。基于高科技武器的垄断性研发和生产，通过军用转民用，牢牢控制和引领国际高科技产业发展。

第六章　王国策略

国家是民族发展的产物，民族完全融合需要很长时间，因此，在相当长时期内国家不会消亡，国家经济争斗将不可避免。

如何将全球财富争夺战转化为全球共荣发展，这需要有某个国家高举和平共富发展旗帜，勇于担当，扮演公平正义的公众领袖角色，主动引领各国团结一致，共同应对全球性经济问题，共同促进经济可持续发展，共同享受经济发展成果，最终被公认为“公正地球村长”，这就是王国策略。

从世界发展历史看，迄今为止，还没有哪个国家达到这个境界，但“王国身影”时有闪现，给我们很多遐想。王国策略的最终目的，是促进全球共荣发展、促进文明成果全人类共享，其关键是做好财富创造、分配与积累这篇文章。

因此，在制度层面，要促成全球公正合理的财富制度；在市场层面，要做到统一市场、充分交易；在劳动层面，要促进全人类科技共同进步。相应地，王国策略有国家普世价值、世界共同富裕、国际伸张正义、战略资源共享、国际公益货币、全球共同市场、国际科技共享、国际分工共荣等八个策略。

策略一：世界新普世价值——超越美式普世价值

1. 人生而自由平等，国家也是如此

人生而自由，人生而平等，追求自由平等是人的本性。人是如此，国家也是如此，在国际社会中，国家是自由平等的，一些自以为是高人一等、统治别国的国家，其实，比起别国来，是更贱的奴隶。

人类文明已进入现代社会，然而，迄今的国家之间，相互倾轧、剥削与被剥削等现象常有发生，全球的国家治理缺乏一个广受各国接受的普世价值。

中国一贯推行和平共处五项外交政策，即相互尊重主权和领土完整、互不侵犯、互不干涉内政、平等互利、和平共处，这其实就是中国的国家价值观。但不可否认，一些国家，尤其是发达国家并不认可，成为世界普世价值观还有一定距离。

为了人类文明进步，为了世界可持续发展，为了各国和平相处，建立全球国家治理的普世价值观，这是王国之道的首选。

所谓世界新普世价值策略，是指某个国家，基于全球可持续发展、全球共同繁荣发展、全人类共同进步等的需要，提出世界各国和全人类普遍认同的，以自由平等、共同富裕为核心的价值理念。

世界新普世价值理论，主要包括：经济自由，建立自由人权的自由经济活动秩序；公平交易，建立没有剥削的公平、公正市场交易秩序；共同进步，依靠科技进步，提高每个劳动者生产效率，并从中受益；体面生存，建立解决全球饥饿、温暖、卫生、教育等基本问题的活动秩序；共同富裕、共同发展，建立先富帮后富、共同享受发展成果的活动秩序。

说得通俗一点，这个策略的目的，是共同做大财富蛋糕，同时切好蛋糕分配，让每个国家、每个人都充分享受到人类文明发展成果。

2. 美式普世价值，虚伪

美国成为世界超级大国，不仅来自飞机大炮和美元，而且来自美式普世价值观的推广，即美式民主和美式自由经济，这种价值观得到了世界许多国家的认可和模仿。

美国推广这套普世价值，不是真正为世界各国服务，而是为美国成为世界超级大国服务，这也就注定美国只能成为霸权国家，而不能成为全球主持公道的领袖，因为它缺乏王者风范。

美式民主，主要由普选制、两党制、议会制和三权分立制这样一些制度组成，它是美国社会历史发展的产物，也是世界较为普遍认可的民主价值观。美国人一直认为，美式民主才是各国走向繁荣的最佳途径。

为此，历届美国政府都不遗余力地向他国推销美式民主，但美国私心很重，很多时候以推广美式民主之名，实为美国政治经济霸权服务。如发动伊拉克战争、发动阿富汗战争，以及在格鲁吉亚、乌克兰、利比亚等国相继发生的“玫瑰革命”“橙色革命”……这些战争和革命中，都能找到美国推广美式民主的私心目的。

美式自由经济，也称自由资本主义价值观，它主张减少国家干预，对资本放松控制，实行私有化、自由化。这种自由经济价值观形成于20世纪80年代，当时里根总统打破了近一个世纪以来的大政府政策，实施“低税收、少调控、小政府”政策，使美国经济发生重大转变，迅速成为世界超级大国。

美式自由经济模式被认为是各国走向繁荣的最好选择，美国在全球范围内极力推广这种自由经济价值观。因此，在冷战结束前后，国际货币基金组织、世界银行等国际金融机构向许多国家硬性推出一套经济改革政策，其核心是财政紧缩、私有化、自由市场和自由贸易。

时至今日，美式自由经济还在世界范围内有广泛的影响力。如近日华尔街日报和美国传统基金会联合发表2012年经济自由度指数报告，报告显示，香港连续第18年处于全球最自由经济体系榜首。

但美国在推广美式自由经济价值观的过程中，利益至上观念成为制约其成为全球领袖的绊脚石。

如美国以自由经济的名义，让自己各类企业轻松占领日本、中国等国市场，但在美国国内市场受到日本汽车、中国日用品等挤占的时候，美国就不提自由贸易了，开始提“贸易逆差”“不公平竞争”了，于是对这些国家展开了“反倾销调查”“贸易壁垒”等，所以美国和其他国家矛盾也在加剧。

3. 破产与超越

根据中国国务院新闻办公室发表的《2010年美国的人权纪录》称，美国发动的伊拉克战争和阿富汗战争，造成大量平民伤亡。维基揭秘网站2010年10月22日公布的数据显示，2003年3月至2009年底，在伊拉克战争中，有28.5万人伤亡，至少10.9万人丧生，其中63%为平民。同样，在阿富汗和其他地区，美国的军事行动也给当地居民造成了巨大死伤。美国在反恐战争中不断爆出虐囚丑闻。

同时，美国拒绝参加一些重要的国际人权公约和履行国际义务。美国至今仍未批准《经济、社会和文化权利国际公约》和《消除对妇女一切形式歧视公约》。2006年，联合国大会通过了《残疾人权利公约》，目前已有

96个国家批准该公约，美国尚未批准该公约。《儿童权利公约》迄今已有193个缔约国，美国是极少数未批准该公约的国家之一。

这充分说明，美式民主价值观是一种唯我独尊的虚假民主，只有跨越美式民主价值观，才能还世界一个安宁。这就需要建立一个世界各国普遍授受的民主价值观，即世界新普世价值，包括公平正义、主权完整、独立自由、平等尊重、每个人的基本权利得到保护等。

同样，美式自由经济价值观，随着世界金融危机、美元量化宽松政策等，使美式自由经济模式陷入破产边缘。

20世纪80年代起，国际资本就不断注入亚洲，亚洲经济、政治和文化一派繁荣。一些国家放松了金融管制，以美国为首的国际游资就蜂拥而至，造成各国股市、楼市动荡不安，民众深受其害。

如1997年以美国为首的国际投机机构，如乔治·索罗斯的量子基金、老虎基金等，以泰国为突破口，轮番攻击，掀起了一场亚洲金融风暴。金融风暴迅速漫延，菲律宾比索、印尼盾、马来西亚林吉土崩瓦解，韩国、日本以及中国台湾和香港地区也受到严重冲击，许多民众生活一落千丈。

从亚洲金融危机看，推行美式自由经济模式，只会让美国从亚洲掠夺更多的财富，这种自由经济模式是损人利己的经济发展模式，与世界各国共同发展的期盼背道而驰。

而2007年爆发的美国次贷危机，把美式自由经济价值观伪面具彻底扒光。进入21世纪以后，美国住房市场持续繁荣，加上前几年美国利率水平较低，美国的次级抵押贷款市场迅速发展。到2007年，美国抵押贷款风险开始浮出水面。

2007年4月，美国第二大次级抵押贷款公司——新世纪金融公司宣布申请破产保护。8月份，美国第十大抵押贷款机构——美国住房抵押贷款投资公司向法院申请破产保护，美国第五大投行贝尔斯登宣布旗下两支基金倒闭，美国次贷危机向世界蔓延。

2008年9月，在雷曼兄弟倒闭后，美联储就赶忙推出了量化宽松政策，即在实行零利率或近似零利率政策后，通过购买国债等中长期债券，增加基础货币供给，被简化地形容为间接增印钞票，这一次美联储创造了超过一万亿美元的储备。2010年美联储又推出第二次量化宽松（QE2）。

2012年9月美国又推出第三轮量化宽松货币政策（QE3）。

由于美国大量发行美元，推高了世界各地物价，也使中国、日本、德国等美元储备大国蒙受重大损失。这使世人更清楚地看到，美国在明目张胆地掠夺世界财富，让世界各国分担美国政府沉重的财政负担。

美国政府的直接干预经济和掠夺世界，使人们看到，美式自由经济模式彻底破产了。世界各国需要一个没有剥削、压迫，各国共同发展、共同富裕的世界新普世价值。唯有这样，世界才能可持续发展，人类才能文明进步。

4. 旧的不去，新的不来

鉴于美式普世价值的虚伪与破产，我们要推翻它，目的是建立全新的普世价值观，也就是世界新普世价值。

世界新普世价值策略的实质，是理论引导、凝聚人心，建立起世界各国普遍公认和遵循的发展构架，让国家经济争斗能够转化为自由平等、共同发展、共同富裕。

世界新普世价值策略，具有以下几个基本特点：

一是公平正义。该策略是基于全球可持续发展、全人类文明进步和世界各国共同发展，提出国家之间公平正义，消灭剥削与被剥削，促进世界各国、各国人民共同富裕。

二是共同理想。以世界新普世价值，统一全球各国发展的指导思想，建立统一战线的共同理想，尤其在联合国组织中，将国家普世价值作为指导思想、工作原则和奋斗目标。

某个国家推行国家普世价值策略，有利之处主要是两个方面：

一是得道多助，凝聚力量。在国家经济争斗中，大多数弱小国家在很多时候处于被剥削地位，没有国际话语权，倡导国提出国家普世价值理念，正是迎合了这些国家的需求，从而得到许多被压迫国家的支持，凝聚了各国力量。

二是共同遵守，提升地位。对于超级大国和经济强国而言，受国家普世价值的约束，就可以自我约束不公平贸易、科技独占等不光彩的做法。对于其他国家而言，有了国家普世价值的撑腰，对大国的不公平贸易剥夺等经济争斗行为，可以理直气壮地说“不”。这样，普世价值成为国家经济争斗的共同准则，这将大大提高倡导国的国际地位。

不利之处，通常面临以下两方面风险：

一是得益者强烈反对风险。在国家经济争斗中，超级大国等部分国家是得益者，他们从其他国家掠夺到大量财富，推行国家普世价值主张，将使他们利益受损，从而引起强烈反对。而许多弱小国家受制于大国、强国等的威胁，不敢站出来表态支持，这将使国家普世价值策略难以推广实施。

二是经济付出风险。推行国家普世价值主张，必须放弃自己在国家经济争斗中的既得利益；必须坚持反对国家经济争斗中的不良行为，既得利益国家因此可能采取反制措施，对推行国给予经济打击，这就要冒很大的经济付出风险。

5. 世界新普世价值的实现

某个国家推行世界新普世价值策略，促成其王国地位，必须具备以下三个基本条件：

一是主张有针对和可操作性。提出的国家普世价值主张，是根据国家经济争斗中大多数国家普遍面临的问题，有针对性地提出的解决方案，而且这些提出的主张是可以推行的。

二是在全球有一定话语权。在国际社会中，推行国有一定的政治、经济影响力和相应的话语权，可以跟超级大国和其他经济强国平等对话，可以凝聚弱小国家，唯有这样，才有可能成为推行国家普世价值的领导者。

三是坚持正义和勇于实践。推行国有打破国际不合理分配格局的勇气和胆量，积极推进建立公平正义的国际秩序。同时，要坚定不移地推行实施，给世界各国树立榜样，赢得各国的支持和跟进。

某个国家推行世界新普世价值策略，通常可通过以下几个步骤来完成：

第一步，提出理念。从全球可持续发展和全人类文明进步的高度，针对历史上国家经济争斗引发的种种问题，提出能够促进世界共赢发展、能够引起世界共鸣的国家普世价值理论，形成正确的理论体系。

第二步，宣传推介。通过各国媒体的宣传报道、各国理论界的讨论，将成熟的国家普世价值理论不断推向世界，让世界各国逐渐理解和接受这个理论。

第三，身体力行。从自身做起，在国家经济争斗中不断实践这个理论，以实践来证明国家普世价值理论的正确性和可行性，做到理论与实践的紧密结合，以此促进普世价值理论在全世界的推广应用。

第四步，主导联合国。在理论影响和实践证明中，国家普世价值理论将得到越来越多国家的认可和支持，得到联合国组织的认可和升华，并将联合国打造成为以世界新普世价值理论为指导的全球性组织机构。

策略二：世界共同富裕——推广中国援非经验

1. 共富才能多赢

在人类发展史上，在马克思提出共产主义的伟大理想之后，整个世界为之震动，全球共产主义运动高潮迭起。

共产主义最吸引人的眼球的，是消灭剥削，实现按劳分配、按需分配。其实质内涵，就是共同富裕，即国家不分大小，国民不分贵贱，世界各国和各国人民，共同发展、共同分享，最终达到全人类的共同富裕。

这是一种理想主义，理想主义不等于空想主义，世界共同富裕是建立在充分的理论依据，以及广泛的实践基础之上的。其中最核心的理论依据，是公平的效率理论；最重要的实践基础，是中国等国家和地区展开的区域扶贫实践。

所谓世界共同富裕策略，就是指某个国家提出全球各国有部分国家先富起来后，先富帮后富，实现共同富裕的基本主张，形成国家之间相互帮扶、共同发展、共同富裕的基本格局。

共同富裕策略的实质，是国家之间相互帮扶、相互促进，以达到互利共赢发展。

2. 医疗援非，中国成为美谈

由于自然环境恶劣，文化发展迟缓，民众受教育程度偏低，许多国家种族复杂，政治不稳定，而且又受艾滋病干扰，虽然各地皆有丰富矿产，如金、铜、铁、锰、铀及非金属矿等，但却不能充分开发利用，造成非洲许多国家处于贫穷状态。

贫困中的非洲，缺医少药，人民身体健康没保证，这更加剧了非洲的贫困。而中国和非洲国家建交半个世纪以来，中国一直为非洲人民提供力所能及的医疗支持和援助，中国医疗队员也被非洲人民赞誉为中国的“民间大使”。

据《中国与非洲经贸合作》白皮书披露，自 1963 年起到 2009 年年底，中国持续向非洲派遣医疗队，共向 46 个非洲国家派出过 1.8 万人次援外医疗队员，累计治疗患者 2 亿多人次，并为非洲培训数万名医疗技术人员。中国在非洲援建了 54 所医院，设立 30 个疟疾防治中心，向 35 个非洲国家提供价值约 2 亿元人民币的抗疟药品。2010 至 2012 年，中国在加纳、津巴布韦等国援建竣工 27 所医院，在 42 个非洲国家和地区派驻有 43 支医疗队，累计诊治患者 557 万余名。

其中援建的医院有效提高了当地医疗水平。如马里医院是中国政府在非洲援建的 30 所医院之一，也是我国援非综合性医院中首家开业运行的医院。马里医院于 2009 年 4 月开工，预算投资约 4800 万人民币，2010 年 9 月 17 日竣工。这所综合性医院位于西非马里共和国首都巴马科，它是一所集医疗、急救、保健、科教等于一体的综合性国家医院，医院一期占地 28000 平方米，建筑面积 7216 平方米，设有两个综合病区，开放床位 150 张。拥有 CT 机、X 光机、彩色 B 超、胃镜、麻醉机、呼吸机、生化分析检验仪等一批较先进的医疗仪器和设备。

除援建医院、捐赠药品、进行医护培训等传统方式外，近年来中国还通过开展治疗白内障患者的“光明行”活动、提供移动医院、建立双边眼科合作中心，以及援建新型诊疗技术示范与培训中心等。

得益于中国大力援助，许多非洲国家医疗卫生事业得到了较快发展，为脱贫致富奠定了基础。中国在医疗援助非洲过程中，收获了非洲人的友好情谊，收获到非洲人民对中国的信任，推动了中国医疗卫生事业发展，推动了中国与非洲经济合作交流。

3. 中非共同繁荣发展

新中国成立之初，为了获得亚非国家的政治支持，打破外交孤立，从 20 世纪 50 年代中国开始对非洲开展援助，中国援助非洲的许多项目有效改善了当地生产生活条件，促进了非洲的脱贫或减贫，而中国在政治经济上也收获颇丰。

如 20 世纪六七十年代，中国在马里援助了两个制糖厂和两个甘蔗种植农场，逐步经营发展成了今天中马合资的马里糖联。马里糖联年产白砂糖近 4 万吨，满足马里国内市场的 1/3，雇用管理人员和技术工人近 2000 人，季节工约 8000 人。2004 年中马双方开始协商建立新糖联，即第三糖厂（三糖）项目，年产 10 万吨糖，以及 960 万升酒精，新糖联提供

10000个就业岗位，目前新糖联已竣工投产。

又如20世纪七八十年代中国援建毛里塔尼亚的友谊港项目。友谊港的真实译名应该叫“自由港”或者“自主港”，因为非洲大部分港口由欧洲人控制，而友谊港的拥有权在毛里塔尼亚人手里。友谊港如今是该国最主要的货运港口，全国90%的货物都在这里装卸，靠港口直接就业的当地人就有数千人。

改革开放以后，中国经济援助非洲，从政府单一援助向企业互利发展转变，从单边援助向共同繁荣发展转变。中国援助非洲，不仅促进了非洲的发展，同时也拓展了中国发展空间。

据统计，2000年，中非贸易额首次突破100亿美元。截至2005年年底，中国对非投资已达60多亿美元，在非洲兴办了各类企业800多家，涉及贸易、生产加工、资源开发、交通运输、通信、农业等众多领域。

据路透社报道，中国60多年来对外所有援助总额为392.6亿美元，其中对非援助占了一半。中国援非大多是实物交付的公路、铁路、学校、医院，其中人们最津津乐道的是30多年前修的坦赞铁路。

2012年，中国对非洲的直接投资达到25亿美元，双边贸易额达1985多亿美元。其中，非洲向中国出口高达1132亿美元。2012年6月在北京举行的中非合作论坛上，中国宣布了将向非洲国家提供200亿美元贷款额度等新的援非措施。

目前中国已成为非洲的第一大贸易伙伴国，非洲还是中国的第二大工程承包市场、第二大劳务承包市场和第四大海外投资目的地，目前有超过2000家中国企业在非洲50多个国家和地区投资兴业，约有100万中国公民在非洲从事各种经营活动。

同时，目前在广州、北京、上海、浙江等地，活跃着许多非洲人士，他们以经商和留学为主，这也见证了中国与非洲的共同繁荣发展。

4. 共赢才能共富

从中国对非洲的经济援助实践看，世界共同富裕策略，主要具有以下三个基本特征：

一是先富带后富。如中国相对于非洲国家来说，是先富起来的国家，通过对非洲国家援助活动，向非洲国家输血，使之能够自我造血，增强财富创造能力，从而促进中国与非洲国家的共同发展，最终达到共同富裕。

二是相对富裕。共同富裕不是平均主义，也不是每个国家拥有相等的财富，而是基于人口平均、劳动平均拥有相对均等的财富。共同富裕不是绝对相等的富裕，而是相对相等的富裕。

三是共赢发展。共同富裕不是单方向帮扶活动或救济活动，而是双向互动关系。如中国援助非洲国家，一方面，促进了非洲国家发展，使非洲国家富裕起来；另一方面，促进了中国经济转型升级，使中国更富裕，形成中非互利共赢、共同发展的格局。

共赢发展的理论依据，是双方财富蛋糕创造效率共同提高。

这其中缘由是，国家之间科技水平和经济资源各有不同，从而造就了先富国家与后富国家的差别，通过国家相互帮扶，一方面，可以使经济资源更能够充分利用，做大总体财富蛋糕，财富蛋糕大了，先富和后富国家可以分到更多的蛋糕；另一方面，由于后富国家迎头赶上，推动先富国家科技创新，将资源开发利用提高到新台阶，财富总蛋糕和分切蛋糕进一步做大。

如中国拥有大量的技术、资金、人才等经济资源，对非洲援助越多，财富创造损失越大，但呈现边际效率递增规律。非洲国家缺乏资金和科技人才，接受援助，财富创造效率越来越高，但呈现边际效率递减规律。

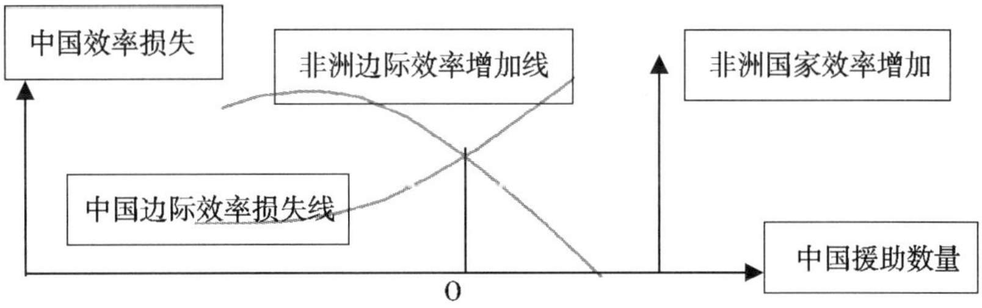

图 16　国家援助最佳临界点

中国与非洲国家的财富蛋糕创造，是一增一减的关系。在临界点 O 之后，援助越多，双方财富蛋糕创造效率越低。在临界点 O 之前，援助越多，双方财富蛋糕创造效率越高。临界点 O 是最公平又最具效率，是中非共同富裕的最佳援助数量。

某个国家推行世界共同富裕策略，主要有三方面有利之处：

一是获得国际社会拥护。对于弱小国家而言，推行世界共同富裕，可以获得外部大力扶持，从而促进国富民富，他们将是推进世界共同富裕的坚定支持者和拥护者。对于超级大国和经济强国而言，本身就是富裕国家，为了国家长远利益，以及获得大多数国家支持，也会不敢阻拦世界共同富裕主张。

二是开拓国际市场。实施世界共同富裕行动是以国际合作为基础，国际之间的合作，通常是相互开放市场，从而有利于推行国的企业进军国际市场。值得一提的是，与后富国家合作开发资源，后富国家必然向倡导国企业开放市场，从而促进了跨国企业的形成和发展。

三是促进国内经济转型。对后富国家的帮扶，主要以企业为主体来推动，在这个过程中，推行国可以实现腾笼换凤的经济转型升级，同时由于后富国家获得经济大发展，企业从中可以获得相应的投资收益，从而增进企业科技研发能力和发展后劲。

不利之处，通常主要有以下三方面风险：

一是帮扶成为救济。帮扶后富国家，最大的风险是后富国家缺乏造血功能，虽然它得到大量的财力、物力支持，但由于劳动者整体素质很低、缺乏进取心，不能转为财富创造能力，帮扶资源成为救济资源，这将扭曲共同富裕初衷。

二是国内产业空心化。国家帮扶以企业为主体，由于后富国家可能资源丰富或税收低等原因，许多企业流入后富国家后，乐不思蜀，这会引发国内企业流失和产业空心化。

三是国内民众意见相左。帮扶后富国家，需要有大量财力和人力支持，而有些后富国家获得支持后，不回报、不领情、不支持推行，这就可能引发国内民众的反对。

5. 有爱才有力量

实施世界共同富裕策略，成就王国地位，首先，必须有人类大爱的爱心，而不是国家小爱的爱心，有了人类大爱的爱心，才有推动世界共同富裕策略的思想基础。同时，王国者还必须具备以下三个基本条件：

一是共赢发展的外交理念。在经济外交政策中，要将共赢发展、共同富裕放在重要位置，唯有如此，共同富裕理念才能向全世界传播，才能有效指导国家经济交往，才能获得大多数国家支持。

二是国家相对富裕。宣扬和推行共同富裕主张，首先自己要先富，要有较强经济实力，这是实施先富帮后富的物质基础，也是取得积极成效和赢得国际社会支持的重要条件。

三是执政能力较强。推行共同富裕主张，国家是主导者，企业是主体，政府推动至关重要，政府的经济外交能力、整合企业能力、动员社会能力，是决定共同富裕策略实施成功与否的关键。

某个国家，推行世界共同富裕策略，通常主要通过以下几个步骤来完成：

第一步，推出共同富裕理论。从国家经济争斗实践出发，针对国际贫富分化实际，以及大多数贫困国家要求，提出共同富裕理论，从全球政治、经济和生态发展高度，论证和推出一套成熟的共同富裕理论体系，并通过世界各媒体宣传报道，促使世界各国达成共识。

第二步，开展国际合作实践。立足国际合作实际，以共同富裕理论为指导，与多个国家开展相互帮扶活动，化经济争斗为合作共赢发展，在实践中不断总结经验教训，为完善共同富裕理论提供实践基础。

第三步，向世界推广经验。在实践经验的基础上，树立典范，利用联合国组织、区域国家联盟等平台，向世界推广共同富裕的经验和做法，在全球范围内掀起共同富裕的国际合作浪潮。

第四步，建立全球共同富裕制度框架。利用联合国组织的影响力，以联合国国际合作组织为平台，建立起以共同富裕理论为指导的制度性框架，促使国家经济争斗转化为共同富裕、共同发展的良性竞争。

策略三：国际伸张正义——推行公正的碳排放

1. 正义是一把利剑

正义，是世人普遍认可的公正的、正当的道理。得道多助，失道寡助，正义的力量是无穷的，是悬在邪恶者头上的一把利剑。

在这世上，欲望无边，邪恶思想和邪恶从来没有间断过，国家也是如此。一些国家总是想凌驾于他国之上，总想剥削他国财富。唯有正者义，才能制止邪恶者的疯狂行为。

正义者，做别人做不到的事，干别人不能干的事，才能使他人信服，才能建立威望，做人如此，国家也是如此。

为众多国家自身发展着想，虚怀若谷，替天行道，敢于跟作恶国家做斗争，做其他国家不敢做的事，干其他国家干不成的事，这样，才能服众，才能被推为领袖。

如何伸张正义？从身边做起，大公无私，公正正派，敢于跟不劳而获、剥削行为做斗争，敢于跟霸权国家说“不”，同时，还要善于团结大多数，善于鼓动和动员，善于组织领导各国共同行动，这是王国者必须具备的素质。

什么是国际伸张正义策略？是指某个国家基于全球、全人类发展，支持正义事业，为国际社会主持公道，推动全人类文明进步、推动全球经济可持续发展的基本策略。

该策略与世界新普世价值、世界共同富裕策略一样，都是为了全人类文明发展宣传正确理念，其不同之处在于，对于国家经济争斗中的不良行为，敢于站出来指责和制止，敢于为弱小国家主持公道，主张建立正义的国际联盟。

国际伸张正义策略的实质，是支持公道、反对邪恶，还世界一个公平、合理的经济秩序。

在国家经济纷争中，某些国家采取了不公正、不人道的做法，如为了获得石油而不惜动用供给垄断甚至武力威胁，大多数国家财富被少数几个国家掠夺，许多弱小国家长期处于财富被剥削状态，当矛盾激化到一定程度时可能会爆发军事冲突。

为了制止这种弱肉强食行为的蔓延，需要推行国际伸张正义策略，坚决抵制不劳而获的剥削，让既得利益国家改邪归正，还世界经济秩序以公正。

2. 碳排放，欧盟的算盘

促进全球可持续发展是各国公认的正义事业，欧盟是推进这项事业的先行者和积极推广者，但由于触及美国等发达国家和许多发展中国家利益，并且在推行制度设计上存在瑕疵，有损人利己之嫌，有许多国家坚决反对，全球伸张正义活动阻力重重。

早在1898年，就有瑞典科学家警告说，二氧化碳排放量可能会导致全球变暖。1988年，联合国环境规划署（UNEP）和世界气象组织（WMO）成立了气候变化政府间会议（IPCC）。IPCC在1990年发布了第一份评估报告，该报告确定了气候变化、全球变暖的科学依据，它对后来全球气候变化公约的形成产生了重大影响。1990年，第二次世界气候大会呼吁建立一个气候变化框架条约。

1997年在日本京都召开的《联合国气候变化框架公约》第三次缔约方大会上通过的国际性公约，即《联合国气候变化框架公约的京都议定书》（简称《京都议定书》），到2009年，全球有183个国家签署了条约（超过全球排放量的61%）。该公约为各国二氧化碳排放量规定了标准：在2008年至2012年间，全球主要工业国家的工业二氧化碳排放量比1990年的排放量平均要低5.2%。

美国是世界上温室气体排放量最大的国家，既是《京都议定书》的发起国之一，也是最早退出《京都议定书》的国家。美国政府1997年在《京都议定书》上签字，但美国参议院没有核准。1998年11月12日参加谈判的副总统戈尔象征性地签了字，考虑到参议院当时的态度不可能通过该条约，克林顿政府没有将议定书提交国会审议。

2001年美国总统布什在第一个任期上任伊始就宣布退出《京都议定书》。由于美国强硬退出，这使一些国家随后产生了疑虑和动摇。如澳大利亚政府迟迟未签署议定书，对第二承诺期不做承诺；日本政府明确拒绝《京都议定书》第二承诺期等。

欧盟致力于推行《京都议定书》，并以碳排放市场化的形式推开，即企业可以通过买卖二氧化碳排放量信用配额来实现排放达标的目标。2005年，欧盟温室气体排放交易体系启动，该体系覆盖欧盟25个成员国，包括近12000个燃烧过程排放二氧化碳的工业实体，遂使欧盟成为世界上最大的碳排放交易市场，伦敦金融城则是欧洲碳排放交易市场的中心。

欧洲于2008年11月通过法案，决定将国际航空领域纳入欧盟碳排放交易体系，即自2012年1月1日起，欧盟将对所有到达和飞离欧盟机场的航班征收温室气体排放费用，这无异于征收碳税。

如果欧盟这个法案能够顺利推行，就能为未来的钢铁、电力、水泥等其他行业中推广实施全球性减排方案铺平道路，这样就达到了全球共同承担温室气体减排的目的。

但征收航空碳税的做法，由于存在倾向性的制度性缺陷，触动了许多国家利益，因此遭到印度、俄罗斯、中国和美国等 20 多个国家一致反对。

3. 中国等为什么说“不”

自 2008 年欧盟通过将国际航空领域纳入欧盟碳排放交易体系（ETS）法案以来，推行阻力重重。根据此项法案，从 2012 年 1 月 1 日起，所有在欧盟境内飞行的航空公司，免费排放额度为其原排放量的 85%，到 2013 年这一比例降至 82%，各航空公司将为超出部分掏“买路钱”。

该法案还规定，对拒不执行此法案的航空公司，将实施超出部分按每吨 100 欧元罚款，以及被禁止在欧盟境内飞行的制裁措施。以目前国际碳排放交易市场上的价格计算，在欧盟境内飞行的航空公司 2012 年若还按原排放量，将需额外支付 3.8 亿欧元。

由于是欧盟单方面规定，这个法案受到许多国家的质疑和反对，其中中国就是坚定的反对者。

在 2012 年 2 月，中国民用航空局曾向各航空公司发出行政指令，规定未经政府有关部门批准，禁止中国境内各运输航空公司参与欧盟排放交易体系。

中国反对欧盟碳排放交易限制，主要理由是：欧盟单方面建立具有金融性质的制度设计将阻碍发展中国家航空运输业发展；违背了国际社会在气候变化领域普遍遵循的“共同但有区别的责任”原则；违背了《国际民用航空公约》和国际民航组织对航空减排的基本立场；欧盟单边征收航空碳税的行为违反了国际公约等。

按照欧盟 ETS 实施进度，在 2012 年 3 月 31 日前，所有在欧盟境内起降的航空公司必须向欧盟提交其 2011 年的碳排放数据。截至 3 月 31 日，欧盟已收到 1200 多份碳排放数据，但出入欧盟境内的 8 家中国航空公司和两家印度航空公司没有提交碳排放数据。

除了中国坚决反对欧盟 ETS，美国也不例外。其中原因是，除了公开明确提出反对的各种理由外，从国际经济争斗角度看，如果中国、美国等妥协了欧盟 ETS 法案，意味着碳排放市场将由欧盟主导，欧盟成为碳排放市场游戏规则的制定者，成为全球新新产业的领导者。

由于减少碳排放得到国际道义支持，是国际的正义事业，碳排放市场是一项全球性大市场，这个市场不仅发展潜力巨大，而且能够限制他国碳排放，进而控制某些国家经济发展，因而具有重大的杀伤力。

如近年来，我国许多沿海地区，因要严格执行中央提出的碳排放政策，把减少用电量作为重要调控手段。结果引发大量的拉闸限电现象，许多开发区、工业区块、农村地区，甚至是居民区和乡镇街道中心等都成为拉闸限电的主要对象，企业发展更加困难，居民生活受到严重影响。

显然，如果中国、美国等接受欧盟 ETS，欧盟很有可能将进一步推出家用电器、办室用品、家居产品，甚至是钢材、水泥、石油等国际大宗物品的碳排放税，到时，中国将不得不全面向欧盟妥协，中国经济将牢牢掌控在欧盟手中，美国也不例外。

由此可见，中国等坚决反对欧盟征航空“碳税”，是非常正确的。它不是简单的税收问题，而是世界各国共同发展的问题。如果没有世界各国的共同参与，全球碳排放市场将失去公平正义，成为欧盟控制世界的工具，欧盟主张的碳排放市场将蜕化为非正义的、损人利己的行为。

4. 人间正道是沧桑

坚持公平正义难，推行国际伸张正义更难，成就王国者，必须是历经磨难，坚忍不拔。

从欧盟推行航空碳税和中国坚决反对的实践看，国际伸张正义策略，应具有以下三个基本特征：

一是有正义感。以事实为根据，以国际法律道德为准绳，旗帜鲜明地支持和声援正义事业，反对和声讨非正义的事情，具有仗义执言、打抱不平、敢于斗争等作风，不能人云亦云，更不能见利忘义。

二是敢作敢为。有了正义感，最主要的是体现在自身的行动上，如欧盟推行航空碳减排，不能只要求别人、不要求自己；更不能说一套做一套，而是时刻以公平正义为标准来规范自己的航空公司；不能空喊口号，不见行动。

三是组织依托。不能单干，需要有帮手，需要联合国或其他国际联盟和组织的支持，只有这样，伸张正义才有力量，才能以正压邪。如欧盟推行航空碳税，不是一个国家的行动，而是欧盟几十个成员国的共同行动，更需要联合国的全面支持才能有效推动。

某个国家推行国际伸张正义策略，主要有三方面有利之处：

一是扩大影响。对于大多数国家而言，在国家经济争斗中，经常受到不公正待遇，他们是乐于见到挺身而出主持公道的国家，因而推行该策略将得到世界大多数国家支持，推行国可以成为国际正义组织的核心力量，从而确立了正义组织的领导核心地位。

二是抵制剥削。通过推行该策略，揭露部分国家经济争斗的阴谋，抵抗财富剥削，让超级大国等既得利益者不敢明目张胆掠夺财富，确保自己国家财富不被侵犯。

三是凝聚民心。推行该策略，是国民正义感的升华，在国际上引起共鸣后，进一步激发国民的爱国热情，更能够凝聚民心。

不利之处，通常主要面临以下两方面风险：

一是大国强烈对抗。由于国际伸张正义触及部分国家既得利益，这些国家必然极力反对，设法瓦解正义的国家联盟，甚至可能采取抱团对抗和武力威胁，这可能危及推行国的经济、政治和军事安全。

二是得不到国内外支持。在国际上，因某些大国强烈反对等原因，一些国家不敢加入国际正义组织，或退出正义组织。在国内，实施该策略需要付出很多代价，包括建立和巩固正义国家组织的支出、受到大国等报复的损失等，国民基于自身利益可能反对推行这个策略。

5. 国际伸张正义策略的实施

某个国家推行国际伸张正义策略，以成就王国地位，必须具备以下三个基本条件：

一是国际影响大。有较强的经济、政治和军事影响力。如果没有这些要件支撑，在国际上就没有响应者，建立正义国家联盟、建立伸张正义制度框架等，很可能在形成之初就被超级大国等既得利益集团所化解。

二是国际呼声大。全球许多国家有建立国际伸张正义制度、成立正义国家联盟等的强烈愿望和要求，这些愿望和要求，是基于超级大国等的肆意压迫与剥削，或基于全球生态危机、全球经济危机等产生。

三是发挥作用大。推行国际伸张正义主张，切实能够保护大多数国家经济利益不受侵害，能够确保国际经济秩序运行良好，能够维护全球的公平正义事业，这是赢得全球各国支持的重要条件。

某个国家推行伸张正义策略，通常通过以下几个步骤来完成：

第一步，倾听各国呼声。推行国在经济外交中，要听取大多数国家对国家经济争斗的意见，尤其是量大面广的发展中国家的意见和建议，听取他们对国际经济秩序的看法，在此基础上，形成伸张正义的基本判断。

第二步，认清国家经济争斗是非。针对国家经济争斗的重大问题，比如国际通用货币、国际贸易规则等，进行深入分析研究，辨明是非，形成对国家经济争斗的基本看法，形成国际伸张正义的理论体系。

第三步，提出国际伸张正义主张。根据国家经济争斗存在的主要问题，以及大多数国家呼声，有针对性地提出伸张正义主张，并通过世界媒体进行全方面宣扬，让世界各国了解和识破国家经济争斗的种种阴谋，并身体力行，采取正义行动。

第四步，推动伸张正义制度建立。联合其他国家和组织，积极推动联合国框架内建立起伸张正义制度体系。

策略四：战略资源共享——改造石油欧佩克组织

1. 拒绝财富掠夺

石油等战略资源，自 20 世纪中叶以来，经常扮演着超级大国、资源出口大国等掠夺各国财富的基本工具，其关键手段是提高石油价格，让全球大多数国家的财富积累源源不断流出，注入他们的腰包。

其中，如超级大国的石油美元，随着石油价格上涨，世界对美元的需求不断推高，超级大国只需发行货币就可获得大量财富；资源产出国如沙特、科威特等石油出口大国，石油价格上涨意味着财富滚滚而来。

通过垄断供给、市场炒作、军事战争等手段，不断推高石油价格，这些国家可聚集越来越多的财富，而这些财富均来源于各国。国际油价节节攀升，石油输出国家和美国石油美元赚得盆满钵满，这些财富都是从石油消费国剥削而来，大多数国家倍受高油价煎熬。

与此同时，石油价格的上涨、美元发行量的大幅提高，推高了全球物价水平，这就引发了国家贫富分化，进而延缓全球经济增长步伐。

作为全球领袖国家，从全球可持续发展高度，认识到要让每个国家公平公正地分享这些战略资源，使其发挥最大的经济社会效益，敢于提出和主张最大公平效率的石油供给制度，建立全球性战略资源共享的国际新秩序，这就是战略资源共享策略。

资源共享策略是指倡导国家为了解决战略资源被某些国家或组织所垄断，各国经济发展受严重制约和财富被掠夺等问题，提出战略资源各国共同分享、共同发展的基本策略。

战略资源共享策略的实质，是促进各国经济共同发展、共同繁荣，拒绝财富掠夺引发的贫富分化和物价高涨，促进全球物价平稳，促进全球经济较快增长。

2. 全球物价飞涨，欧佩克是帮凶

石油作为世界最主要的战略能源，在第二次世界大战后初期，世界石油的勘探、开采和销售几乎全部控制在西方石油垄断财团手中，他们损害第三世界主要产油国经济利益以获得超额利润。

为了抗衡石油垄断财团，1960 年 9 月，伊朗、伊拉克、科威特、沙特阿拉伯和委内瑞拉等五国，宣告成立石油输出国组织（OPEC），简称“欧佩克”，该组织主要协调各国石油政策，商定原油产量和价格，反对西方国家对产油国的剥削和掠夺。

随着成员的增加，欧佩克发展成为亚洲、非洲和拉丁美洲一些主要石油生产国的国际性石油组织，目前欧佩克共有 12 个成员国，欧佩克总部设在维也纳。根据《BP 世界能源统计 2011》，2010 年，该组织成员国石油总储量约占世界石油储量的 77.2%，原油产量约占世界原油产量的 39%，其中排在前三位的是沙特阿拉伯、伊朗、阿联酋。

随着集体力量的不断增长，欧佩克左右了全球石油市场价格，并把石油当作一种影响地缘政治经济的工具，成为打压以美国为首的西方国家经济的重要手段。他们最大胆的尝试发生在 1973 年，当时，为阻止西方国家在第四次中东战争中支持以色列，欧佩克对西方国家实施了长达 5 个月的石油禁运，此后，国际石油价格从每桶 3 美元上升到 12 美元。

美国为了摆脱欧佩克控制，想出一套永久解决方案，那就是美元与石油挂钩，无论石油价格如何上涨，都以美元定价和交易，一方面，美国印刷美元就可以购买石油，另一方面，石油价格上涨推动交易额上升，美国坐地发行美元获利。可以说，美国把美元当石油使用，把石油价格上涨当发行美元，两全其美。

于是，在美国的精心策略下，20 世纪 70 年代美国和沙特阿拉伯签订了美元与石油挂钩的秘密协定，沙特阿拉伯与美国相互成为最坚强盟友。沙特阿拉伯全力支持石油与美元挂钩，同样，美国也全力支持帮助沙特阿拉伯稳定政治和确保经济、军事安全，双方互利共赢，何乐而不为？

从此，欧佩克的石油美元，从石油交易货币中介，从控制西方国家经济，蜕变为推动世界物价飞涨的罪魁祸首，成为美国控制世界各国的工具。

1979 年的伊朗革命和 1980 年的两伊战争，将国际石油价格推高到每桶 40 多美元。由于石油与美元挂钩，石油价格上涨对欧佩克成员国和美国是一种多赢格局，受利益驱动，国际油价高位运行，曾多次突破每桶 100 多美元。

2000 年，伊拉克的萨达姆政权对美国的中东石油控制很不满，于是提出石油销售用欧元计价，即石油欧元。如果石油欧元在全世界推行，美元石油将受严重打压，美国精心策划的霸权术将竹篮打水一场空，这也触犯了美国的核心利益，美国发动伊拉克战争也就不奇怪了。

自从伊拉克战争开始，石油价格便从开始的 25 美元一桶上升到 90 多美元一桶，甚至飙升到 120 多美元一桶。石油价格大涨，各产油国固然获得很大利益，但美国发行美元获利更多，美国获利相当于各产油国获利的总额。

由于石油价格大幅上涨，美国大量发行美元，全世界美元流通量大增，于是全面推高世界各国物价水平，并且保持在高价位上运行。

伊拉克战争结束后，许多媒体和专家认为，随着伊拉克石油供给的增加，石油价格会下降，世界各国物价也会应声下降。但他们的分析都错了，世界石油价格和国际物价水平，已不可能恢复到伊拉克战争前水平，因为美元发行量实在太多了。

可以这样说，如果欧佩克一直执行石油美元政策，欧佩克不但成为国际物价高涨的帮凶，而且成为阻碍世界经济发展的绊脚石，成为美国侵吞剥削世界财富的载体，成为全球贫富差距拉大的重要原因。

3. 改造石油欧佩克

从近几十年来看，欧佩克“限产保价”政策失效了，赢得了“贪婪”的名声，它不能确保国际石油价格的稳定，不能确保国际物价平稳。但却能保证各成员国在任何情况下都能获得稳定的石油收入，保证美国获得大量美元发行收益，中国、印度等新兴国家却为此付出巨大的经济代价。

苦海无边，回头是岸。只有改造欧佩克组织，打断石油与美元的利益链，打断石油垄断的利益链，欧佩克组织才能回归大众，才能赢得世界各国的尊重。

据欧佩克发表的2010~2011年成员国石油生产、销售和出口报告显示，目前沙特依然是欧佩克最大产油国和出口国，但在已探明原油储量上，委内瑞拉超过了沙特；尼日利亚取代伊朗，成为欧佩克第二大原油出口国。沙特仍然是欧佩克目前唯一向全球市场出口原油的国家。

在这种情况下，如何改造石油欧佩克？关键是推行石油战略资源共享策略。石油战略资源共享策略，就是改革石油战略资源不合理的分配制度，制止美国和石油生产国毫无节制的财富掠夺。

该策略最大的特色，首先是强调共享性。石油战略性资源在分配过程中，各国都得到合理的份额，能够满足其经济发展的基本要求，而不是某个国家独占，或单独控制资源，坚决斩断石油与美元挂钩，建立石油与多种货币挂钩体制。其次是强调价格的合理性。石油战略资源的共同分享，是在基本合理分配的基础之上，合理分配的基本准则是稳定物价、促进发展、共同繁荣，而不是贫富分化、物价高涨。

如何做到战略资源的价格合理？以石油为例，这主要看产油国与消费国的综合损失与收益，确保整体收益大于损失。

当石油价格达到临界点O时，是最合理的价格。只有石油价格低于临界点O，才能增进全球财富。当石油价格超过临界点O时，消费国损失远大于产油国收益，不能增进全球财富创造。

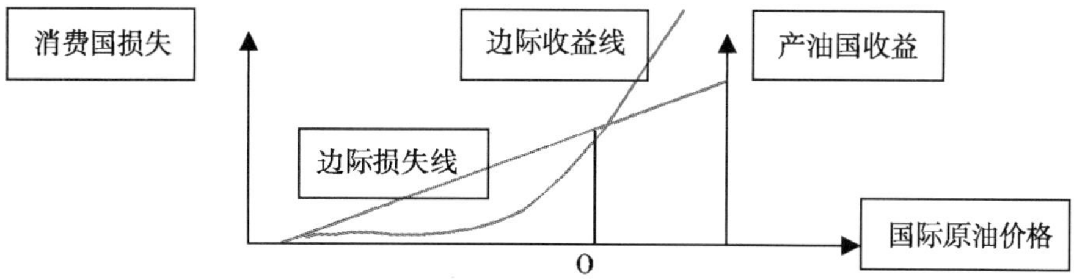

图 17　最佳价格临界点

推行石油战略资源共享策略，最大的难点是斩断美元与石油挂钩。而从伊朗的欧元石油，到委内瑞拉的易货贸易，再到中国与日本、俄罗斯的货币互换，我们看到，美元与石油挂钩并非是牢不可拆的，可以通过许多途径绕开石油美元。

美国的贪得无厌，不可避免地促成美元泛滥成灾，这对世界各国而言，将是一场灾难。而随着新兴经济体的崛起，中国、巴西、印度等国经济的快速发展，美元将会失去它独霸的地位，石油美元将走向终结。

因此，改造石油欧佩克，是世界可持续发展的需要，更是石油欧佩克回归大众的需要，而且随着石油美元的终结而完全有可能改造好。

4. 共享的风险

从石油战略资源的实践需要看，战略资源共享策略，主要有以下三个基本特征：

一是战略性。这种资源是国家发展的战略性资源，谁拥有这种资源就能够获得大发展，相反则制约发展，这类资源跟科技发展密切相关，就目前情况而言，这类资源主要包括石油、天然气等产生动力的资源。

二是稀缺性。这种战略资源拥有量是有限的，供给量也是有限的，同时也是一次性使用资源，经常被某些国家或国际组织所垄断。

三是共享性。世界各国都能够合情、合理、合价地享受战略资源，通过战略资源共享，世界各国经济得到全面快速发展，世界经济可持续发展能力全面增强。

推行战略资源共享策略，对于王国者来说，具有以下有利之处：

一是既得利益者话语权。战略资源常受控于超级大国或资源输出国（或组织）手中，其他国家则难以插手战略资源分配。推行该策略，能够削弱既得利益国家的国际话语权，提高其他国家的国际谈判话语权或主动权。

二是获得许多国家支持。由于战略资源受控于几个国家，其他国家对此无可奈何，提出这个策略必然得到许多国家的支持，从而为确立领导地位奠定基础。

三是满足国内发展要求。由于超级大国或资源输出国放弃了财富掠夺制度，战略资源价格将回归理性，有利于推行国获得稳定的战略资源，从而促进国家经济发展。

不利之处，是面临以下风险：

一是既得利益集团报复。战略资源共享策略与超级大国或资源输出国存在严重的利益冲突，可能引发激烈的经济战争，这些国家凭借其垄断地位，可以轻易掐断推行国的资源供给线，以报复对他们利益的挑战或损害。

二是受国际社会孤立。推行该策略，虽然有利于全球经济发展，有利于保障大多数人利益，但由于超级大国或资源输出国的威胁，许多国家不敢跟随，或保持一定距离，因此可能失去很多朋友。

5. 战略资源共享的实施

某个国家实施战略资源共享策略，成就王国地位，必须具备以下四个基本条件：

一是拥有战略资源。即自身拥有一定战略资源，否则，其提出的策略就受其他国家的质疑，同时也可避免超级大国和资源输出国掐断资源供给线引发的经济风险。

二是要有坚定的支持者。在国际社会中，有部分国家与倡导国建立起战略合作关系，甚至建立起战略资源共享国家联盟，不会因超级大国等的威胁而孤立，这样才能有效抵制超级大国和资源输出国的种种威胁。

三是要以身作则。在提出战略资源共享主张之后，要以身作则，积极推进，能够牺牲自己利益，以说服其他国家共同实施。

四是要确定合理的价格定位。战略资源要为全球经济发展服务，战略资源价格要从社会平均利润率、社会平均收益等多方面考虑来确认，使资源供给国和需求国能够共同接受。

实施资源共享策略，通常通过以下几个主要步骤来完成：

第一步，识破阴谋，达成共识。针对石油价格不断上涨、大多数国家经济发展受到影响的实际，引导各国理论界和实际工作者，识破石油美元挂钩等阴谋，使世界各国对战略资源的分配阴谋论达成共识。

第二步，提出方案，讨论择优。基于战略资源供给现状，以及各国发展需要，以促进全球各国经济发展、拒绝国家贫富分化为基本原则，提出资源共享的多种方案，供世界各国讨论，并择优提交各国和联合国组织等。

第三步，施加影响，推进共享。利用联合国、区域国家联盟、多国联盟等组织平台，对超级大国和石油输出国组织施加影响，改革战略资源供给、流通和分配制度，推进战略资源全球共享。

第四步，形成制度，推广应用。建立联合国组织框架内的全球战略资源共享制度，并在全球推广应用。值得一提的是，要建立起资源合理价格和分配机制，发挥资源的最大财富创造功能，避免垄断引发的贫富分化。

策略五：国际公益货币——推翻美元利己主义

1. 摒弃货币掠夺性

美国主权货币美元的国际化，虽然有效地促进了国际经济发展，但美国政府和金融企业的贪婪无度，使美元成为剥削全世界的主要工具，成为美国发动战争、干预他国政治经济的源头，在无意中，美元已沦为堕落的工具。

只有打破美元的垄断性国际货币地位，才能避免武装杀戮，才能实现一个公平正义的新世界。

如何打破美元的垄断地位？关键是建立起超越国家主权的国际货币体系，即超主权货币体系。

黄金、白银等超主权货币历来就有，但这些超主权货币体系，实践证明已不能满足世界经济发展要求，需要建立一套新的以主权货币为基础的超主权货币体系。

作为领袖国家，要担当起大任，以其国家主权货币（如人民币）为基础，建立起公益性国际货币体系（如国际人民币），让世界各国统一使用、共同管理国际货币，去除主权货币国际化的私利性，这就是国际公益货币策略。

所谓国际公益货币策略，是指由倡导国提出，以其主权货币国际化为基础，建立国际货币发行的国际货币联盟，摒弃主权货币国际化的财富掠夺性，国际货币联盟统一管理货币发行收益，使之成为全球公共性货币。

其中，国际货币联盟发行的国际公益货币，是以满足国际贸易快速增长需要，满足国际大宗商品价格稳定需要，满足全球经济平稳较快发展需要，满足世界各国共享经济发展成果需要等，作为其发行货币数量的基础。

国际公益货币策略的实质，是让全球各国共同分享货币发行收益，共同分享经济增长发展成果。

2. 美元，只剩下利己主义

超主权货币由来已久，其中白银、黄金是世界主要储备货币。由于白银产量减少，从 17 世纪开始渐渐退出国际货币体系，取而代之的是价值更高、产量增长更快的黄金。

到 20 世纪初，与当年的白银情况相类似，世界黄金产量的增长链条突然被打断，但世界贸易总量却依然在增长，国际货币不得不以纸币替代实物货币，英镑、美元的主权货币逐渐取代超主权货币。

1944 年，全球 40 多个国家在美国召开了联合国货币金融会议，确立了以美元为中心的国际货币体系，即布雷顿森林体系。该体系是以美元和黄金为基础的金汇兑本位制，是建立一种以美元为中心的国际货币体系，基本内容包括美元与黄金挂钩、其他国家的货币与美元挂钩以及实行固定汇率制度。

1945 年布雷顿森林会议正式成立国际货币基金组织（简称 IMF）和世界银行（简称 WB），两个机构自 1947 年起成为联合国的常设专门机构。布雷顿森林体系的实质是推动美国主权货币的国际化。

但随着全球贸易大发展，美元需求量激增，而黄金产量增长却相当有限，美元的金汇兑本位制已脱离实际，美国没有维持黄金官方价的能力，金汇兑本位制随之退出历史舞台。

1971 年美国宣布终止美元与黄金挂钩，制约美元发行的唯一障碍被彻底扫除，印刷钞票完全成了美联储的权力。美国主权货币国际化走向另一个极端，那就是主权货币凌驾于国际组织之外，不受其他国家约束，贪婪使美元成为称霸世界的核心武器。

而早在布雷顿森林体系的缺陷暴露之初，国际货币基金组织就于1969年创设了特别提款权（下称SDR），以缓解主权货币作为储备货币的内在风险。SDR是一种储备资产和记账单位，亦称“纸黄金”，它是基金组织分配给会员国的一种使用资金的权利，实质就是超主权货币，但SDR没能发挥应有的作用。

其主要原因是，国际货币基金组织的决策机制中，美国拥有绝对的否决权，难以取得对全球货币供给的控制权，这些致命缺陷，决定了SDR是扶不起来的阿斗。

3. 把美元拉下神坛

国际美元是一种损人利己的货币体系，它成为剥削他国财富、掠夺他国财富的主要工具，也成就了美国的霸权国家地位。

美国为了增强军事实力，直接印刷美元购买和研发高端武器；为了控制全球经济，直接印刷美元购买各国金融业；为了控制石油等战略资源，直接印刷美元购买石油，并共享石油涨价收益；为了控制某些弱小国家，直接印刷美元控股投资……

国际美元对世界的掠夺，可谓是无孔不入。为了美国自身利益，置全世界人民根本利益于不顾。从1991年的海湾战争，到科索沃战争、伊拉克战争、阿富汗战争、利比亚战争等，无不与美国的核心利益——美元有关。

这些残忍的军事战争，让数以万计的平民百姓失去了家园，让成千上万的士兵和平民失去了生命。而战争的最大受益者是美国，战争让美国牢牢控制了世界，战争让美元成为世界主流国际货币，使美国强行发行大量美元换取世界各国财富。

说白了，美国印刷美元换取各国财富，甚至于不顾他人生命，做出伤天害理、谋财害命的事情。

必须推翻美元这种利己主义，才能还世界公平公正，才能还世界安居乐业。

推翻美元利己主义，就是要推翻国际美元的无限量发行，推翻美元的国际主流货币地位，推翻美国的无节制贪婪，把美国主权货币的美元拉下神坛。

推翻美元利己主义，还需要建立一个全新的全球货币体系，取代美元，建立新的国际主流货币。如何取代美元利己主义？最主要的是推行国际公益货币策略，消灭主权货币国际化的利益独享机制，建立起公益性主权货币机制。

传统国际主流的通用主权货币，如美元、英镑等，随着国际货币需求量大增，美国、英国依靠发行主权货币，就可以从各国取得大量财富，并独自分享财富。

由于财富追逐的冲动，这些主权国家想方设法推动国际大宗商品物价上涨，物价上涨越高，国际货币需要量越高，主权货币发行收益也就越多，而受害者是绝大多数国家。

为解决国际货币发行引发的财富分配不公，需要建立国际公益货币，使国际货币发行收益不再是某个主权国家的专利品，而是全球各国的共同财富，将促进全球总体物价水平的平稳发展态势。

4. 困兽犹斗，不可小视

建立国际公益货币，必将遭到美国的强烈反对，对此，我们决不可掉以轻心。

国际公益货币是一种货币创新，如建立人民币国际公益货币，它应具有以下四个基本特征：

一是延续性。如国际公益人民币，延续中国人民币的基本做法，不是一种货币新品种，它继承和发挥人民币国际化的优点，它与当今主流国际货币（美元）最大的区别，在于货币发行和货币管理。

二是公共性。如国际公益人民币，虽然是中国主权货币，但货币发行权和收益权归国际货币联盟所有，即发行量和发行收益由国际货币联盟主导，因而它又超越了国家主权范畴，是超主权国家的国际公益货币。

三是公正性。如国际公益人民币发行，是基于全球贸易发展需要，而不是中国掠夺世界财富需要。货币发行收益用于推动全球经济可持续发展，用于帮扶后富国家发展，用于推动人类文明进步发展，而不是用于中国军事开支和奢侈消费。

四是稳定性。如国际公益人民币，用于全球重要大宗商品国际贸易的定价和交易，尤其是大宗战略资源国际贸易的定价和交易，以此稳定全球总体物价水平，保证世界各国人民生活水平不断提高。

推行国际公益货币策略，有利之处，通常主要包括以下三个方面：

一是受被剥削各国的支持。由于美国长期毫无节制、贪婪无度的财富掠夺，绝大多数国家成为受害对象，他们对美国的做法产生很大不满，但又无奈接受。某个国家推行国际公益货币，将他们从长期被压迫中解脱出来，定然会得到大家的热烈拥护和支持。

二是发展空间大扩张。如中国的人民币被推为国际公益货币，虽然不能独享货币发行收益，但世界各国的普遍使用，会对中国开放市场，就会拥有广阔的国际市场空间，中国经济就会得到迅速发展。

三是国际话语权大增。如中国的人民币被推为国际公益货币，在货币发行、货币发行收益管理等方面，中国将拥有较大的话语权，对世界经济发展将产生重大影响。

不利之处，通常面临以下三个主要风险：

一是霸权国家强烈反对。如中国推行国际公益人民币，必将把国际美元（包括日元、欧元等）逐出国际市场，必将引发美国等的强烈反对，美国等不但破坏和瓦解国际货币联盟，甚至对中国发出军事战争威胁等。中国必须有足够的力量和智慧支持，才能够解决这个问题。

二是货币替代经济付出多。如国际公益人民币替代美元，需要大量的经济付出，包括各国美元转换为国际公益货币的各种经济付出，重构人民币国际公益货币组织体系、管理运营体系等的经济付出。

三是国家宏观经济调控难。如中国人民币充当国际公益货币，在国家宏观经济调控过程中，国内货币政策与国际货币政策联动，这对中国经济管理带来许多新问题和挑战。

5. 国际公益货币的实施

某个国家实施国际公益货币策略，以成就王国地位，需要具备以下三个基本条件：

一是较强的国家实力。包括军事实力、经济实力、政治影响力等，这是号召各国成立国际货币联盟，建立没有剥削和压迫的国际金融体系，以及抗衡美国及盟国强烈反对的基础，没有这种实力，就难以推行全球性的国际公益货币。

二是得到大多数支持。主要是国际公益货币能够得到各国的支持，能够从根本上解决超级大国等掠夺财富问题，能够促进全球贸易便利化，促进各国共同发展，并尽可能减少美国、日本等既得利益国家的损失，只有这样，国际公益货币策略才能够有效推进。

三是充分的理论支撑。如建立国际公益人民币，要在经济理论上得到各国专家和学者的广泛认可，得到各国政府的支持和采纳。

某个国家实施国际公益货币策略，通常通过以下几个步骤来完成：

第一步，推进货币国际化。推行国以主权货币为基础，按照国际货币发展需要，推动主权货币国际化，包括推动国家之间互换货币，建立离岸国际货币交易市场等，使本国货币不断推向国际市场。

第二步，完善公益货币理论。在货币国际化过程中，引导各国研究机构深入探讨公益货币问题，让各国对建立国际公益货币达成共识，为实施国际公益货币策略奠定坚实的理论研究和舆论基础。

第三步，建立国际货币联盟。或以倡导国为核心成立全新的国际货币联盟，或以目前国际货币组织为平台组建国际货币联盟，联盟主要承担两大功能，即主权国际货币发行，以及货币发行收益管理。

第四步，国际公益货币制度化。在国际社会的普遍支持下，将公用货币方案提升到国际制度层面，使之成为世界货币的通用管理规范。

其中，关键步骤是建立起公平公正的国际货币联盟。该组织在主权货币国际化基础上，可以掌控货币的发行数量、货币发行收益以及收益利用管理，并能解决国际经济增长、物价稳定、就业增加、饥饿与贫困等国际性问题。

策略六：全球共同市场——打造全球版欧共体

1. 心宽才能体胖

市场与财富，是水和鱼的关系，也是心与体的关系。只有心宽，体格才能强壮，心宽了，才能让更多的国家组成更大的共同市场，每个国家创造出更多的财富，世界财富蛋糕才能越做越大，从中，每个国家和国民才能分享到更多的财富蛋糕。

放眼世界，世界贸易组织、自由贸易区等，就是共同市场的典范。但无论是世界贸易组织，还是区域自由贸易区，国家之间贸易壁垒时有发生，国家利益至上的观念使欠发达国家与发达国家没有真正平等的相互开放市场。

作为领袖国家，推动全球各国相互开放市场，促进全人类共同发展，这是全球共同市场策略，也称为全球市场一体化策略。具体而言，就是指主张各国全面对外开放市场，形成全球统一市场，促成充分的市场交易、最大的市场扩张，降低国际贸易成本，推动国际产业细化分工，促进各国经济共同发展等的基本策略。

共同市场策略的实质，是统一全球市场，促进社会分工，推动各国经济发展。

为什么要建立全球共同市场，这主要是因为市场具有三大功能，即催生财富功能、财富放大功能、财富创造效率提高功能，统一全球市场，对促进全球财富创造具有重大推动作用。提出共同市场主张，是强调充分挖掘市场潜力、促进国际分工分业，进而促进国家经济共同发展。

2. 欧共体，全球共同市场的曙光

欧洲共同体是当今世界拥有成员国最多的共同市场，它的成功实践，可为全球建立共同市场提供借鉴参考。

欧洲共同体的提出始于 1947 年，当时的美国提出了旨在重建欧洲经济的马歇尔计划，为欧洲的战后恢复提供经济援助，欧洲国家在美国的敦促下成立了欧洲经济合作组织，其作用主要是协调欧洲各国经济政策，以努力实现成员国之间的自由贸易。

1952 年，法国、联邦德国、意大利、荷兰、比利时和卢森堡六国组建了欧洲煤钢共同体，1958 年又建立了欧洲经济共同体和欧洲原子能共同体，1965 年六国签署了布鲁塞尔条约，上述三个共同体机构融为一体，统称欧洲共同体。

此后，欧洲一体化越走越顺，欧洲一体化从一开始就跨越了自由贸易区阶段，于 1968 年 7 月 1 日起成员国之间取消商品的关税和限额，实现了关税同盟；1973 年欧共体实现了统一的外贸政策，实现欧洲联盟单一市场的共同贸易制度。

1993 年基本建成欧洲统一大市场。欧共体同其中的绝大多数国家缔结了贸易协定、经贸合作协定或其他协定。欧共体于 1975 年 5 月与中华人民共和国建立正式关系。

欧共体的组织体系建设日益完善，欧共体设有理事会，包括欧洲联盟理事会和欧洲理事会；委员会，它是欧共体常设执行机构；欧洲议会，它是欧共体的监督、咨询机构；欧洲法院，它是欧共体的仲裁机构。此外，欧共体还设有审计院、经济和社会委员会、欧洲煤钢共同体咨询委员会、欧洲投资银行等机构。

到 2007 年，欧共体已成为一个拥有 27 个成员国，人口超过 4.8 亿的大型区域一体化组织。

从欧共体的实践看，它具有以下几个基本特征：一是欧洲市场的大开放，欧共体成员国之间相互开放市场，统一税率，部分国家统一使用欧元等。二是欧洲共同体成员国之间，取消商品的关税和限额，实现了关税同盟。三是相对公平性。在欧洲共同体内，各国拥有同等的投票权、话语权等。

由此可见，欧洲共同体已基本实现市场的统一。但由于欧洲共同体成员国还没有统一货币，即统一使用欧元，英镑等主权货币还在通行，因此，目前的欧共体只能说是欧洲共同市场的基本成型，离真正的大一统共同市场还有一定的距离。

分析欧共体之所以能够畅通无阻，主要是该组织针对国际贸易壁垒、市场挖掘深度不够、国际分工分业不精细、整体劳动效率低等问题，通过统一欧共体市场，来促进各国经济共同发展、共同繁荣。

对于德国、法国等先进国家而言，统一市场，降低或取消各国关税，可以为其产品和服务出口打开广泛的市场空间，从而加速其经济扩张，同时也可以转移产业以促进经济转型。

对波兰、捷克等后进国家来说，可以充分挖掘市场深度，将许多藏在深山老林的资源开发成新的产业，促成新经济增长点，可以主动接受发达国家产业转移，提高国内劳动者素质，进而促进国家经济发展。

3. 世贸组织，改造才有希望

在1944年举行的布雷顿森林会议上，与会代表提出了组建一个国际性贸易组织的构想，以完善世界经济的“货币—金融—贸易”三位一体组织体系。但由于美国的反对，该提议不了了之。

1947年美国另起炉灶，拟订了关贸总协定，作为推行贸易自由化的临时契约。1990年欧共体和加拿大等正式提出成立世贸组织的议案，1994年在摩洛哥举行的关贸总协定部长级会议才正式决定成立世贸组织。

世贸组织的目标，是建立一个完整的、持久的、富有活力的多边贸易体制。与关贸总协定相比，世贸组织管辖的范围除货物贸易外，还包括知识产权、投资措施和服务贸易等内容和领域。

其基本原则包括：互惠原则，这是WTO最为重要的原则之一，是指两成员方在国际贸易中相互给予对方贸易上的优惠待遇；市场准入原则，要求各国有计划、有步骤、分阶段地开放市场；经济发展原则，以帮助和促进发展中国家经济发展为目的；透明度原则；促进公平竞争原则；非歧视性原则等。

2011年12月，世界贸易组织第八次部长级会议正式批准俄罗斯加入世贸组织，成为世贸组织第156个成员。从此，世贸组织将覆盖全世界97%的贸易。根据入世协议，俄罗斯总体关税水平将从2011年的10%降至7.8%。

从世贸组织发展看，该组织成员多，贸易覆盖面广，具有全球共同市场的组织构架。但世贸组织成员之间，一是国家关税仍然存在，二是成员国内部税率千差万别，三是进出口限额不尽相同，四是没有统一的货币，五是决策权主要掌握在美国等强国之手。这说明，世贸组织还不是全球共同市场。

由此可见，如果将世贸组织的构架，与欧共体的实践有机结合起来，再加上统一全球货币，那么，一个全球共同市场将呈现在世人面前：

一是市场的大一统。即全球市场的大一统，这就像是全球成为一个国家，各国成为这个国家的省、市，他们相互开放市场，在国家内统一货币、统一市场，使全球市场达到最大化。就如欧洲共同体一样，共同体内部相互开放市场，统一使用欧元，统一税率等。

二是市场的无阻性。即国家之间实行低关税或零关税，使国际贸易成本达到最低化，促成各国产品和服务可以方便进出。如欧洲共同体成员国之间，取消商品的关税和限额，实现了关税同盟。

三是市场的充分性。即市场交易充分进行，在全球范围内市场产品得到深度开发，尽可能挖掘出新的市场产品和服务，尽可能促进新的产业和新的经济增长点。

四是市场的公平性。在全球共同市场内，各国拥有同等的投票权、话语权，拥有公平的经济竞争地位，全球贸易规范公平，交易结果得到各国共同认可。

五是市场的分工性。由于各国生产能力不同，共同市场不可避免地存在某些国家的某些相同行业竞争不力而被淘汰出局。因此，全球共同市场，强调国际分工分业，以此促进各国共同发展。

4. 道路必定是曲折的

从欧共体和世贸组织的实践看，推行全球共同市场难度很大，某个国家主导推行全球共同市场策略，道路必定是曲折的。

有利之处，通常主要有以下两个方面：

一是促成共赢发展格局。推行全球共同市场建设，使各国开放市场，形成全球统一市场，各国市场空间得到最大化扩张，从而促进各国经济大发展，实现市场开放的多赢格局，推行国从中受益颇多。

二是提升国家影响力。主张推行全球市场一体化，许多国家从中受益，从而赢得世界各国的拥护和支持。如法国，随着欧洲共同体的发展，法国在国际上的影响力越来越大。

不利之处，通常主要面临以下三个风险：

一是有些国家不参与的风险。一些发达国家出于保护本土产业的需要，禁止出口高新科技，对进出口产品和服务进行各种阻拦。许多发展中国家则不乐于开放市场，这主要是担心国内经济受到冲击，失业率将上升，国内政治也可能发生巨变，所以顾虑重重。

二是既得利益国家反对的风险。霸权国家往往对高利润行业进行独断经营，如军事工业、航天航空等，推行全球市场一体化，将对这些垄断产业造成冲击，国家利益因此而受损。另外，有一些产业垄断经营的国家，其利益也将受损。这必然遭其强烈反对，并可能采取各种手段进行破坏。

三是国家产业发展受到挤压。由于推行全球共同市场主张，必须先对其他国家进行开放，其结果是部分行业受到严重冲击，而新兴产业没有培育起来，社会就业问题就会出现，进而可能引发社会动荡。

5. 全球共同市场如何构建

某个国家若要实施全球共同市场策略，成就全球领袖地位，必须具备以下三个基本条件：

一是国际贸易强劲。拥有较大的贸易出口额，只有这样的贸易强国，才能有效推动全球市场一体化，否则就失去发展动力。

二是国家实力强大。有能力应对霸权国家、产业垄断国家的反对，以及化解部分反对贸易自由化国家的不同声音，这就需要有较强的国家实力为支撑。

三是推动共赢发展。即做到加入市场一体化的国家能够实现双赢和多赢，各国在统一市场中都能够得到更多的实惠，财富创造能力更强，国家财富积累更多。

某个国家实施全球共同市场策略，通常可以通过以下几个步骤来完成：

第一步，制订普遍认同的方案。根据国际市场没有统一的实际，以促进全球经济发展、确保各国共同发展为准则，针对阻止发达国家与发展中国家统一市场的问题，研究制订让各方均能接受的具体方案。其中，制订好世界各国普遍认同的共同市场方案，将是实施这个策略的金钥匙。

第二步，积极推进示范联盟。在区域国家或国家联盟中，推进共同市场建设，形成局部的共同市场，为全面推广提供宝贵经验。

第三步，建立全球共同市场联盟。根据各国意愿，网罗一批愿意相互开放市场的国家，组成共同市场联盟，形成共同市场规范，在共同市场联盟中，促成各国分工分业，全面提高效率，促进各国共同进步。

第四步，促成全球共同市场制度。在全球范围内推行共同市场，并依托全球共同市场联盟或联合国贸易组织，建立全球共同市场制度规范，以推动全球各国经济共同发展。

策略七：国际科技共享——端正印度诺华制药

1. 共赢才是真赢

这世上，无论如何事情，共赢才能持续，共同利益才是正道，科技发展尤其如此。

如果说市场是水，财富是鱼，科技就是饲料和鱼的品种，科技是促进财富创造的重要法宝。而科技离不开人才，科技成果是人创造发明出来的。

上百年来，为了促进科技研发，在国际上推行了国际专利保护制度，有效地促进了人类科技发展。然而，正是这种制度，使越贫穷的国家，越难以利用现有科技成果，财富创造能力和水平越低，科技促进全人类发展陷入进退两难境地。

欧美日等发达国家，聚集着全球优秀科技人才，科技发展水平高，科技专利成果多。大部分发展中国家，科技人才流失严重，科技专利成果少。

作为领袖国家，要从全球可持续发展的高度，重新审视国际专利保护制度，提出和主张全球科技共享制度，鼓励贫穷落后国家，充分开发利用国际专利，使闲置科技资源充分发挥作用，推动这些国家经济发展和社会进步，同时也使专利所有者获得相应的报酬。

这就是国际科技共享策略，也可称为共同推进科技进步策略，即全球各国重视科技发展，加强科技研发，注重培养科技人才，促进科技成果合理流动，各国共同享受科技成果，共同提高劳动效率，以创造出更多的财富，推进全球经济加快发展，促进全人类文明进步等的基本策略。

科技共享策略的实质，是让科技促进全球劳动效率提高，增进全球财富创造和积累。

2. 诺华制药与印度政府的较量

瑞士诺华制药公司，总部设在瑞士巴塞尔，业务遍及全球 140 多个国家和地区，是世界上最大的医用营养品提供商之一，在全球制药行业居领先位置。

诺华制药公司的格列卫（Glivec）产品，已经在包括中国在内的全球 40 多个国家获得专利保护，为诺华公司带来了巨大利润。为了将专利延伸到印度，2006 年初向印度申请专利保护。

印度作为“关税与贸易总协定”的缔约国之一，1995 年随着“关税与贸易总协定”更名为“世界贸易组织”（WTO），印度也就顺理成章地成为WTO的成员国。根据WTO相关条款，2005年印度推行了新的专利特殊保护法规，该法规定，对现有药品进行的小改动不算专利。

而在此之前，印度只对药物制造方法授予专利，对药物本身化学成分并不授予专利，在其他国家取得专利的药物，印度公司可以通过其他生产方法生产仿制版本。因此，印度被称为发展中国家的“药房”，仅在艾滋病治疗领域，发展中国家的520万艾滋病病人中，超过八成的病人使用印度仿制药。

2006年印度专利部门拒绝向诺华公司授予Glivec的专利，理由是，这项申请只是一种旧药的新形态。诺华则声称印度《专利法》对新颖性、工业实用性和非显而易见性可专利性标准附加要求的做法与TRIPs协议相悖。

于是一场漫长的诉讼开始了。2006年5月，诺华就印度专利局的决议，向印度高等法院提出诉状，声称印度专利法不符合世界贸易组织的规定，并违反印度的宪法。

2007年1月19日，来自150个国家的近30万公众，以及“无国界医生”“全球健康运动”“国际乐施会”等国际非政府组织联合发出呼吁，要求瑞士诺华制药公司终止对印度政府的法律行动。

2007年被印度钦奈高等法院裁定，维持当地的专利法。2009年，诺华再次提出专利上诉，再次败诉。

此案之所以备受关注和争议，诺华声称取得专利保护是鼓励私人投资于研发的必要条件。而来自印度和国际社会的批评家们普遍认为，如果印度法院支持了诺华的要求，那么发展中国家就难以获取治疗疟疾或艾滋病一类的廉价药物。

从这个案件中，我们看到，国际专利保护制度中，发达国家与发展中国家，在专利持续研发与专利使用上，分歧明显。要解决这个矛盾，必须改革国际专利保护制度。

如何改革？就是要推行国际科技共享策略，使发展中国家能够共享科技进步，推动发达国家和发展中国家的共同发展。

这关键是建立科技共享制度，注重科技成果保护与开发利用，保证科技成果研发者的合理收益，又要促进科技成果发挥最大效益，使科技研发步入良性循环轨道。

科技共享制度的结合点，是专利科技的使用价格。这个价格，既可以使研发者获得较好收益，确保其研发新专利科技的积极性；又可使利用者能够使用专利科技，并获得良好的经济社会效益。

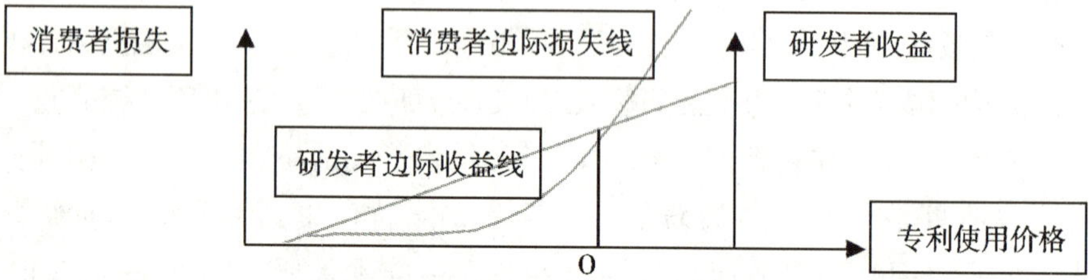

图 18　专利使用价格临界点

在临界点 O 的专利使用价格，研发者与消费者总体效益最好。在临界点 O 以内的专利使用价格，总体收益大于损失，是比较合理的价格；在临界点 O 以外的专利使用价格，总体损失大于收益，是不合理的价格。

3. 专利保护，发达国家最爱

自从专利保护制度实施以后，人类发明创造呈现快速发展趋势，西方发达国家从中受益最大。

知识产权制度发源于欧洲，专利法最先问世。第一个建立专利制度的国家是威尼斯，1474 年颁布了第一部具有近代特征的专利法。英国 1624 年制定的《垄断法规》是现代专利法的开始，对以后各国出台专利法影响很大。

继英国之后，美国（1790）、法国（1791）、西班牙（1820）、德国（1877）、日本（1826）等西方工业国家陆续制定了专利法。到 20 世纪 80 年代初期，全球约有 150 个国家和地区建立了专利制度。

1883 年制定的《保护工业产权巴黎公约》是知识产权国际保护的开端，1970 年世界知识产权组织成立，该组织在 1974 年成为联合国的一个专门机构，主管工业产权、著作权及商标注册的国际合作。1995 年生效的 TRIPS 协定，即《与贸易有关的知识产权协定》，标志着国际知识产权制度进入全球化阶段。

2005 年修订的《与贸易有关的知识产权协定》是目前国际专利保护的基本制度。该协定宗旨是促进对知识产权在国际贸易范围内更充分、有效的保护，以使权利人能够从其创造发明中获益，受到激励，继续在创造发明方面努力等。

世界上许多国家正在酝酿、制定或已实施以专利战略为主的知识产权战略，中国也不例外。中国的近代专利法始于1912年的《奖励工艺品暂行章程》。1944年中国国民党政府公布过《专利法》。1950年中华人民共和国政务院颁布了《保障发明权与专利权暂行条例》。这一条例后由1963年颁布的《发明奖励条例》所取代。1980年成立中国专利局。1984年颁布了《中华人民共和国专利法》。

根据WIPO管理的《专利合作条约》（PCT）提交的国际专利申请看，2011年仍创下新纪录，共有181900件申请——比2010年增长10.7%，是2005年以来的最高增速。美国有48596件申请，仍是PCT体系的最大用户，接下来是日本（38888）、德国（18568）和中国（16406）。PCT国际申报排名前15位国家（见表2）。

表2　PCT国际申报排名前15位国家

排名	国家	2007	2008	2009	2010	2011概算	2011份额	2011增长
1	美利坚合众国	540 42	51 642	45 827	45 008	48 596	28.7%	8.0%
2	日本	27 743	28 780	29 802	32 150	38 888	21.4%	21.0%
3	德国	17 821	18 855	16 797	17 568	18 568	10.2%	5.7%
4	中国	5 455	6 120	7 900	12 298	16 406	9.0%	33.4%
5	大韩民国	7 064	7 899	8 035	9 669	10 447	5.7%	8.0%
6	法国	8 580	7 072	7 237	7 245	7 664	4.2%	5.8%
7	联合王国	5 542	5 467	5 044	4 891	4 844	2.7%	-1.0%
8	瑞士	3 833	3 799	3 872	3 728	3 999	2.2%	7.3%
9	荷兰	4 433	4 383	4 462	4 063	3 494	1.9%	-14.0%
10	瑞典	3 655	4 136	3 588	3 314	3 466	1.9%	4.6%
11	加拿大	2 879	2 976	2 527	2 698	2 923	1.6%	8.3%
12	意大利	2 946	2 883	2 652	2 658	2 671	1.5%	0.5%
13	芬兰	2 009	2 214	2 123	2 138	2 080	1.1%	-2.7%
14	澳大利亚	2 052	1 938	1 740	1 772	1 740	1.0%	-1.8%
15	西班牙	1 297	1 390	1 564	1 772	1 725	0.9%	-2.7%
	所有其他	12 595	12 728	12 856	13 348	14 389	7.9%	7.8%
	共计	159 926	163 240	155 406	164 318	181 900		10.7%

资料来源：世界知识产权组织WIPO网站 www.wipo.int

由于西方发达国家较早实行专利保护制度，专利数量和质量明显优于其他国家，并从中获得巨额的收益。资料显示：2000年，IBM公司的利润总额81亿美元，其中，知识产权的许可、转让收入为17亿美元，占利润总额的21%。

但与西方国家相比，大部分发展中国家科技发展水平很低，国际专利很少，在国际竞争中完全处于被动状态。尤其是缺乏科技支撑，许多发展中国家的财富创造潜力远远没有挖掘出来，世界经济因此发展缓慢。

科技对财富创造具有三大功能，第一是财富创造效率提高功能，如水稻杂交品种的发明和推广，可以大大提高劳动的粮食生产效率；第二是财富催生功能，如电脑的发明和使用，使电脑成为社会重要财富；第三是财富扩张功能，如阿里巴巴网络商务，可使国内许多商品可能推向全世界。

目前国际专利保护制度，使许多发展中国家没能力使用发明专利，造成了劳动生产效率得不到有效提高，生活水平较低，有些国家甚至温饱问题还没解决，催生刀耕火种、生态环境恶化现象，弱化了可持续发展能力。

如何让他们共享发达国家科技，以提高劳动生产效率，提高财富创造能力，这事关全球可持续发展问题，事关全人类文明进步问题。因此，提出国际科技共享策略，这是解决世界部分国家科技落后问题的基本路径。

4. 应用的权衡

从诺华制药与印度政府较量的案例，以及世界专利发展看，国际科技共享策略应具有以下几个特色：

一是共享性。即科技不分国界，不分肤色，可以流动，被各国人民所共同使用，使全体劳动者掌握更多的科技成果，从而提高劳动生产效率，促进财富创造和积累。

二是共研性。即各国都重视科技发展，重视科技人才，加强科技错位研发，共同开展科技联合攻关，促成大量科技成果问世，促进大量科技成果产业化，科技成果越来越多，科技对财富创造的贡献率越来越大。

三是共建性。即共同建立全球性科技市场管理平台，使各国科技成果和科技人员流动更加频繁、更加合理，促使发达国家科技成果产生溢出效应，让更多的发展中国家从中受益。

某个国家，推行国际科技共享策略，通常有两个方面有利之处：

一是促进科技发展。近百年来，科技成果主要集中在发达国家，而欠发达国家科技成果很少，科技发展水平较低。推动科技成果向欠发达国家转移利用，可以促进本国及欠发达国家科技互动发展。

二是获得多国支持。推动国际科技成果合理流动，促进了发达国家和发展中国家的科技发展，促进全球劳动生产效率提高，定然得到大多数国家的支持，扩大国家影响力和号召力。

不利之处，通常主要面临以下两种风险：

一是付出高额经济代价。推进全球科技共享，需要建立全新的组织构架和运营管理体制机制，这都需要大量经济开支，需要推行国财政大力支持，包括对既得利益国家补偿损失等，这可能引发国内民众反对。

二是既得利益者的反对和阻止。实施全球科技共享，必然受到部分既得利益国家反对，这些国家会采取各种方法阻挠全球科技共享体制的建立。

5. 推进国际科技共享

某个国家实施国际科技共享策略，成就王国地位，需要具备以下三个基本条件：

一是发展理论基础。要有建立科技共享体制的理论基础和战略构想，包括体制框架、内容、实施、协调等方面内容，这个战略构想能够迎合各国需要，兼顾各国发展需求。

二是科技和经济实力。能够推动科技共享体制建立所需要的经济支撑和科技支撑，能够跟超级大国和科技强国沟通、谈判和协调，使他们愿意接受和纳入全球科技共享体制内。

三是成效显著保证。推动全球科技共享，能够获得显著的效益，如大幅提高欠发达国家劳动生产效率，大幅增进科技出口国收益，产生大量的新科技成果，这样，科技共享策略才能够有效推进。

某个国家实施科技共享策略，通常通过以下几个主要步骤来完成：

第一步，建立完善科技共享方案。科技共享路径很多，如何使科技共享实现最快、最有效实施，并赢得全球各国的支持，这需要进行深入分析研究，形成若干个方案，择优采纳。

第二步，促进产业和技术梯度转移。从世界范围来看，科技与经济经常紧密联系在一起，将发达国家产业和技术转移到发展中国家，同时也是先进科技转移到了发展中国家，这是促进科技共享的有效途径。

第三步，改革国际专利保护制度。在专利保护制度大背景下，发展中国家使用专利的成本较高，很多时候没有能力使用这些专利技术，为了促进发展中国家发展，应缩短专利保护年限，根据研发成本和难易情况确定转让价格范围，对事关民生的专利可探索无偿使用方法。

第四步，促成科技共享制度框架。根据全球科技发展不均衡情况，以及专利保护制度改革探索，建立完善全球范围的科技共享制度框架。

其中，最关键步骤是改革专利保护制度，建立起全球科技共享体制。这个体制要解决好以下困难和问题：发展中国家可以低成本享用发达国家科技成果，促成科技成果应用的外溢效应；各国联合科技研发，促成科技大步前进；各国共同享用关键性科技成果，促进科技与经济、生态的互动发展。

策略八：国际分工共荣——扁平苹果产业价值链

1. 平等才有尊严

只有平等，才有自由，才有尊严，这也是人类普世价值观之一。平等，从劳动就业来说，就是劳动就业机会、就业收入等的公平平等。

然而，我们观察国际社会分工，经常发现，在国际产业链分工中，部分发达国家把研发总部、营销总部和高端产业链留在国内，把低价值端、高污染的产业链转移到发展中国家，在收益上占尽微笑曲线两个高端，而发展中国家仅获得低廉的劳动加工费。

这种国际分工模式，使部分发达国家剥削发展中国家的利益，拉大了国家之间的贫富差距，贫者越贫且越难发展，不利于全球共同致富，不利于全球创造出更多的财富。其中，美国苹果公司就是典型代表。

这种国际分工模式，是一种剥削与被剥削的关系，是没有正义、没有道义的国际分工。

作为领袖国家，充分认识这种国际分工的危害性，从公平公正、共同发展、可持续发展的高度，提出和主张国际分工共荣的基本理念和制度，让欠发达国家与发达国家共同充分享受劳动成果，推动全球共同繁荣发展，这就是国际分工共荣策略。

国际分工共荣策略，是指某个国家提出社会分工国际化，在全球范围内进行分工分业，使各国发挥资源禀赋优势，发挥每个劳动者的优势，整体提升各国财富创造能力，同时缩小“微笑曲线”分工收益差距，建立“微笑曲线”扁平化制度，使各国在全球分工分业中获得共同发展，以促进全人类共同文明进步的基本策略。

国际分工共荣策略的实质，是促进各国科技进步，获得共同发展，共同享受发展成果。

2. 苹果的微笑，中国员工的痛

近年来，苹果 IPad、Iphone 在世界、在中国热卖，美国苹果公司收获巨大，其世界影响超过许多国家和地区，成为名副其实的企业王国。然而，在苹果公司微笑频频的同时，远在东半球的中国，却有许多员工为此而痛哭，甚至为此付出了年轻的生命代价。

美国苹果公司是一家跨国生产、组装、营销的大型企业。2001 年美国苹果公司推出了一款式样新颖、灵活小巧的 MP3 播放器 iPod。很快，这款 MP3 播放器得到市场的认可，风靡全世界。随后几年中，苹果公司推出的手机、电脑，也得到世人的追捧。其中，苹果手机由许多部件构成，为了获取最大化利润，苹果公司采取了全球化生产与组装方式，美国苹果公司占据了研发和品牌环节，占据价值链高端，而从事代工生产的中国企业则处于价值链低端。

据 2012 年 1 月华泰联合证券研究所发布的《苹果产业链分析》报告，苹果首次公布供应商名单，涵盖了其材料、生产、代工等领域 97% 的采购额，共 156 家公司。

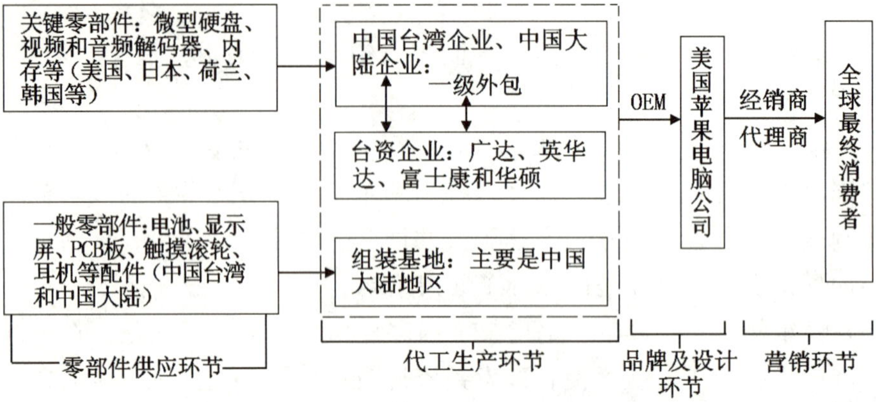

图 19　苹果公司 iPod 产品的全球价值链分解

资料来源　熊焰:《中国流:改变中外企业博弈的格局》,北京,清华大学出版社,2009 年。

供应商数量最多的子行业依次为 IC/分立器件（占 21%），连接器、功能件、结构件（占 19%），PCB（占 9%），被动器件（6%）。而 IC/分立器件供应商主要集中在美国公司；连接器、结构件、功能件厂商主要是欧美、日本、中国台湾公司；PCB 和被动器件供应商主要集中在中国台湾、日本。

从 iPhone 的利润在各国家和地区的分配看，美国苹果公司占据 58.5%的利润；韩国公司、美国公司分别占据 4.7%、2.4%的利润；台湾在产业链中附加值不高，利润只占 0.5%；而中国大陆的劳动成本只占了 1.8%。

2008 年，中国爆发了“毒苹果事件”，在苏州的供应商——联建科技的 137 名苹果中国供应商员工，因暴露在正己烷环境，出现四肢麻木、刺痛、晕倒等中毒症状，健康遭受不利影响。苹果公司 2011 年发布的供应链管理报告，首次公开承认中国供应商员工因工作环境致病。

作为苹果公司代工生产手机的中国富士康公司，也是全球最大的电子产业制造商之一，近年来，频频爆出员工自杀报道，爆出工厂大罢工甚至打砸工厂的报道，富士康公司几近描述成为资本主义残酷剥削工人的典型。

从表面看，是富士康公司内部管理混乱、员工工作压力大、员工心理素质低等原因。实质上，是企业利润压力过大所致。在国际产业价值链中，富士康公司处于最低价值端的加工链，收入偏低，劳动强度大，企业没有足够的资金用于员工管理、培训和技术创新，这才是富士康公司生产问题的关键。

由此可见，国际分工是基于市场经济条件下形成的，它与任何产业链分工一样，出现“微笑曲线”收益分配现象，即研发和销售环节收入高、生产环节收入低。同时，也将污染环境、职业疾病的生产链转移到发展中国家。

这种现象任其发展下去，就会出现市场失灵、产业链断裂、国际分工不再。因此，必须强调国际分工与收入分配两手抓，在促进全球各国科技进步的同时，又能够避免市场失灵。只有这样，国际分工才能持续下去。

3. 所得与所失

从苹果手机国际分工案例看，推行国际分工共荣策略，应具有以下四个基本特征：

一是国际分工，共同发展。各国经济资源禀赋不同，在全球经济发展过程中，进行国际化分工、分业，使各国充分发挥其资源优势，全球的财富创造才能达到最大化，各国才能从中获得相应的回报。

二是缩小差距，持续发展。在自由市场经济条件下，现代产业链中普遍存在“微笑曲线”现象，在国际化分工中也是如此，只有缩小“微笑曲线”差距，才能获得可持续发展。

三是人尽其才，物尽其用。在国际化分工中，各国劳动者需要发挥每个人的优势，发挥各个国家资源禀赋优势，这样才能使全球财富创造最大化。

四是公平公正，生态环保。国际分工，要做到公平公正，不能把环境污染生产链转移到发展中国家，这样，发展中国家环境更难治理，发展更加困难。发达国家也因环境污染而难以持续推行国际产业分工。

某个国家，要推行国际分工共荣策略，有得也有失，需要权衡利弊。

有利之处，通常主要有三个方面：

一是开放互动。分工共荣策略将得到许多发展中国家赞同，推行国与这些发展中国家相互开放市场，推行国的跨国企业可以顺利进驻发展中国家，既推动发展中国家发展，又能扩展经济发展空间。

二是扩大影响。分工共荣主张，对发展中国家来说是利好消息，将得到大部分国家的支持；对大部分发达国家来说，虽然触动了其敏感神经，但该主张可化解国际分工矛盾，有利于其国家长远发展，因而也会支持这个主张。

三是促进转型。实施分工共享等，将有利于促进国内企业进军国际市场，为国内企业转型发展提供腾笼换凤空间，同时也避免了国内垄断地位，为国内其他企业发展腾出空间，从而避免了国内贫富分化和发展的“拉美陷阱”。

不利之处，通常有以下三方面风险：

一是国家反对。许多发达国家的跨国企业，实行科技研发和市场营销总部留在国内、生产环节外移的经营模式，从而掌握了产业链的高端环节。推行国际分工共荣，将损害他们的利益，既得利益国家可能采取反对措施。

二是有些发展中国家受冲击而说不。分工共荣策略虽然有利于发展中国家，但对于其国家内部而言，有部分产业不可避免地受到外部冲击，如落后的农业和民族工业，这些既得利益者会对政府施压。

三是国内经济受到冲击。实施这个策略，许多跨国企业进驻，部分弱势产业将不可避免地受到冲击，而大量有实力企业的对外扩张，可能使国内产业空心化。

4. 国际分工共荣的实现

某个国家实施国际分工共荣策略，成就王国地位，需要具备以下两个基本条件：

一是较强外向经济。在全球产业链分工中，拥有较强的竞争力，经济外向度高，只有这样，国际分工共荣才有内在发展需求，有外部扩张愿望，才能在国际社会中引起反响。

二是较强领导素质。即具有全球领导者的基本素质，包括胸怀大志、自我牺牲等精神，尤其是自我牺牲精神，如某些国家受损时主动给予补偿等，这样才能树立起威信。

实施国际分工共荣策略，主要通过以下几个步骤来完成：

第一步，主张无国界产业分工。在现代交通和网络科技的共同推动下，“全球村”概念日益得到世人的认可。在这种背景下，积极主张无国界的国际化分工，建立各国特色的分工分业体系，促成全球性产业链分工大格局。

第二步，建立多方支持方案。高举国际道义旗帜，提出国际分工共荣的灵活实施方案，尤其是利益分配方案，通过新分工新办法、老分工老办法的实施路径，使得发达国家和发展中国家共同支持。

第三步，建立“微笑曲线”扁平化制度。为了防范全球性市场失灵，在国际分工分业中，建立“微笑曲线”扁平化体制机制，缩小各国收益差距，以调动各国劳动者的积极性与创造性，促进国际分工可持续发展。

第四步，提升为国际行为准则。以促进全球各国共同繁荣发展、全球可持续发展、全人类文明进步为目标，将“微笑曲线”扁平化制度提升到联合国、世界贸易组织、国际金融组织等的行动准则。

参考文献

[1]刘社建,吴克宇.管仲的对外贸易思想与启示[J].兰州铁道学院学报(社会科学版),2003(2):35-37.

[2]陈东海.汇率战争:日本当年到底失误在哪里[N].上海证券报,2010-10-22(9).

[3]林小芳.美元霸权与被颠覆的世界[J].红旗文稿,2009(11):18-21.

[4]张宏,李丽,张斌.中国内地富人纷纷移民海外精英与财富流失[EB/OL].(2010-05-22)[2012-03-05].http://news.sina.com.cn/c/2010-05-22/212820326964.shtml.

[5] 美议员提案鼓励移民创业建议10万投资换签证 [EB/OL].(2010-03-01)[2011-11-01].http://business.sohu.com/20100301/n270484534.shtml.

[6]侯隽.对话恩道尔:石油战争没有胜利者[J].中国经济周刊,2011(41):37-39.

[7]江涌.欧佩克酝酿在原油结算交易中以欧元取代美元[EB/OL].(2004-02-18)[2012-01-15].http://news.xinhuanet.com/stock/2004-02/18/content_1319746.htm.

[8]叶德磊.苹果的可怕在于对全球产业链有效整合[EB/OL].(2011-04-04)[2012-01-15].http://it.sohu.com/20110404/n280130016.shtml.

[9]熊焰.产业链的博弈[M].北京:清华大学出版社,2009.

[10]张云鹏,白益民.中日产业资本合作突现契机　美国金融资本是如何盘剥日本产业资本的[J].环球财经,2011(2):33-42.

[11]孙伯银.日本银行全球化的起飞迫降[N].21世纪经济报道,2007-03-26(34).

[12]张硕.创新——日本经济腾飞的引擎[EB/OL].(2008-10-15)[2012-

01 –15].http://www.cacs.gov.cn/cacs/webzine/webzinedetails.aspx?webzineid = 2469.

[13]郎咸平.新帝国主义在中国②[M].北京:东方出版社,2010.

[14] 邵明豪. 二十世纪九十年代日本经济衰退的原因及对我国的启示[J].消费导刊,2009(8):·47,49.

[15]陆铁之.苏联解体的外部经济原因及启示[J].青海师范大学学报(哲学社会科学版),2010(1):82–84

[16]何干强.经济学“西化”:苏联亡党亡国的一个重要原因——由“500天纲领”引发的思考[J].山东社会科学,,2011(7):22–28,34.

[17]金雁.前东德:波澜不惊二十年(1)[EB/OL].(2009–08–13)[2011–10–08].http://www.eeo.com.cn/observer/shijiao/2009/08/13/147787.shtml.

[18] 东南亚国家联盟 [EB/OL].(2012–01–10).http://baike.baidu.com/view/58407.htm.

[19]史宗星.背景工作室:什么是英联邦[N].环球时报,2002–03–04(4).

[20]陈威华,赵焱.巴西:经济驶入快车道[N].经济参考报,2007–12–19(3).

[21]李正信.巴西:推动经济均衡发展[N/OL].经济日报,2011–04–14(10).http://paper.ce.cn/jjrb/html/2011–04/14/content_147783.htm.

[22]张祖谦.法国:欧洲一体化的方向盘[EB/OL].(2005–05–27)[2012–02–05].http://news.xinhuanet.com/world/2005–05/27/content_3009330.htm.

[23]首席谈判代表谈中国加入世贸组织 10 年得失[EB/OL].(2011–1 –11) [2012 –02 –05].http://finance.sina.com.cn/g/20111111/072110796705.shtml.

[24]戴启秀.和解外交:超越历史的欧洲一体化[J].国际观察,2007(4):34–41.

[25]李和.拉丁美洲同美国的经济关系[J].拉丁美洲研究,1985(3):52–56.

[26]王鹤.对欧洲联盟经济力量及其地位的评估[N].中国社会科学院院报,2008–09–30(7).

[27]聂立涛.去年德国贸易顺差再创历史新高[EB/OL].(2007–06–21)

[2012-01-15].http://finance.sina.com.cn/j/20070621/1103712087.shtml.

[28]李文通.中日对美贸易顺差的原因及美国不同政策反应的思考[J].当代经济,2010(6):15-17.

[29]80年前的货币战争:中国血被美国购银政策抽干[EB/OL].(2011-11-24)[2012-01-15].http://news.china.com/history/all/11025807/20111124/16885278.html.

[30]美2010年军火销售占据超60%市场份额[EB/OL].(2012-02-28)[2012-03-04]http://mil.news.sina.com.cn/2012-02-28/1144683697.html

[31]瑞士和爱尔兰成跨国企业避税天堂[EB/OL].(2009-07-07)[2012-01-15].http://www.chinaacc.com.new/184_187/2009_7_7_ma07341944351779002237l6.shtml.

[32]王欢.日本跨国企业将大举投资中国[EB/OL].(2011-12-22)[2012-01-15].http://business.sohu.com/20111222/n329864285.shtml

[33]美元、日元国际化进程[EB/OL].(2011-08-19)[2012-01-15].http://news.xinhuanet.com/fortune/2011-08/19/c_121881640.htm.

[34]柳长立.日本汽车企业在美国市场成功经验[J].汽车工业研究,1999(5):10-14.

[35]姜桂英.瑞士不再是“避税天堂”[EB/OL].(2011-09-13)[2012-01-15].http://world.people.com.cn/GB/57507/15640090.html.

[36]瑞典国有资产经营管理体制和国有公司董事会建设情况培训考察报告[EB/OL].(2005-12-28)[2012-01-15].16:46:00http://www.qdgzw.gov.cn/newsDetail.asp AutoID=946.

[37]夏炳军.瑞典国企私有化及我国企业的机会[EB/OL].(2007-03-20)[2012-01-15].http://ccn.mofcom.gov.cn/spbg/show.php?id=5376.

[38]郭倩,肖成林,于胜楠.中非洲合作:历经风雨　活力无限[EB/OL].(2011-12-16)[2012-01-15].http://news.xinhuanet.com/world/2011-12/16/c_111250127.htm.

[39]覃泽文.欧佩克迎来50大寿　西方媒体千方百计搞破坏　未来考验越发严峻[N/OL].中国能源报,2010-09-20(8)[2012-01-15].http://paper.people.com.cn/zgnyb/html/2010-09/20/content_628016.htm.

［40］世界知识产权组织.2011 年国际专利申请创下新纪录［EB/OL］.(2012-03-05)［2012-03-15］.http://www.wipo.int/pressroom/zh/articles/2012/article_0001.html.

［41］通信标准与专利将成重要收入来源［EB/OL］.(2012-02-28)［2012-03-15］.http://www.cnipr.com/news/gwdt/201202/t20120228_141594.html.

［42］韩媒称韩国正式跻身发达国家行列［EB/OL］.(2012-05-30)［2012-06-05］.http://world.huanqiu.com/exclusive/2012-05/2769263.html.

［43］宋鸿兵.货币战争［M］.北京:中信出版社,2007.

［44］中国是新加坡投资首选地［EB/OL］.(2011-07-07)［2012-01-15］.http://news.cntv.cn/20110507/101672.shtml.

［45］中方回应美国要求中国承担强制减排义务［N/OL］.京华时报，2011-12-05 (3)［2012-02-15］.http://epaper.jinghua.cn/html/2011-12/05/content_737788.htm.

［46］孙海霞.欧元国际化:历程与启示［J］.浙江金融,2011(11):26-30.

［47］杨斌,裴宏.日本的科技兴国与经济发展［J］.中国经济快讯,2001(34):31.

［48］陈鸿斌.日本憋足劲拼抢科技高地［N］.文汇报,2011-12-05(3).

［49］李莎.媒体称中国移民财富每年超 8 成流入美加澳［EB/OL］.(2012-02-13)［2012-02-15］.http://business.sohu.com/20120213/n334569330.shtml.

［50］陈思奇.美国以色列特殊关系中的文化因素分析［EB/OL］.［2012-06-05］.http://wenku.baidu.com/view/8bc4a5b8fd0a79563c1e720f.html.

［51］龚小夏.美国与以色列的特殊关系由何决定［EB/OL］.(2009-01-17)［2012-02-15］.http://news.163.com/09/0117/09/4VRMRF7800012Q9L.html.

［52］黄晓南,徐刚.以色列:建国 60 年的奇迹与困惑［EB/OL］.(2008-05-07)［2012-02-15］.http://news.xinhuanet.com/newscenter/2008-05/07/content_8122956.htm.

［53］试析美国对古巴的经济制裁［EB/OL］.(2009-10-18)［2012-03-15］.http://bbs.cqzg.cn/thread-732674-1-1.html.

［54］周旭.瑞典智库评出全球十大军火商美国独占 7 家［N/OL］.(2012-

02-27)http:////mil.huanqiu.com/world/2012-02/2474707.html

[55]王昭. “无国界医生”促诺华制药撤销对印度药品专利法的诉讼[N/OL].(2012-02-23)http://news.xinhuanet.com/world/2012-02/23/c_111561807.htm

[56]吴亭.苹果公司承认137名中国供应商员工因污染致残[N].北京晨报,2011-2-17

[57]郎咸平,孙晋.中国经济到了最危险的边缘[M].北京:东方出版社,2012

[58]王辉耀:参与国际人才竞争 创新中山发展模式[EB/OL].(2012-03-28)http://www.nfdaily.cn/special/2012zt/zsgf/jcyj/content/2012-03/28/content_41732151.htm

后 记

作者在早年研究撰写了《国富新论——财富的创造和积累》，在这本书的过程中，对国家财富流动产生了浓厚的兴趣。

通常人们对市场化的财富流动，没有人会去质疑它，认为这是一种基于自由市场的理性活动。然而，人们很少去追问，这种财富流动是否有政府在操纵，是否有剥削与压迫，是否公平公正。

作者在研究过程中发现，财富在国家之间流动是有规律的，财富流动并非出于自由理性流动，而很多时候是政府操纵诱导所致，是国家经济争斗或国家财富争夺的结果。

综观近年来有关经济战争的书籍和文章，如货币战争、汇率战争等，作者对于国家经济争斗有了较深的认识。受这些书籍和文章的影响，在深入研究的基础上，作者产生写这样一本书的意愿。

作者出书的目的，主要是想介绍国家财富争夺战的历史与现状，让读者了解国家财富争夺战的许多计谋或阴谋，为中国从经济大国走向经济强国，或成为经济超级大国，或走向国际领袖的经济王国，尽点微薄之力。

2011 年 6 月，作者开始着手本书稿的研究和撰写。因工作原因，作者只能利用工作之余来撰写，为了能够尽快完成书稿，在很多时候，作者爬格子到凌晨时分。

经过 10 个月的努力工作，于 2012 年 5 月终于完成了全部草稿。此后，不断修改完善，主要是将一些观点进行理顺，将一些学术语言转化为通俗语言等，到 2012 年 10 月底基本定稿。

在基本定稿形成之后，不断与国内相关出版社联系出版事宜，出版工作一波三折。在等待过程中，作者参考一些畅销经济类图书的文风，对书稿作进一步修改完善。同时将书名更名为《财富争夺战》。

在本书中，引用了几十个案例，这些案例对于说明论证策略具有重要的实践和理论依据。这些案例，是经过大量筛选，并注入了自己的部分观点来完成的。

在案例筛选和改编的过程中，很多是借助百度网站的搜索引擎，尤其是百度百科，以及中国期刊网等来完成大量的资料收集工作，在此对这两家网站表示由衷的感谢！同时，对书中所引用资料的作者和编辑表示由衷的谢意！

在本书修改、校对、出版等过程中，得到曲生伟、万希文、张向红、张淑玲、朱占锋、唐新贵、刘发丁等朋友的鼎力帮助和支持，在此表示衷心感谢！

作 者

2015 年 5 月 18 日